북한 현대사 산책
1

● 일러두기

1. 전집, 단행본, 신문, 잡지, 장편소설 등은 『 』, 논문, 신문기사, 시, 단편소설 등은 「 」, 영화, 노래, 그림, 연극 등은 〈 〉로 표기했다.
2. 북한의 용어나 단체 등은 모두 한국 맞춤법에 표기했다. 단 『로동신문』, 인명, 지명은 북한식 표기를 따랐다.
3. 인명, 지명 등은 외래어 표기법에 따랐고, 맨 처음에 나올 때 한자나 원어를 병기했다.

■ 이 책에 쓰인 사진을 제공해준 언론사와 기관은 연합뉴스, 조선일보, 중앙일보, KBS, 민족21, 통일뉴스, 국가기록원, 민중의소리, 목포자연사박물관, NARA, The Carter Center 등입니다.
■ 이 책의 사진들은 저작권자에게 사용 허락을 받은 것입니다. 저작권자를 찾지 못한 일부 사진에 대해서는 저작권자가 확인되는 대로 게재 허락을 받고 통상의 기준에 따라 저작권료를 지불하도록 하겠습니다.

북한 현대사 산책

1

해방과 김일성 체제

●

안문석 지음

인물과
사상사

머리말

우리에게 북한은 무엇인가? 원수? 동포? 대화의 상대? 그런데 보수 정부의 언행을 보면 북한을 원수로 보는 것 같다. 대북 전단 살포를 금지하면 대화하겠다는 북한의 요구를 묵살하고 대결 국면으로 가더니, 북한이 제4차 핵실험을 하고 장거리로켓을 발사하자 개성공단마저 중단시켰다. 대화하자고 말로는 했지만 대화를 위해 북한이 요구한 작은 것 하나를 들어주지 않았다. 그래놓고는 대화를 제의했는데 북한이 응하지 않았다고 한다.

남북한이 각각의 정부를 세운 이후 제2공화국 11개월과 김대중 · 노무현 정부 10년을 제외하고 57년 동안은 그런 식으로 북한을 대해왔다. 어떻게 하면 북한이 발가벗은 채 손들고 나오게 만들 것인지, 어떻게 하면 북한이 "한 번만 살려주십시오" 하도록 할 것인지 골몰해왔다.

가진 것 없이 자존심만 남은 북한은 "굶을지언정 무릎 꿇진 않겠다"는 태도를 견지해왔다. 그러니 남북의 역사는 대결의 역사가 주를 이룰 수밖에 없었다.

그런 대결의 역사가 실제로 시작된 것은 정부 수립 훨씬 이전인 1945년이다. 해방의 해에 벌써 대결이 시작되었다. 처음엔 남북을 각각 점령한 미국과 소련이, 그 이후에는 남한과 북한이 서로 확연히 다른 길을 가게 된다. 이념적으로 완전히 다른 당을 세워나가고, 찬탁과 반탁으로 나뉘면서 대결의 길을 가게 되는 것이다. 그렇게 시작된 1945년이 이후 한반도의 상황을 대부분 규정해버렸다.

그래서 1945년을 깊이 보면 가슴이 아리다. 소련이 태평양전쟁에 뒤늦게 참전해 북한에 들어오게 된 것이 답답하고, 미군 대령 2명이 한반도 위에 그은 선 하나로 분단이 되었다는 것도 원통하다. 패전국 독일이 분단된 것처럼 패전국 일본이 분할 점령되었어야 했는데, 한반도가 나뉘었다는 것도 분한 일이다.

하지만 1940년대 한국 현대사의 아픈 점은 남북한의 핵심 인물들이 통일의 기회를 마련하지 못하고 오히려 분단을 도모했다는 것이다. 김일성은 소련의 든든한 지원을 받아 1945년 12월 조선공산당 북조선분국의 책임비서가 된다. 1946년 2월에는 북조선임시인민위원회 위원장이 되어 사실상의 정부 수반에 취임한다. 이승만도 남한에 자유민주주의를 이식하는 데 주력하던 미 군정과 협력하면서 제1차 미소공동위원회가 결렬되자 곧 단독정부를 이야기한다. 그렇게 이들은 자신의 정권과 권력에 매달렸다.

　좌우 합작을 이루고 통일임시정부를 마련하는 길을 찾기 위해 노력한 사람들이 있었다. 여운형과 김구다. 하지만 힘이 없었다. 먹을 것이 많은 데로 몰리는 것이 정치의 생리 아닌가. 이들 곁엔 먹을 것이 많지 않았다. 결국 둘 다 권총을 맞고 한국 현대사의 뒤안길로 처연히 사라져갔다. 하긴 이들보다 먼저 간 이가 있었다. 현준혁이다. 누구보다 철저한 공산주의자였던 그도 민족주의자 조만식과 협력하다가 총을 맞았다.

　분할 점령한 미국과 소련이 밉지만 그 속에서 통일정부를 세울 수 있는 기회를 마련하지 못한 이들도 원망스럽다. 신탁통치에 찬성과 반대로 나뉘어 싸우기만 했지, 모스크바삼상회의 결정에 들어 있는 통일임시정부에 주목하지 못했다. 한국인의 임시정부를 인정하는 것이었으니 우선 정부를 세우고 신탁통치를 배제하는 방안을 강구했더라면 통일의 길을 갈 수도 있었다. 하지만 눈앞의 이익에 눈이 멀어 멀리 보지 못했다. 소이小異에 매몰되어 대동大同을 외면한 것이다.

　북한의 역사가 그렇지만 특히 1940년대는 김일성의 역사라 해도 좋을 만큼 그의 활약이 두드러진다. 항일독립운동의 기반을 가졌으면서 노회한 정치인 기질도 동시에 가진 그는 소련의 지지를 확보하고 국내파 세력을 제압한 뒤 권력을 쥔다. 그에게 분단은 별것이 아니었다. 오히려 그의 전략에 부합하는 것이었다. 스탈린의 일국一國사회주의론을 원용해 민주기지론을 제기했다. 북한을 사회주의화한 뒤 이를 남한으로 확산시키겠다는 것이었다. 그러니 분단은 그의 전략의 일환이었다. 실제로 정부 수립 이후 그는 국토완정론을 제시하고, 이를 실현하려고 전쟁을 일으켰다.

그러니 지금 한반도가 짊어지고 있는 모순들은 모두 1940년대에 형성되고 숙성된 것이다. 그때의 분단이 지금까지 이어지고 있고, 그때 잉태된 전쟁의 상흔이 지금까지 남아서 남과 북을 멀찌감치 떨어뜨려 놓고 있다. 그때 눈앞의 이익만을 좇아 멀리 보기를 거부했던 정객들의 후예들이 지금도 남북의 정국을 휘저으며 통합의 길을 마다하고 분단 고착의 길을 고집한다. 거기에서 떨어지는 떡고물에 만족하며 민족의 미래를 외면한다. 70년이 다 되었는데도 그런 현상이 계속되는 것을 보면서 그 지속의 근본 원인이 더 궁금해진다. 그럴수록 1940년대를 더 깊이 보고 싶어진다.

2016년 12월
전북대학교 작은 연구실에서
안문석

차 례

1945년

제1장

×××

해방과 김일성

오 자유!

'만세'의 대향연

1948년 8월 15일 히로히토 일왕의 항복 선언이 라디오로 전해지자, 한반도 전체에 해방의 기쁨이 넘쳐 흘렀다. 천지개벽은 이런 경우를 두고 하는 말이었다. 광복의 열기는 북한이라고 해서 다를 것이 없었다. 어떤 사람들은 눈물을 흘렸고, 어떤 사람들은 춤을 추었다. 거리는 흰 옷의 행렬이 이어졌다. 어느새 '조선독립만세!'라고 쓰인 플래카드를 들고 행진하며 '만세! 만세'를 외치는 사람들도 있었다.

학교마다 운동장에는 사람들로 가득했고, 누가 먼저랄 것도 없이 〈애국가〉를 불렀다. 한두 사람이 "동해물과 백두산이……" 하면 가사를 잘 모르는 사람도 따라 불렀다. 당시 〈애국가〉는 지금의 〈애국가〉와는 달리 좀 느리면서 작별노래 같은 느낌이었지만, 사람들은 그런저런 생각 없이 그저 좋아 불렀다. 여기저기서 자연스럽게 잔치가 벌어졌다. 삼삼오오 모여 서로 해방을 확인했다. 이제 조선은 어떻게 되는 것인지 이야기를 나누는 사람들도 있었다. 사람들은 35년 만에 다시 찾아온 자유를 축제로 맞았다. 민병균이 쓴 시 「해방도」는 당시의 모습을 이렇게 묘사하고 있다.

> 모두 꽹과리 울리며
> 징 치며
> 만세 만세 불며
> 순시에 내 고장 사람들이
> 거센 행렬 이루던
> 해방의 그날을 나는 보았네.

또, 박팔양의 시 「평양을 노래함」은 평양의 표정을 이렇게 그렸다.

> 압제에서 벗어난 해방된 인민들
> 거리 집집마다에 펄럭이는
> 무수한 국기와 붉은 기
> 오오 자유!
> 자유에 빛나는
> 우리 동포들의 얼굴

나의 눈에서는

기쁨의 뜨거운 눈물이 흐른다.

해방이 한반도에 가져다준 가장 소중한 것은 자유였다. 북쪽의 사람들도 그 소중한 자유를 되찾은 기쁨에 몸을 떨었다. 누구보다 자유를 극적으로 되찾은 이들은 일제에 의해 체포된 수감자들이었다. 해방과 함께 감옥의 문도 열렸다. 8월 16~17일 전국의 수감자 3만여 명이 석방되었다. 평양에서만 해도 3,000여 명이 감옥을 나왔고, 신의주에서 1,400명, 함흥에서도 1,000여 명이 석방되었다. 태반은 공산주의자들이었다. 민족주의 독립운동가도 있었고, 신사참배를 거부한 기독교 신자들도 있었지만, 일제에 항거한 공산주의자가 많은 수를 차지했다. 이들은 대부분 본래 활동하던 지역으로 돌아가 기력을 회복하고 공산당 조직을 재건하는 일에 참여했다. 평양과 함흥을 비롯한 주요 지역에서도 출옥한 공산주의자들이 활동을 시작했다.

해방의 기쁨과 함께 일제에 대한 분노도 표출되었다. 일본 사람들을 죽이거나 폭행하는 형태는 아니었다. 관공서의 일본 국기를 끌어내려 짓밟기도 하고 식민지 통치기관을 부수기도 했다. 함흥 사람들은 함흥 부청府廳으로 몰려가 일본인들을 몰아내고 행정권을 인계받았고, 경찰서를 점거했다. 억눌렸던 감정을 일제의 행정기구를 부수거나 점거하는 방법으로 표출했다.

북한 지역에 있던 일본 신사神社는 불길에 휩싸였다. 8월 15일 평양의 신사가 불탔다. 16일에는 정주와 안악의 신사가 소각되었고, 17일에는

1948년 8월 15일 히로히토 일왕이 항복 선언을 하자 한반도 전체에 해방의 기쁨이 넘쳐 흘렀다. 9월 3일 도쿄만에 입항한 미 군함 미주리호에서 맥아더 장군이 지켜보는 가운데 항복 문서에 서명하는 일본 대표.

안주, 삭주, 영변, 재령의 신사가 소각되었다. 18일에는 겸이포(황해도 송림)와 선천과 박천에서, 21일에는 룡천에서 신사가 불에 타 없어졌다. 이렇게 신사 소각은 북한 지역에서 많았는데, 특히 평안북도와 황해도에서 많이 일어났다. 일본 신도에 대한 반감이 심한 기독교인이 많았기 때문이다.

친일파와 민족반역자 등을 규탄하는 시위도 곳곳에서 일어났다. 북한사회과학원 역사연구소가 펴낸 통사서 『조선전사』는 당시 모습을 이렇게 쓰고 있다.

우리 인민은 전국 도처에서 군중대회들을 열고 나라와 민족을 배반한 친일파, 민족반역자, 악질 지주들의 죄행을 폭로 규탄하였으며 놈들에게 인민의 심판을 내렸다. "친일파, 민족반역자들을 처단하자!" "악질 지주들을 끌어내라!"는 인민의 외침소리는 친일파, 민족반역자들의 숨통을 조였다.[1]

친일 행적이 있거나 일제와 협력하면서 돈을 많이 번 재산가들은 살벌한 상황을 어떻게 헤쳐나가야 할지 몰라 전전긍긍했다. 일제와 손잡고 양조장이나 버스회사 등을 경영하던 사람, 주재소의 순사, 관공서의 관리들은 살던 곳에서 멀리 달아났다.

공장에서 일하는 노동자들은 공장을 접수했다. 해주항의 조선시멘트와 조선화약 같은 공장의 노동자들이 해방의 소식과 함께 일본인을 내쫓고 공장 관리권을 차지했다. 수많은 공장과 탄광에서 종업원들은 들뜬 마음으로 자신들을 관리·운영해나갈 방안들을 강구했다. 청년과 학생들도 새로운 조국 건설 방안에 대해 이야기를 나누었다. 어디라 할 것 없이 황해도에서 함경도까지 북한 전역이 환호, 축제, 잔치, 이야기꽃의 대향연이었다.

자생적인 정치조직들

일왕이 항복 선언을 하면서 일제는 일시에 힘을 잃었다. 반면에 한반도는 활기를 찾았다. 북한 지역에서도 자연발생적으로 자치기관들이 생겨났다. 주민들이 모여 회의를 하고 대표를 투표나 추대로 정해 지방 수준에서 정치권력을 행사할 수 있는 기관들을 구성한 것이다. 이들이 해방공간에서 행정권을 행사하고 사회질서를 유지하면서 산업시설들을 보호하는 역할을 했다. 한국인 스스로 생각하고 논의하고 결정하는 아래로부터의 자생적 정치가 만발한 것이다. 해방 이틀 후인 17일 조만식이 중심이 되어 평남건국준비위원회라는 자발적인 정치조직이 구성되었고, 같은 날 현준혁이 중심이 되어 조선공산당 평남지구위원회도 결성되었다.

평안북도 지역에서는 8월 16일 민족주의 세력의 신의주치안유지회가 조직되었고, 이후 룡암포와 룡천군 등에서도 자치위원회가 꾸려졌다. 26일에는 평북자치위원회가 조직되어 활동했다. 평안도 지역은 기독교의 영향으로 우익 세력들의 세력이 강했지만, 함경남도는 일제시대 노동운동이 활성화되었던 지역이어서 사회주의 세력이 강했다. 8월 16일에 함흥형무소의 정치범들이 석방되면서 바로 그날 '함남인민위원회 좌익'이 결성되었다. 이와는 별도로 함남건국준비위원회가 구성되어 활동했다. 황해도에서도 건국준비위원회 황해도지부 등의 조직이 구성되어 활동했다.

이렇게 지역별로 자치기관들이 만들어져 활동하다가 소련군이 진주하면서 '인민위원회'라는 이름으로 체계화되었다. 평남건국준비위원회와 조선공산당 평남지구위원회는 8월 27일 평남인민정치위원회로 통합되었다. 평남인민정치위원회는 11월 24일 평남인민위원회로 명칭이 바뀌었다. 8월 31일에는 평북인민위원회가 발족했고, 9월 1일에는 함남인민위원회가, 9월 2일 황해도인민위원회가 출범했다. 강원도인민위원회는 9월 15일, 함북인민위원회는 10월 26일에 조직되었다. 11월 말까지는 북한의 모든 시, 군, 면, 리에 인민위원회가 창설되었다.[2] 경기도 북부를 제외한 6개 도, 9개 시, 70개 군, 28개 읍, 564개 면, 그 아래 리까지 인민위원회가 구성되어 활동한 것이다.

소련군은 좌익 세력이 강한 지역은 기존의 조직을 인정하고, 약한 지역은 좌익을 강화하는 방식으로 지방조직을 정리했다. 그러고는 행정권을 인민위원회가 행사하도록 했다. 인민위원회는 노동자와 농민을 비롯해 사무원, 상인, 중소기업인 등 다양한 계층을 대표하는 사람들로 구성되었다.

인민위원회와는 별도로 주로 지역 청년들을 중심으로 치안 확보를 위한 조직도 만들어졌는데, 보안대 · 자위대 · 적위대 · 자치대 등이 그것이다. 일본군에 대한 무장해제는 소련군이 진주하면서 지역별로 진행되었지만, 이 무장대들이 그 이전까지 치안을 유지하는 기능을 했다. 소련군은 일본군을 몰아내고 북한 진주가 어느 정도 안정화되자 1945년 10월 12일 북한의 모든 무장대를 해산시켰다. 지역별로 난립해 있는 무장 세력을 완전히 해산하고 다시 세우는 방식으로 북한 지역에 대한 무력적 점령을 분명히 했다. 내무행정은 한국인의 자율권을 인정해주면서도 보안 문제에 대해서는 확실한 장악력을 가지려고 한 것이다.

★
소련군의 진주

소련군은 '마오제'

소련군은 1945년 8월 9일 새벽 0시 태평양전쟁 참여를 선언했다. 미국의 지속적인 대일전쟁 참전 요구에 답을 하지 않고 있다가 8월 6일 일본 히로시마에 원자폭탄이 떨어지자 일본군을 공격하고 나섰다. 일본과 한반도를 미국이 모두 차지할 것을 염려해 서둘러 참전한 것이다. 참전 선언 당일 소련군은 북한에 진주했다. 소련군 제1극동방면군 소속 제25군이었다. 일부는 중국 훈춘琿春을 거쳐 함경북도 내륙인 경흥을 통해, 일부는 동해안 웅기와 라진과 청진을 통해 북한에 들어왔다. 또 다른 부대는 8월 20일 원산에 상륙해 평양으로 향했다. 평양을 점령한 것은 24일이었다.

소련군은 9월 8일 남한에 들어온 미군보다 1개월 먼저 북한에 진주했다. 전투가 있기는 했지만, 일본 관동군과 북한 지역 주둔군이 힘없이 무너져 생각보다 빨리 평양에 입성했다. 소련군이 뿌린 포고문은 '조선의 해방군'을 표방했다.

조선 인민들에게!

조선 인민들이여! 붉은 군대와 연합국 군대들은 조선에서 일본 약탈자들을 구축驅逐했다. 조선은 자유국이 되었다. 그러나 이것은 오직 신조선 역사의 첫 페이지가 될 뿐이다. 화려한 과수원은 사람의 땀과 노력의 결과다.

이와 같이 조선의 행복도 조선 인민이 영웅적으로 투쟁하여 꾸준히 노력해야만 달성할 수 있다. 일제의 통치하에서 살던 고통의 시일을 추억하자! 담 위에 놓인 돌멩이까지도 괴로운 노력과 피땀에 대하여 말하지 않는가? 당신들은 누구를 위하여 일하였는가?

왜놈들이 고대광실에서 호의호식하며 조선 사람들을 멸시하고 조선의 풍속과 문화를 모욕한 것을 당신들도 잘 안다. 이러한 노예적 과거는 다시 돌아오지 않을 것이다. 진저리나는 악몽과 같은 그 과거는 영원히 없어져버렸다.

조선 사람들이여! 기억하라! 행복은 당신들의 수중에 있다. 당신들은 자유와 독립을 찾았다. 이제는 모든 것이 죄다 당신들에게 달렸다.

붉은 군대는 조선 인민이 자유롭게 창조적 노력에 착수할 만한 모든 조건을 지어주었다. 조선 인민 자체가 반드시 자기의 행복을 창조하는 자로 되어야 할 것이다. 공장과 제조소 및 공작소 주인들과 상업가 또는 기업가들이여! 왜놈들이 파괴한 공장과 제조소들을 회복시켜라! 새 생산 기업체를 개시하라! 붉은 군대 사령부는 모든 조선 기업소들의 재산보호를 담보하며 그 기업소들이 정상적 작업을 보장함에 백방으로 원조할 것이다.

조선 노동자들이여! 노력에서의 영웅심과 창작적 노력을 발휘하라! 조선 사람의 훌륭한 민족성 중의 하나인 노력에 대한 애착심을 발휘하라! 진정한 사업으로써 조선의 경제적·문화적 발전에 대하여 고려하는 자라야만 모국 조선의 애국자가 되며 충실한 조선 사람이 된다.

해방된 조선 인민 만세

1945년 8월 25일 붉은 군대 사령부

'패망한 일본군을 대신해 미군은 남한 지역을 점령하니 경거망동하지 말고 미군의 지시에 잘 따르라'는 명령조의 미 태평양사령관 더글러스 맥아더Douglas MacArthur의 포고문과는 사뭇 다른 것이었다. '조선인을 돕겠다'는 내용이 주를 이루었다. 이렇게 북한에 진주한 소련군은 1948년 12월 물러날 때까지 북한 사회의 형성에 결정적인 역할을 했고, 사회 구석구석에 지대한 영향을 끼쳤다.

해방의 기쁨 이면에 북한 지역 주민들을 괴롭힌 것은 해방군을 표방한 소련군의 엄청난 만행이었다. 주민들이 가지고 있는 값나가는 물건을 빼앗고, 주민들을 폭행했다. 소련 군인들이 열차에서 집단으로 내려 주민들을 약탈하고 살인까지 저질렀다. 한국인 여자와 동거하면서 중국인들을 살해한 소련군 장교가 자살하는 사건도 발생했다.[3] 부녀자들에 대한 강간도 수없이 저질렀다. 동서고금을 막론하고 혼란기에 고통받는 것은 여성, 어린이, 노인과 같은 약자들이었다. 소련 점령 초기 특히 수난을 겪은 것은 여성들이었다.

당시 북한에서는 이런 소련군을 '마오제'라고 불렀다. 함경도 사투리로 '막 굴러먹는 놈'이라는 뜻이다. 희한한 음식을 먹고, 남은 음식 찌꺼기를 아무데나 버리고, 부녀자를 겁탈하는 그들을 미개인으로 취급한 것이다.

폭력을 독점한 주체가 그 폭력을 주민들에게 행사하는 상황에서 주민들은 믿을 데가 없었다. 스스로 묘책들을 짜낼 수밖에 없었다. 장롱 뒤에 숨을 공간을 미리 만들어놓기도 하고, 소련군이 나타나면 양재기나 놋그릇을 두드리기도 했다. 그 소리를 듣고 이웃들이 몰려들었고, 소련군은 달아났다. 이 과정에서 주민들을 보호하려는 자생적 치안조직 적위대와 소련군 사이에 총격전이 벌어지기도 했다. 문제가 확대되자 소련군 신문이 군기강화 문제를 다루기도 했다. 소련군 내에서도 공공연한 사실이 되었던 것이다.

소련군의 주력은 유럽 전선에 배치되어 있었다. 극동 전선은 병력이 모자랐다. 모스크바와 하바롭스크, 민스크 등지의 형무소에 수감되어 있는 죄인들을 석방해 극동 전선에 보냈다. 잡범들을 전사로 내보낸 것이다. 북한에 진주한 병사들 가운데에도 이런 사람들이 상당수 있었을 것이다. 이들은 "우리를 출옥시켜준 스탈린 동지에게 보답해야 한다"고 노골적으로 이야기했다.[4] 급조된 부대에 군기가 있을 리 없었다. 이

북한 사람들은 소련군을 '마오제'라고 불렀다. 그들은 부녀자를 겁탈하거나 주민들을 약탈하고 살인까지 저질렀다. 1945년 8월 23일 원산항을 통해 북한에 들어온 소련군.

들의 만행은 9월 6일 사령부의 금지령이 내려진 다음에 조금씩 잦아들기 시작했다. 금지령을 어긴 소련군들은 사형을 당하기도 했다. 그런 끔찍한 과정을 거쳐 만행은 차츰 수그러들었다. 하지만 일부 지역에서는 1946년 말까지도 비슷한 사건들이 발생했다.

북한은 전리품

사적인 만행뿐만 아니라 소련군의 조직적인 약탈도 심각했다. 북한의 주요 물자와 시설을 소련으로 반출해갔다. 북한 전체를 하나의 전리품으로 본 것이다. 동유럽에 진주한 소련군이 그랬는데, 북한도 예외가 아니었다. 함흥과 원산, 진남포, 청진 등지의 대규모 공장에서 공작기계와 방직기계, 전동기 등을 가져갔다.

1945년 11월 15일부터 1946년 5월 1일 사이 38개의 중공업 공장에서 2,050만 엔 상당의 전리품과 1,410만 엔 상당의 신제품을 소련으로 반출했다.[5] 압록강의 수풍발전소에 있던 10만 킬로와트ĸw 발전기 3대도 실어갔다. 이 과정에서 소련군을 저지하려던 발전소 기술자가 소련군의 총에 맞는 사고도 발생했다. 이 기술자는 다행히 살아나 나중에 전기공업성의 부상까지 오르기도 했다.

쌀도 대량으로 반출했다. 1945년에 244만 섬, 1946년에 290만 섬을 가져갔다. 그 밖에도 소 15만 마리, 말 3만 마리, 돼지 5만 마리가 1945년에 반출되었고, 1946년에는 소 13만 마리, 말 1만 마리, 돼지 9만 마리가 소련으로 실려갔다. 금 1.5톤과 은 5톤을 함유한 4,261톤의 금속 혼합물, 1,550톤의 형석, 454톤의 흑연정광 등 주요 광물자원도 소련으로 옮겨졌다.[6]

소련군은 이를 더 원활하게 하기 위해 1946년 1월 1일에 철도보안대도 창설했다. 당시 중요한 교통수단인 철도시설을 경비하는 부대를 별도로 만든 것이다. 실제로 철도보안대의 예하부대들은 대부분 소련으로 가는 길목인 함경도 지역에 설치되었다. 13개 중대를 갖추고 있었는데, 고위 간부들이 대부분 소련군 출신들이었다. 박영순(소련군 소좌), 박우섭(소련군 소좌), 전문섭(소련군 소좌), 김재욱(소련군 소좌), 안영(소련군 대위) 등이 주요 간부진을 구성하고 있었다.

이렇게 소련은 특별경비대까지 갖추고 철도를 이용해 수백억 달러에 이르는 전리품을 실어갔다. 소련군의 물자 반출은 1946년 5월 제1차 미소공동위원회가 결렬되면서 중단되었다. 이후 소련은 북한이 필요한 물자를 원조하는 쪽으로 방향을 전환했다. 단순히 전리품을 약탈하기보다는 북한에 소련식 사회주의 시스템을 이식해서 북한을 완전한 친소련 국가로 만드는 쪽으로 관심을 돌린 것이다.

소련의 간접통치

1948년 12월에 북한을 떠난 소련군은 해방 후 3년여 동안 북한 사회의 형성에 지대한 영향을 주었다. 하지만 남한에 들어온 미군과는 다른 방식이었다. 1945년 9월 8일 남한에 진주한 미군은 9월 9일 군정을 선포했다. 미국은 '남조선주둔 미육군사령부Headquarters of U.S. Army Forces in Korea' 휘하에 '남조선주둔 미육군 군정청U.S. Army Military Government in Korea'을 두고 공식적으로 군정을 실시했다. 미군이 직접 남한을 통치한 것이다. 군정을 제외한 어떤 통치기구도 인정하지 않았다. 한국인들이 자발적으로 조직한 조선인민공화국, 지방에 역시 자발적으로 구성된 인민위원회와 치안대 등도 인정하지 않고 모두 해체했다. 대신 일제의 식민통치기구와 관리들을 대부분 인정하고 이를 바탕으로 통치했다.

하지만 소련군은 공식적으로 군정청을 설치하지는 않았다. 일제가 행사하던 행정권을 이양받는 것도 소련군이 직접 하지 않고 각 도에서 자생적으로 구성된 임시행정기구들이 이양받도록 했다. 하지만 북한 주둔 제25군 사령부에 민정 담당 부사령관을 두어 정권을 세우는 일뿐만 아니라 경제, 사회, 문화 등 모든 영역에 직접적으로 관여했다. 8월 26일 평양에 북한 주둔 소련군 총사령부를 설치하고 6개 도와 7개 시, 85개 군에 경무사령부, 즉 지역사령부를 설치했다. 이 경무사령부가 일본군의 항복을 받고 무기를 인계받았다. 행정기관과 경찰서, 법원, 일본인 소유 대기업과 철도, 통신, 은행 등을 전반적으로 관할했다.

소련군은 차츰 지역의 자생조직을 인민위원회로 정리하고 이들의 상위 조직인 5도 행정국도 1945년 11월에 구성될 수 있도록 했다. 1946년 2월에는 북조선임시인민위원회, 1947년 2월에는 북조선인민위원회가 출범하는 것도 용인했다. 직접 대민 통치를 하지 않고 북한이 행정조직을 꾸려 통치하도록 한 것이다.

대민 통치를 직접하지 않았기 때문에 소련군도 '군정'이란 말을 쓰지 않고 '민정'이란 용어를 썼다. 민정 담당 부사령관은 안드레이 로마넨코Andrei Romanenko였고(주둔 초기부터 민정 업무를 책임지다가 1945년 12월 3일 민정 담당 부사령관에 임명되었다), 휘하에 50여 명의 장교가 행정·정치부, 산업부, 재정부, 상업·조달부, 농림부, 통신부, 교통부, 보건부, 사법·검찰부, 보안·검열부 등 10개 부서에 배치되어 북한의 행정기관을 지도했다.

1947년 5월에는 제25군 사령부 산하에 주북조선소련민정국이 만들어져 제25군 군사회의 위원(군사위원)인 니콜라이 레베데프Nikolai

Lebedev가 책임을 맡았다. 조직도 확대되었다. 로마넨코나 레베데프는 연해주군관구 군사위원 테렌티 스티코프Terenti Stykov의 지휘를 받았다. 스티코프의 상부에는 극동군사령부의 군사위원 이오시프 슈킨Iosif Shkin이 있었고, 그 위에 소련군 총참모장 알렉세이 안토노프Aleksei Antonov, 그 위에 최고사령관 이오시프 스탈린Iosif Stalin이 있었다.

소련은 이를 '민정'이라고 불렀지만, 민간이 통치하는 것이 아니었기 때문에 '민정'이란 용어를 쓰는 것은 적절하지 않다. 소련군이 북한을 간접통치했기 때문에 '소련 군정'도 엄밀하게 따지면 정확한 용어라고 할 수는 없다. 군이 직접통치를 한 것은 아니기 때문이다. '소련의 간접 통치'가 더 사실에 가까운 용어가 된다. 하지만 미 군정과 대비시키기 위해 소련 군정이란 말이 일반적으로 쓰인다.

이렇게 소련군과 미군의 통치 스타일이 달랐던 것은 남북한의 상황이 달랐기 때문이다. 남한은 좌익 세력이 강한 가운데 미 군정이 들어섰다. 미 군정은 좌익이 남한 사회를 주도하는 것을 용납할 생각이 없었다. 이들의 목표는 남한에 미국식 자유민주주의 체제를 이식하는 것이었다. 그래서 조선인민공화국과 인민위원회 모두 인정하지 않고 직접 대민 통치를 실시했다. 소련군이 진주한 북한도 대부분 지역에서 좌익이 우세했다. 그런 지역은 관여할 필요가 없었다. 우익이 강했던 평안남도는 소련군이 개입해 좌우익이 균형적으로 인민정치위원회를 구성하도록 유도했다. 직접 대민 통치를 하지 않아도 자신들이 원하는 친소련 체제를 구축할 수 있었다. 그런 상황에서 굳이 많은 자원과 인원을 들여 대민 통치를 할 필요는 없었다.

김일성의 등장

세력을 확장하는 김일성

북한 현대사는 김일성의 역사라고 해도 과언이 아니다. 김일성을 빼고 북한 현대사를 논할 수는 없다. 한국 현대사에 많은 논쟁거리를 불러온 김일성이 북한 현대사에 직접 등장하는 것은 1945년 9월 19일이다. 이날 그는 원산으로 들어왔다. 1912년 평양 만경대에서 태어난 김일성은 7세 때 만주로 건너가 위원毓文중학교에 다니던 시절 공산주의를 알게 되었고, 20세부터는 항일투장에 참여했다. 24세이던 1936년부터는 중국공산당 산하의 동북항일연군에 소속되어 지휘간부로 활동했다.

1937년 6월에는 함남 혜산의 보천보를 습격해 일제의 경찰주재소와 면사무소, 우체국 등을 공격하고 일본인 경찰 7명을 사살했다. 이즈음 그의 휘하에는 150명 정도의 항일빨치산 대원들이 있었다.[7] 이후 일본군의 토벌이 심해지자 김일성은 1941년 초 소련 연해주로 피신해 하바롭스크에 있던 소련군 극동군사령부 휘하 제88특별정찰여단에 배속되어 대위 계급을 달고 제1대대 대대장을 맡았다. 그러다 해방이 되면서 소련군 군함을 타고 원산으로 입국하게 되었다.

김일성이 원산에 도착한 날은 추석 바로 전날이었다. 당시 상황에 대한 유성철의 생생한 증언이 있다. 유성철은 소련 교포로 김일성과 함께 하바롭스크에 있던 제88특별정찰여단에서 생활하다가 북한에 들어가 인민군 작전국장까지 지낸 인물이다. 김일성 일행의 숙소는 원산항 부근의 한 국숫집의 2층이었다. 그래서 첫 식사는 국수였다. 국수 한 그릇을 먹고 난 김일성은 부하들을 모아놓고 지시했다. 첫째는 내일이 추석이니 밖에 나가더라도 술을 많이 마시지 말고 조용히 지내라. 둘째는 누가 물으면 우리는 선발대이고 김일성은 나중에 올 예정이라고 대답해라. 셋째는 김일성의 나이, 출신지, 경력 등 신상에 대해서는 일체 모른다고 해라.[8] 초라한 귀국을 숨기고 싶었던 것으로 보인다. 나중에 기회를 봐서 화려하게 등장하겠다는 의도를 갖고 있었을 것이다. 김일성은 그렇게 입국 당시부터 계획적이고 전략적이었다.

김일성과 함께 들어온 사람들이 김책, 최용건, 김일, 최현 등이다. 특히 김일성과 김책과 최용건은 북한 정권 수립의 핵심 역할을 하게 되는 삼총사다. 삼국지의 유비, 관우, 장비에 비유할 만하다. 최용건이 1900년생, 김책은 1903년생이니 1912년생인 김일성보다 나이가 훨씬 많지만

1945년 9월 19일, 원산을 통해 들어온 김일성은 바로 다음 날부터 항일빨치산 동지들을 주요 지역으로 파견해 세력을 확장했다. 1944년 무렵 소련군 제88특별정찰여단에서 대대장으로 근무할 때의 김일성(앞줄 오른쪽에서 두 번째).

이들은 김일성을 받들어 정권을 세우는 데 주저하지 않았다. 항일무장
투쟁을 함께하면서 다진 결속력이 이를 가능하게 했다. 최용건과 김책
의 지지가 없었다면 김일성 정권도 수립되기 어려웠을 것이다. 김일성
은 원산에 도착한 바로 다음 날부터 자신의 항일빨치산 동지들을 북한
의 주요 지역으로 파견했다. 오진우는 함경북도, 최현은 함경남도, 안
길과 박성철은 평안북도, 림춘추는 평안남도 보냈다. 그렇게 지방에 내
려간 인물이 60명 정도 된다. 정보를 수집하고 각 지역에 자기 세력을
확장하기 위해서였다. 정치는 조직과 인물이라고 하는데, 김일성은 일
찌감치 지역조직 확보에 나섰다.

지역에 파견된 사람들은 지역의 인재를 추천하는 일도 했다. 이들이 추천한 사람들을 평양학원에서 교육시켜 북한 정권 수립 과정에서 주요 역할을 수행하도록 했다. 정치반과 군사반을 갖춘 평양학원은 1946년 1월 5일 문을 열어 졸업생들은 김일성의 든든한 지원군이 되었다. 군사반은 1946년 8월 보안간부훈련소로, 정치반은 중앙중학교로 바뀌었다. 이후 보안간부훈련소는 조선인민군으로 발전했다.

소련군은 제88특별정찰여단에 소속되어 있던 김일성의 항일빨치산 동료들(만주파)과 소련 교포로 소련군에 소속되어 있던 한인들(소련파)이 북한으로 출발할 때 이들이 북한에서 맡을 직책을 주었다. 김일성은 평양의 헌병대장(소련군 경비사령부의 부사령) 직책을 받았다.[9] 소련이 김일성을 북한의 지도자 가운데 한 사람 정도로 생각했음을 보여준다. 그를 유일한 최고 지도자감으로 생각했다면, 평양의 헌병대장 직함은 어울리지 않는다. 이후 그를 북한의 지도자로 밀어올리는 작업을 진행하지만 입국 전부터 김일성만을 생각했던 것은 아니다. 그럼에도 김일성은 입국하자마자 측근들을 각지로 파견하면서 더 큰 그림을 그렸다. 그랬기 때문에 평양에 들어가자마자 당대회 발기인 위원회 조직과 예비회의, 박헌영과의 회담을 일사천리로 진행하고 한 달도 안 돼서 10월 10일에 조선공산당 북조선분국을 창립할 수 있었다.

김일성의 요정정치

김일성은 9월 21일 이반 치스차코프Ivan Chistiakov 소련군 제25군 사령관을 만나 함께 평양으로 가기로 했다. 오전까지 기다렸는데 오지 않자 김일성은 오후 1시쯤 평양행 기차를 탔다. 기차가 원산역을 벗어나막 산모퉁이를 돌았는데 바로 거기서 마주오던 기차와 충돌했다. 치스차코프가 탄 기차와 충돌한 것이다. 기차는 모퉁이를 돌면서 속도를 줄였기 때문에 큰 피해는 없었다. 그런데도 격노한 치스차코프의 부관이 김일성이 탄 기차의 기관사를 현장에서 총살했다. 기관사는 살려달라고 애원했지만 부관은 그의 말을 듣지 않았다. 김일성이 바로 옆에 있었지만, 이를 막지 않았다.[10]

그런 우여곡절 끝에 9월 22일 평양에 도착한 김일성은 해방산 기슭의 벽돌집 한 채를 구해 최용건, 김책 등과 함께 생활했다. 거기서 50미터 정도의 거리에 2층 건물이 하나 있었다. 동양척식주식회사 평양지사였다. 여기를 사무실로 썼다. 김일성은 이곳에 둥지를 틀고 집권을 위한 '평양 정치'에 착수했다. 소련군의 지원을 분명히 받은 것이었다. 제25군 사령관 치스차코프, 사령부의 군사위원 레베데프 등 소련군의 주요 인물들을 평양의 고급 요정으로 자주 초대해 이들과의 친밀감을 높였다.

당시 대동강변에 은밀하게 운영되던 기생집들이 있었는데, 이곳을 이용했다. 해방 후 일본으로 돌아가지 않고 평양에 남은 일본 기생들과 평양 기생들이 술시중을 들었다. 이런 자리를 주선한 인물이 리동화다.[11] 원래는 의사였고 제88특별정찰여단의 의무소장을 지낸 인물이다. 제88특별정찰여단에서 계급이 소련군 소좌(소령)였으니 김일성보다 한 계급이 높았고, 한인 가운데서는 계급이 가장 높았다. 귀국 후에도 '마이요르 리(리 소좌)'로 불렸다. 리동화는 1945년 10월에 출범한 조선공산당 북조선분국의 간부부장이 되어 김일성의 지근거리에서 그의 활동을 도왔다.[12]

김일성은 자신과 가까운 사람들을 소련군 주요 인물들의 통역으로 보내 소련군과의 관계를 친밀하게 하는 데 활용했다. 소련군 제25군군사위원 레베데프의 통역은 박길남이 맡았다. 박길남은 제88특별정찰여단 통신대 소대장 출신이었다. 6·25 전쟁 때는 인민국 공병국장까지 올랐다. 평안남도 경비사령관의 통역은 유성철이 맡았다. 유성철은 제88특별정찰여단 시절 김일성의 통역을 한 적도 있는 인물이다. 이런 사람들을 소련군 고위 관계자 주변에서 활동하게 해서 정보도 얻고 소련군에 접근하는 가교 역할도 하게 한 것이다.

김일성은 심지어 평양에서 연해주 보로실로프Voroshilov(현재 우수리스크Ussuriisk)에 있던 연해주군관구 사령부의 군사위원 스티코프를 직접 찾아가 만나기도 했다. 당시 소련군 체제를 보면, 스탈린 최고사령관 아래 극동군사령부가 있고, 그 아래 연해주군관구 사령부, 그 휘하에 북한 주둔 제25군 사령부가 자리하고 있었다. 사령부의 최고 책임자는 사령관이지만 그와 동격의 군사위원이 병렬적으로 존재했다. 군사위원은 군에 대한 당의 지도를 확립하기 위한 직책으로, 사령관을 감시하면서 사령부 상황을 스탈린에게 보고하고 작전 계획에도 참여하는 자리였다. 스티코프는 연해주군관구 사령부의 군사위원 자리에 있으면서 북한 주둔 제25군의 북한 통치를 지휘했다. 북한 정권이 수립된 이후에는 평양 주재 소련 대사가 되어 6 · 25 전쟁이 시작될 때까지 평양에 머물렀다.

스티코프는 당시의 상황에 대해 상세한 비망록을 남겼는데, 여기에 김일성의 연해주 방문 이야기가 나온다. 1947년 1월 3일, 북조선인민위원회 출범을 앞두고 있는 시점이었다. 김일성은 치스차코프 사령관, 로마넨코 민정 담당 부사령관과 함께 연해주로 건너갔다. 거기서 4일 동안 머물렀다. 김일성은 북조선 도 · 시 · 군 인민위원 대회 소집 일정, 대회의 보고자, 보고 내용 등에 대해 자세히 보고했다. 토지개혁과 노동법 개정을 마무리하고 경제계획을 수립하는 문제도 협의했다. 1946년 9월에 월북한 박헌영의 공개적인 활동에 대해서도 협의했다. 스티코프는 공개 활동을 주장했지만, 김일성은 그렇게 되면 남쪽에서 활동하기 어렵게 된다는 이유로 박헌영의 북한 내 공개 활동을 반대했다.[13] 그의 권력에 직접적으로 영향을 줄 수 있는 문제였기 때문에 박헌영의 활동에 대해서만은 반대한 것이다.

어쨌든 김일성의 연해주 방문은 1947년의 상황이긴 하지만, 김일성은 평양에 입성하자마자 소련군 핵심 인물들과 공식 · 비공식 접촉을 적극적으로 하면서 이들의 지원을 확보하기 위한 활동을 왕성하게 했다. 이러한 적극성과 정치적인 움직임이 당시 그의 경쟁자였던 조만식, 오기섭, 박헌영 등을 뒤로 밀어내고 소련의 지원을 얻어내는 데 중요한 역할을 했다.

★
공산당 창당

김일성과 박헌영의 담판

김일성이 평양에 들어와 가장 서둘러 추진한 것은 공산당 조직을 건설하는 것이었다. 공산당이 중심이 되어 국가조직을 운영하는 소련식 체제를 갖추기 위해서는 당을 세우는 것이 무엇보다 중요할 수밖에 없었다. 소련의 지원을 받으면서 김일성은 당 중앙기구 설립을 위한 공산주의자들의 회의를 소집했다. 10월 초였다. 그런데 중대한 장애가 있었다. 바로 서울에 있는 박헌영이었다. 박헌영은 해방 직후 조선공산당을 재건해 서울에 본부를 두고 있었다. 북한의 국내 공산 세력들은 박헌영의 영향하에 있었다. 이들은 북한에 당 중앙기관이 설립되는 것에 반대했다.

해방 직후 북한 지역에는 여러 세력이 있었다. 김일성을 중심으로 만주에서 항일운동을 하던 만주파, 소련 교포로 소련의 각 지역에 살다가 소련군과 함께 입국한 소련파, 중국에서 중국공산당의 협조로 독립운동을 하던 연안파, 국내 공산주의 세력, 국내 민족주의 세력 등이었다. 공산주의 계열 가운데 한국 공산주의 운동의 역사적 맥락에서 정통성이 있는 쪽은 국내 공산주의 세력과 연안파였다. 이 두 세력에는 1925년부터 1928년까지 조선공산당 창당 또는 재건운동을 했던 인물들이 참여하고 있었다. 만주파와 소련파는 한국 공산주의 운동과는 관련이 없는 신진 세력이었다. 이 신진 세력들의 당 건설 작업에 국내파가 반대한 것이다. 김일성이 당 건설 작업을 하려면 박헌영의 승인을 받아야 한다는 것이 국내파의 생각이었다.

김일성은 박헌영과 담판을 서둘렀다. 둘의 담판과 관련해서는 북한에서 조선노동당 중앙위원회 부부장(차관급)까지 지낸 박병엽의 증언이 자세하다.[14] 김일성은 주영하와 장순명을 서울로 보냈다. 평양이나 개성에서 만나자는 김일성의 메시지를 박헌영에게 전했다. 회담 장소는 개성 북쪽에 있는 소련군 38경비사령부로 정해졌고, 날짜는 10월 8일이었다. 박헌영은 비밀리에 권오직, 이인동, 허성택을 데리고 개성으로 향했다. 김일성은 로마넨코 부사령관과 함께 리주연과 박정애를 데리고 회담장에 나왔다.

김일성은 "당 중앙이 해방지구에 있어야 한다"고 주장했다. 북한에 소련이 들어왔고, 공산주의를 실행할 수 있으니 북한의 5개도를 지도할 중앙조직을 갖추는 것은 반드시 필요하다고도 했다. 박헌영은 한 국가에는 하나의 공산당만 존재한다는 '일국일당 원칙'을 내세워 안 된다고 맞섰다.

박헌영은 북한에 조직을 만들려면 소련처럼 서울의 중앙위원회에 북부지도국을 만들자고 했다. 김일성이 서울에 와서 국장을 맡으라고도 했다. 소련공산당은 중앙위원회에 러시아중앙국, 우크라이나중앙국 등의 조직을 두고 지방조직을 관장하도록 하고 있었다. 김일성은 웃었다. 소련은 땅이 넓고 민족이 여럿이어서 그러는 거라고 반박했다. 결론이 안 났다. 박헌영이 로마넨코에게 의견을 물었다. "김일성과 같은 생각"이라는 답이 나왔다. 박헌영은 할 수 없이 "북부 5도당을 지도할 수 있는 중간지도기구로 북조선분국을 설치하도록 하자"고 김일성의 의견에 동의해주었다.

이렇게 해서 독자적인 당은 아니지만 북한 지역을 통할할 수 있는 분국을 만들 수 있게 되었다. 말하자면 '북한 지역 공산당'을 설립할 수 있게 된 것이다. 권오직이 나중에 평가한 것처럼 첫 대면과 토론 과정은 김일성이 주도했고, 이 담판을 계기로 한반도 공산주의 운동의 실질적 주도권은 박헌영에서 김일성으로 넘어갔다.[15]

처음 얼굴을 맞댄 두 사람의 담판은 워낙 첨예한 이해가 걸린 자리여서 시간이 오래 걸렸다. 저녁에 시작한 회담이 새벽까지 이어졌다. 당시의 정세에 대한 인식 차이도 분명하게 드러났다. 김일성은 소련을 두둔했다.

소련 군대는 사회주의 국가의 공산당 군대인 데 비해 미국 군대는 자본주의 국가의 군대이다. 따라서 미군과 소련군이 제2차 세계대전에서 연합전선을 폈던 연합군이라 하더라도 그 성격은 근본적으로 다르다. 그리고 조선 해방에서의 역할 면에서 보더라도 미군은 소련군과는 달리 총소리 한 번 내지 않고 전투 없이 진주했으므로 역할이 다르다.

김일성의 이런 발언은 북한에 들어와 일본군과 실제 전투를 벌이기도 한 소련을 지지하면서 미국의 한반도에서 역할은 의심하는 것이었다. 여기에 대해 박헌영은 미국과 소련은 모두 제2차 세계대전의 연합국이고 둘 다 진보적 민주주의 국가라는 견해를 피력했다. 6·25 전쟁을 거치면서 김일성은 박헌영을 미제의 간첩으로 몰아 숙청하는데, 이러한 의견이 일찌감치 김일성의 박헌영에 대한 인식을 결정하지는 않았을까?

어쨌든 그렇게 처음 만난 라이벌 공산주의 지도자들은 1946년 9월 박헌영이 월북하기 전까지 네 차례(1945년 12월, 1946년 4월, 6월, 7월) 비밀스럽게 회동해 신탁통치, 미소공동위원회에 대한 대응, 공산당의 진로 등 주요 문제를 논의했다. 하지만 둘의 경쟁과 갈등은 6·25 전쟁을 계기로 증폭되어 결국 김일성은 1953년 8월에 리승엽과 조일명 등 박헌영의 측근들을 먼저 숙청하고 1955년 12월에 박헌영마저 숙청했다.

속도전 창당

박헌영과 담판을 마친 김일성은 1945년 10월 10일 '서북 5도 당 책임자 및 당 열성자 대회(서북 5도 당 대회)'를 열었다. '북한 지역 공산당' 창당대회를 개최한 것이다. 지금도 북한은 이날을 당 창건 기념일로 기린다. 창당 작업은 김일성의 항일빨치산 동지들을 중심으로 이루어졌다. 평양에서 중앙기구 창당 작업은 물론 지역조직을 구성하는 작업도 재빠르게 추진되었다. 최용건과 김일과 서철이 평안북도, 전창철과 석산과 리영호는 함경남도, 최현과 오진우와 허봉학과 최춘국은 함경북도, 박성철과 김경석과 박용술이 황해도, 림춘추는 강원도를 맡아 시·군 조직까지 챙겼다. 이들은 조직을 만들면서 동시에 당 중앙기구 설립을 위한 회의에 나갈 지방 대표를 선출하는 작업도 진행했다.

국내 공산 세력 가운데 김용범, 박정애, 리주연, 최경덕 등을 조기에 포섭해 이들의 협조도 적극 활용했다. 김용범과 박정애는 부부 사이로 일제강점기 소련 공작원으로 활동했다. 특히 박정애는 만주와 국내에서 15년 가까이 소련의 공작원 활동을 하면서 10년을 감옥에서 지낸 여성이다. 소련군이 들어오면서 이들에게 김일성 지지를 요청한 것으로 보인다.[16] 리주연은 나중에 김일성의 부인이 되는 김정숙을 1937년에 만나 김일성의 항일투쟁을 알게 된 이후 줄곧 김일성을 지지했다. 최경덕도 김일성 입국 당시부터 지지했다.

10월 10일부터 3일 동안 계속된 '서북 5도 당대회'에는 만주파를 비롯해 소련파와 국내 공산주의자 등 100여 명이 참석했다. 조선공산당 북조선분국 조직위원회 제1비서, 즉 당의 대표에는 김용범이 선출되었다. 오기섭이 제2비서를 맡았고, 김일성은 집행위원 17명에 들어갔다. 물론 김용범은 김일성과 소련군이 지원했기 때문에 제1비서가 될 수 있었다. 당시 소련공산당이 공작원으로 북한 지역에 파견할 만큼 신뢰하고 있었고, 서대문형무소에서 감옥살이를 하다가 해방으로 석방된 뒤 곧바로 평양에 들어가 공산당의 기반을 확대하는 데 노력한 점도 인정을 받았다. 그는 박헌영과 가까운 토착 국내 공산 세력이 아니었다. 김일성과 소련군에 부담이 되지 않는 인물이었다.

김일성은 제1비서로 추천되었지만 사양했다. 그는 33세로 너무 젊었고, 김용범처럼 형무소에서 바로 나온 경우도 아니었다. 게다가 소련의 적극 지지를 받고 있던 김일성이 제1비서가 되면 공산주의 운동의 중심이 서울에서 평양으로 옮기는 듯한 인상을 줄 수도 있었다. 이런 점을 고려해 고사한 것이다. 소련군으로서도 아직 정치적 훈련이 덜 된 김일성을 전면에 내세우는 것은 부담스러웠다. 레베데프는 당시만 해도 김일성이 레닌 사상에 대한 이해가 부족하고 정당을 이끌 준비가 덜 되어 있다고 판단하고 있었다.[17]

제1비서는 사양했지만 대회 준비는 김일성이 주도했고, 당 조직 문제에 대한 보고도 그가 했으며, 이후 당 운영도 그를 중심으로 이루어졌다. 그리고 창당대회가 끝난 바로 다음 날인 10월 14일 김일성은 대중 앞에 처음으로 등장했다. 소련군이 주도해 '김일성 장군 환영 평양시민대회'가 열린 것이다.[18] 장소는 평양공설운동장이었다. 당시 김일성이 이미 평양에 들어와 있다는 소문이 나 있어 그를 보고 싶어 하는 사

1945년 10월 14일, 김일성은 '김일성 장군 환영 평양시민대회'에서 처음으로 대중 앞에 등장해 연설을 했다.

람이 많았다. 어린아이들은 '김일성 장군의 노래'를 부르기도 했다. 평양공설운동장에는 수만 명이 몰려들었다. 단상에는 제25군 사령관 치스차코프, 군사위원 레베데프, 부사령관 로마넨코, 조만식도 자리를 잡고 앉아 있었다. 조만식은 소련군의 부탁으로 이 대회 준비위원장을 맡고 있었다. 물론 김일성도 단상에 있었다.

조선공산당 북조선분국 제1비서 김용범의 사회로 레베데프가 먼저, 그다음으로 조만식이 연설했다. 그리고 김일성이 연단에 올랐다. 소련과 스탈린을 찬양하는 내용으로 연설을 했다. 백발 성성한 노장군의 등장을 예상했던 군중들은 33세 젊은이의 등장에 놀랐다. 일부는 "가짜다" 하고 소리치기도 했다. 반공 구호가 울려퍼지기도 했다. 소동이 일어나자 소련군이 위협 차원에서 총을 쏘기도 했다. 연설이 끝났을 때

연단 아래까지 몰려와 "가짜 김일성"을 외치는 사람들도 있었다. 겨우 이들을 해산하고 대회를 마무리한 소련군과 김일성 세력은 기자들을 만경대 김일성 생가로 안내해 김일성의 조부모와 친척들을 만나게 해주었다.

소련군 장성과 장교들의 증언에 의하면 당시 김일성이 한 연설의 내용도 소련군이 미리 써준 것이고, 김일성이 입은 양복과 넥타이까지도 소련군이 마련해준 것이라고 한다. 소련군이 철저히 기획해서 김일성을 평양 시민들에게 소개하는 대규모 행사를 마련한 것이다.

『로동신문』 창간

조선공산당 북조선분국이 창립되면서 당 체계가 어느 정도 갖춰지자, 1945년 11월 1일자로 당 기관지가 창간되었다. 신문의 이름은 '正路(정로)'이고, '바른 길'이라는 의미다. 창간호에는 신문의 성격과 임무를 밝힌 창간사와 북조선노동당의 창당 과정을 소개한 기사 등이 실렸다. 2면짜리 타블로이드판, 그것도 주간신문이었다. 내용은 물론 당의 주요 활동을 선전하는 것이었고, 한글과 한자 혼용, 세로쓰기였다.

당이 인민 대중에게 올바른 길을 가르쳐주고 그 길로 대중을 인도한다는 의미로 김일성이 '정로'라는 제호를 지었다는 것이 북한의 설명이다.[19] 김일성은 창간호 기사도 일일이 검토하고 편집했을 만큼 당 기관지 창간에 심혈을 기울였다고 한다. 김일성은 실제로 당 기관지 기자를

'당의 핵심으로 사상전의 전초선에 서 있는 동무들'이라고 말하기도 했다. 당의 정책 방향을 정리해서 사람들에게 전파하고 이해시키는 것이 그만큼 중요하다고 생각한 것이다. 그래서 창당 직후 기관지를 발행한 것이다. 『정로』제작은 당 선전부가 책임지고 있었고, 주요 원고는 당중앙조직위원회 집행위원들과 당의 각 부서 간부들이 쓰도록 되어 있었다.

『정로』발행은 서울의 조선공산당에서 독립성을 더 확보하려는 김일성의 의도로 보인다. 당시 조선공산당은 서울에서 『해방일보解放日報』를 발행하고 있었다. 서울에서 가장 좋은 인쇄소였던 고노자와인쇄소近澤印刷所를 인수해 조선정판사朝鮮精版社로 이름을 고치고 이 인쇄소에서 『해방일보』를 발행하고 있었다. 이런 상황에서 김일성은 북조선분국의 기관지를 따로 발행하기 시작한 것이다. 이는 명칭이 비록 분국이지만 독자적인 정당임을 웅변하고 있었다. 김일성은 1946년 4월이 되면 분국의 명칭을 북조선공산당으로 바꾸는데, 그 이전에 독립적인 기관지 발행부터 시작한 것이다. 이를 통해 자신의 당과 국가 건설 전략을 적극적으로 전파했다.

1945년 12월 17일부터는 주간에서 일간으로 바뀌어 발행부수가 5만 부가 되었다. 1946년 5월 말부터는 대형판 2면으로 바뀌었다. 1946년 8월 북조선노동당이 창당된 이후 9월 1일부터는 조선신민당의 기관지 『전진前進』을 흡수해 『로동신문』으로 제호가 변경되었다.

『로동신문』이 발행되기 시작하면서 지방당의 기관지 이름도 바뀌었다. 평안북도 당 기관지는 『바른말』에서 『평북로동신문』으로, 함경남

김일성은 인민 대중에게 올바른 길을 가르쳐주고 그 길로 대중을 인도한다는 의미로 『정로』를 창간했다. 반면 조선공산당은 서울에서 『해방일보』를 발행하고 있었다.

도 당 기관지 『정의』는 『함남로동신문』으로, 함경북도 당 기관지 『횃불』은 『함북로동신문』으로, 원산시 당 기관지 『선봉』은 『원산로동신문』으로 전환되었다. 평안남도 당 기관지는 원래 『봉화』였는데, 『정로』가 창간될 때 합쳐졌다가 1950년에 『평남로동신문』이 되었고, 1949년

자강도가 신설되면서 『자강로동신문』도 창간되었다. 1946년 11월 5일부터는 대형판으로 4면을 발행했다. 1946년 말에는 한글로만 신문을 제작하기 시작했고, 1974년이 되어서는 6면으로 늘었다.

현재 『로동신문』은 한글 전용으로 가로쓰기를 하고 있다. 지금의 제호는 1956년 박태일이라는 수학 교사가 쓴 것이다. 12번이나 퇴짜를 맞고 13번째 것이 수용된 것이라고 한다. 그때마다 제호에 당성을 제대로 표현하지 못했다는 이유로 불합격 판정을 받다가 '로' 자의 한일자 획을 옆으로 길게 빼서 전투적이고 혁명적이라는 평가를 받아 합격했다. 박태일은 이 공으로 평양시당 선전선동부 부부장까지 올랐다.

현재는 150만 부가 발행된다. 1면에는 김정은 관련 기사가 통상 실리고, 2면에는 김정은에게 보낸 외국의 전문과 김정은이 외국에 보낸 전문 등이 게재된다. 3면에는 경제 소식, 4면에는 국내외 대표단의 동향과 문화 관련 기사가 실린다. 5면과 6면에는 대남 관련 기사 등으로 채워진다.

여러 단계의 검열을 거치기 때문에 북한 체제에 불리한 내용이 보도되는 일은 없다. 오자도 거의 나오지 않는다. 다만 한 차례의 오자 사고가 전해진다. '프롤레타리아 국제주의'를 '프롤레타리아 제국주의'로 잘못 쓴 적이 있다. 큰 사고였기 때문에 난리가 났다. 신문은 이미 수십만 부가 배달되었다. 이것을 회수한다는 결정이 났다. 긴급 회수에 나섰는데, 한 부도 빠지지 않고 모두 회수되었다고 한다.[20] 당이 신문의 배달 체계를 한 손에 장악하고 있음을 알게 해주는 일화다.

『로동신문』 최고 책임자는 책임주필이다. 그 아래 부주필과 편집국장, 부국장, 부장 등이 있다. 전문 부서로는 당생활부, 이론선전부, 공업부, 농업부, 남조선부, 국제부, 사진부 등이 있다. 당의 문헌들을 출간해 당의 정책을 선전하는 역할을 하는 조선노동당출판사는 1945년 10월 설립되었고, 이론잡지『근로자』도 1946년 10월 창간되어 지금도 발행되고 있다.

『로동신문』 외에도 1946년 10월에 창간된 내각의 기관지『민주조선』이 있고, 1948년 2월에 조선인민군 창설과 함께 창간된 군의 기관지『조선인민군』, '김일성사회주의청년동맹'의 기관지『로동청년』 등이 발행되고 있다.

지금은 신문이나 잡지보다 중요한 매체로 인식되고 있는 방송이 북한에서 시작된 것은 1945년 10월 14일이다. 이날 열린 '김일성 장군 환영 평양시민대회'를 실황중계하면서 '평양방송'이 문을 열었다. 라디오 방송 채널 '평양방송'은 당의 노선과 정책을 주민들에게 신속하게 전달하고 설명하는 데 십분 활용되었다. '평양방송'은 '평양중앙방송', '북조선중앙방송' 등으로 이름이 바뀌어 오다가 지금의 '조선중앙방송'이 되었다.

주요 소식을 신문과 방송 등에 신속히 제공하는 북조선통신사는 1946년 12월에 설립되었다. 북조선통신사는 각 도에 '전임특파원'을 두고 북한 전역의 소식을 빠르게 취재해 다른 언론기관에 제공하는 역할을 해왔다. 또, 신의주와 중강진, 해주, 신막, 장진, 원산, 함흥, 청진, 웅기 등에 있는 기상관측소들의 자료를 종합해 일기예보를 전하는 역할도 한다. 1949년부터는『조선중앙연감』도 발간하고 있다.

★
최고 권력자가 되다

신의주학생시위 사건

　북한에 조선공산당 북조선분국이 설립되고 소련군과 김일성 세력이
북한 사회에 대한 지배력을 확보해나갈 즈음 이들에 대한 반감도 생겨
나고 있었다. 그 반감이 표출된 대표적 사건이 1945년 11월 23일 발생
한 신의주학생시위 사건이다. 이날 신의주 지역 학생 3,500여 명이 '공
산당을 몰아내자', '소련군은 물러가라' 등의 구호를 외치며 시위를 벌
였다. 급기야는 공산당 평북도당 본부와 도 보안서에 돌을 던지며 공격
에 나섰다. 여기에 소련군과 보안대원들은 즉각 무력 진압에 들어갔다.
권총과 따발총을 쏘며 학생들을 공격했다. 그 바람에 학생 20여 명이
사망하고 수백 명이 부상을 당했다.

사건의 배경은 소련군의 만행과 공산당의 독선에 있었다. 소련군 진주 당시부터 꾸준히 발생해온 소련군들의 약탈과 강간 등에 주민과 학생들의 반감이 심화되어 있었고, 공산당은 소련군의 협력 세력이었다. 게다가 공산당의 지역 간부들이 주민들의 의사에 반하는 조치를 일방적으로 하는 경우가 있었다.

사건의 발단은 공산당의 룡암포 수산학교 접수였다. 신의주 서쪽 20킬로미터 지점에 있는 룡암포에 수산학교가 있었다. 이 지역의 유일한 중학교였다. 그런데 이를 공산당이 접수해 당원의 정치훈련소로 사용하고 있었다. 11월 18일 룡암포에서 인민위원회 환영대회가 열렸다. 학생 대표로 나선 신의주동중학교 리청일 학생이 수산학교를 돌려달라고 연설했다. 학생들과 주민들이 크게 박수를 치며 호응했다. 룡암포 인민위원장 리용흡을 만나 건의하기로 의견이 모아졌다. 그런데 리용흡이 신의주로 빠져나간다는 소문이 퍼졌다. 학생들은 길목에서 기다렸다. 이때 기다리던 학생들을 머리띠를 두른 좌익계 인사 100여 명이 달려들어 폭행했고, 그 와중에 룡암포 제1교회의 목사가 사망했다.

사건은 신의주로 확대되었다. 신의주 지역 학생 단체가 룡암포 지역 학생 단체와 연합해 반공시위를 하기로 했다. 공산당 평북도당 본부와 도 보안서, 시 보안서 등을 공격한다는 계획을 세웠다. 학생들은 11월 23일 오후 2시에 모였고, 시위를 하다가 계획대로 주요 관공서를 공격했다. 하지만 무력을 가진 쪽은 소련군과 보안대였다. 학생들을 개머리판으로 후려치고, 권총과 소총과 따발총으로 무차별 사격했다. 1,000여 명이 검거되고 나머지는 흩어질 수밖에 없었다.

신의주제2공업학교와 신의주사범학교 학생위원장 황창하와 한형규가 시베리아로 유형流形을 가고 나머지 학생들은 훈방되었지만, 배후 세력에 대한 대규모 검거 선풍이 시작되었다. 김일성이 현지에 내려가 학생들을 다독거리는 작업을 하기도 했다. 학생 대표들을 모아놓고 일제 강점기 압록강을 넘나들며 투쟁하던 이야기도 하고, "진짜 공산주의자는 나쁜 짓을 안 한다. 가짜들이 나쁜 짓을 많이 한다. 도당 책임자와 간부들을 인민재판에 넘겨 처벌하겠다"고 말하기도 했다. 그러면서도 우익 인사들을 대규모 검거해 반공 세력을 약화시키는 계기로 삼았다. 신의주학생의거기념회는 200명이 유형을 갔다고 주장한다.[21] 어쨌든 이 사건을 계기로 우익과 좌익 사이의 벽은 더욱 높아졌다. 우익은 점점 북한에서 발 붙일 곳을 잃어갔다.

민족통일전선론의 승리

해방 직후 국내파와 만주파의 경쟁은 권력투쟁과 노선투쟁이 겹쳐 매우 치열했다. 노선투쟁의 핵심은 민족통일전선론과 인민전선론이다. 김일성의 만주파는 민족통일전선론을, 국내파는 인민전선론을 주장했다. 민족통일전선론은 국가 건설에 민족적 자본가와 지주를 포함시키자는 것이었다. 한마디로 대중노선이다. 물론 친일적 자본가와 지주는 제외된다. 통일전선의 포섭 대상이 되는 자본가와 지주는 일제강점기에도 자본가와 지주였지만, 일제에 적극적으로 협력하지 않고 어쩔 수 없이 소극적 협력 관계를 유지했던 사람들이다. 김일성은 북한에 들어와 처음으로 군중 앞에 모습을 드러낸 1945년 10월 14일 평양시 민중대회에서 그런 내용을 강조했다.

> 조선 민족은 이제부터 새 민주조선 건설에 힘을 합하여 나가야 하겠다. 어떠한 당파나 개인만으로 이 위대한 사명을 완수할 수는 없는 것이다. 노력을 가진 자는 노력을 지식 있는 자는 지식으로 돈 있는 자는 돈으로 참으로 나라를 사랑하고 민주를 사랑하고 전 민족이 완전히 대동단결하여 민주주의 자주독립국가를 건설하자.[22]

김일성의 민족통일전선론 형성에는 그의 항일투쟁 당시의 경험이 영향을 끼쳤다. 만주의 열악한 환경에서 일제에 맞서 싸우기 위해서는 민족주의자를 포함한 모든 세력이 하나로 뭉쳐야 했다. 이런 경험은 해방 후에도 통일전선을 무엇보다 강조하게 만들었다. 또한 김일성은 해방 직후 상황에서 가장 중요한 문제는 외부의 제국주의 세력에 의한 식민지화를 막는 것이라고 보았다. 이를 위해서는 민족적 자본가와 지주의 힘도 한데 모아야 한다는 생각이었다. "제국주의 국가인 미국의 군대와 사회주의 국가인 소련의 군대가 남북에 진주하고 있는 사실 그리고 우리 당의 역량이 아직 충분히 강하지 못한 조건을 또한 반드시 고려하여야 합니다"라는 연설이 김일성의 이러한 인식을 잘 나타낸다.[23]

오기섭을 비롯한 국내파의 인민전선론은 무엇보다 노동계급의 이익을 우선시했다. 특히 오기섭은 노동자와 농민 중심으로 정권을 구성·

운영하는 '노농소비에트'를 구상하고 있었다.[24] 소비에트는 영어의 council(협의회)에 해당하는 말이다. 1905년 러시아의 1월혁명 이후 그해 5월 상트페테르부르크의 한 방직 공장에서 노동자들이 대표를 뽑아 구성한 것이 소비에트의 시작이다. 이후 상트페테르부르크와 모스크바 등에 노동자소비에트가 생겨나 파업을 지도했다. 점차 노동자·농민·군의 대표가 모이는 소비에트로 확대되어갔다. 1917년 2월혁명이 발생했을 때에는 혁명에 가담한 군대에서 중대당 1명씩, 노동자들은 1,000명당 1명씩 대표를 선출해 '노동자와 병사 대표자 소비에트 임시 집행위원회'를 구성하고, 이것이 발전해 통치의 주요 기구가 되었다.

국내파의 인민전선론은 소련군 주둔에 따라 민주주의적 혁명의 단계는 완료되었다고 보고 사회주의 혁명의 단계로 나아가면 된다는 주장을 담고 있었다. 노동자와 농민이 소비에트를 구성해 사회주의를 실현하면 된다는 것이다. 여기에 자본가와 지주는 포함될 여지가 없었다.

1945년 10월 11일 '서북 5도 당대회' 둘째 날 만주파와 국내파가 정치노선을 놓고 일전을 벌였다. 김일성은 인민전선론은 북한의 실정을 무시한 것이며 민족반역자를 제외하고 모두 국가 건설에 동참시켜야 한다고 주장했다. 국내파의 정달헌이 "지주나 자본가도 돈만 내면 된다는 것이냐"라며 반박했다. 김재갑은 김일성 노선을 '소부르주아적 우경투항주의'라고 비난했다.

김일성의 측근 안길이 가만있지 않았다. 안길은 항일빨치산 가운데 이론가였다. "반反파쇼 인민전선에서는 히틀러에 반대하면 자본가든 지주든 다 수용했다. 지금은 조국 건설, 민주주의 건설을 위해 민족반역자는 심판하되 나머지는 모두 힘을 모아야 할 때다. 공산당이나 공산주의자들만으로 건국 사업을 제대로 할 수 있겠는가." 이를 두고 정달헌이 "새파란 게 뭘 한다고 건방지게 나서느냐"고 비난하면서 논쟁이 감정싸움으로 변했다.[25] 토론이 더는 될 수 없었다.

이 대회에서 채택된 30개항의 결정서는 제19항에서 노동자와 빈농을 적극 당에 끌어들여 당의 색채를 더 분명한 프롤레타리아 정당으로 만들 것이라고 밝혔다. 당시까지만 해도 국내파의 입김이 강해 인민전선론이 녹아들어간 결정서가 채택된 것이다. 하지만 김일성 세력이 그렇게 물러날 리 만무했다.

한 달 후인 11월 23~24일 조선공산당 북조선분국 제2차 확대집행위원회 회의가 열렸다. 여기서 김일성은 다시 민족통일전선론을 제기했다. 국내파는 물론 반대했다. 만주파가 대거 반격에 나섰다. 지하에서 공산주의 운동을 하다가 체포된 뒤 해방과 함께 풀려나온 인물 가운데 김택근, 송관조, 문태화 등이 김일성의 의견에 동조했다. 국내파의 유력인물인 주영하도 김일성을 적극 지지했다. 결국 민족통일전선론이 당의 정치노선으로 채택되어 당면 과제에 대한 결정서에 포함되게 되었다. 드디어 노선투쟁에서 만주파가 국내 기반이 탄탄한 국내파를 넘어선 것이다.

권력을 손아귀에 넣다

당의 노선을 민족통일전선론으로 정리한 김일성 세력은 당의 전국적 조직을 장악해가는 작업을 진행했다. 지방의 당 조직에는 국내파가 많아 '박헌영 만세' 또는 '오기섭 만세'를 외치는 곳이 여전히 존재하고 있었다. 만주파는 이런 지역에 만주파 인물들을 파견해 조직 확대를 위한 정지 작업을 계속해나갔다.

이러한 상황에서 1945년 12월 17~18일 조선공산당 북조선분국 제3차 확대집행위원회 회의가 열렸다. 북한 공산당 조직의 주요 인물 150여 명이 참석했다. 김일성, 안길, 주영하, 오기섭 등이 상석을 차지했다. 2일 전에 소련에서 입국한 허가이도 회의에 참석했는데, 그는 이때부터 소련파의 리더 역할을 하면서 당 조직을 정비하는 작업을 주로 해나간다. 첫날은 조직 문제를 논의했다. 김일성은 '북부조선당 공작의 착오와 결점에 대하여'라는 제목으로 보고했다. 3시간이나 했다. 당 간부 중에 불순분자가 끼어 있다는 내용이 핵심이었다.

황해도 어느 군당의 위원장은 일제강점기 고등계 형사부장을 하고, 신의주 지역의 한 면당 위원장은 일제의 면서기 출신이며, 함경남도 어느 지역에서도 형사부장을 했던 사람이 주요 직책을 맡고 있다는 것이었다. 공산주의 의식이 철저한 인물들로 조직을 정비해야 함을 강조한 것이다. 김일성 세력 중심으로 당의 전체 조직을 새롭게 개편하겠다는 의도를 그대로 드러낸 보고였다.

또 하나 중요한 문제로 김일성은 분국의 명칭 변경을 제의했다. 조선

1945년 12월 조선공산당 북조선분국 제3차 확대집행위원회 회의에서 김일성은 '북부조선당 공작의 착오와 결점에 대하여'라는 제목으로 보고했다. 회의에 앞서 결정서 초안을 검토하고 있는 김일성(왼쪽 두 번째).

공산당 북조선분국을 '북조선공산당'으로 바꾸자는 것이었다. 국내파는 격렬히 반대했다. 특히 정달헌이 거세게 나섰다. 그는 평안북도 인민위원장으로 첫날 회의의 의장을 맡고 있었다. "한 나라에 2개의 공산당이 어디 있느냐. 북조선공산당이라고 하면 그것 자체가 하나의 공산당이 아니냐. 일국일당이어야지, 어떻게 일국이당 원칙이 있을 수 있느냐"며 김일성의 주장을 반박했다.

국내파의 반발이 심해지자 만주파의 김책이 "이렇게 토론만 해서는 끝이 없으니 찬반 토론 없이 거수로 결정짓자"고 제안했다. 그러자 정달헌이 다시 나서서 "비민주적이다. 어떻게 당명을 고치는 데 찬반 토론 없이 하느냐. 의장직권으로 이를 받아들일 수 없다"고 맞섰다. 이렇게 양측이 충돌하자 배석했던 소련군 대좌(대령) 알렉산드르 이그나티예프Alexandr M. Ignatiev가 나섰다.

그는 로마넨코 부사령관 아래 부책임자로 있으면서 당시 북한 정치의 주요 이슈에 모두 개입하고 있었다. 그가 "이 문제는 보류하자"고 중재한 것이다. 그래서 더는 논의되지 않게 되었다. 조직을 정비하고 당 이름까지 바꿔 독립적인 당으로 탈바꿈하려 했던 것인데, 당명 개정은 실패했다. 하지만 이 회의 이후 북한의 공식 문서들은 조선공산당 북조선분국 대신 '공산당 북조선조직위원회'라는 이름을 쓰고 있었다. 회의에서 국내파의 반대로 이름을 바꾸진 못했지만, 당의 주요 직책을 장악한 만주파가 당명을 바꿔 사용한 것이다.

당의 대표를 선출하는 회의는 이튿날 진행되었다. 먼저 제1비서 김용범이 수척한 모습으로 사임 의사를 표했다. 지병인 위암 때문이었다. 그는 새로운 책임비서로 김일성을 추대하자고 제안했다. 순간 장내가 술렁였다. 하지만 곧 박수가 나왔다. 표결은 없었다. 그렇게 김일성은 북한 지역 공산당의 최고 책임자가 되었다. 오기섭, 정달헌, 리봉수 등 국내파도 반대하지 못했다. 오기섭은 제2비서에서 조직부장으로 강등되었다. 중국에서 12월 13일에 귀국한 무정은 간부부장이 되었다.

김일성의 책임비서 등극은 해방 후 공산 세력의 역학 관계에서 특별한 의미를 갖는다. 해방 이후 조선공산당의 중심 역할을 박헌영이 해왔다. 서울에서 남북 전체 공산주의 세력의 리더가 되려고 했다. 하지만 소련이 들어왔고, 소련은 북쪽에서 김일성을 지지했다. 1945년 10월에는 북한 지역의 지도기관으로 조선공산당 북조선분국 창설을 허용했다. 12월이 되어서는 집권의 야심을 갖고 세력을 확장해온 김일성이 분국의 지도자가 되었다. 이는 북한 공산당의 사실상의 독립을 의미하는 것이었다.

실제로 박헌영은 분국 설립 이후 운영에 실질적인 영향력을 행사하지 못했다. 소련과 김일성을 중심으로 분국이 운영되었을 뿐만 아니라 박헌영은 서울에서 미 군정의 탄압과 감시의 대상이 되어 운영에 관여할 수 없었다. 박헌영의 영향권 안에 있던 북한의 국내파들도 김일성과 소련의 견제로 힘을 잃었다. 그런 결과가 김일성의 책임비서 추대였고, 이로써 김일성은 공식적으로 북한 최고 권력자로 나서게 되었다. 원산을 통해 입국한 지 3개월 만이었다.

소련은 왜 김일성을 택했는가?

김일성이 북한의 최고 지도자가 된 데에는 소련의 지원이 결정적인 역할을 했다. 이는 이제 공지의 사실이 되었다. 소련군이 점령군으로 들어와 있는 상황에서 그들의 적극 협력 없이 지도자가 될 수 없음은 상식이기도 하다. 실제로 북한에 진주한 소련군 제25군 군사위원 레베데프는 소련군 극동군 소속 고위 장성들이 대일전 이후 제88특별정찰여단에 있던 김일성을 조선의 주요 지도자 중 한 사람으로 삼아 입북시

컸다고 증언했다. 또, 소련군 연해주군관구 사령부 군사위원 스티코프에게서 김일성을 평양에 들어보낼 테니 그에게 주택과 자동차를 지급하라는 지시도 받았다고 한다. 이후 스티코프는 레베데프에게 "김일성이 평양에 도착하면 공산당에 입당시키고, 소련군 장교들이 경호를 하도록 할 것이며, 비밀리에 지방순회를 시켜 각계의 유지들을 만날 수 있도록 하라"는 지시까지 했다고 한다.[26]

레베데프의 증언으로 보면 스티코프가 김일성 지지에 핵심적 역할을 했음을 알 수 있다. 그렇다면 스티코프가 어떤 인물인지 알아야 할 것 같다. 스티코프는 1945년 당시 38세의 상장(중장)이었지만 스탈린과 직접 소통할 수 있는 인물이었다. 그가 1936년 레닌그라드 주당위원회 제2서기를 하고 있을 때 스탈린헌법이 제정되었다. 중앙당 대회에서 헌법기초위원인 안드레이 즈다노프Andrei Zhdanov(레닌그라드 주당위원회 제1서기)가 제안연설을 하고 그가 찬조연설을 했는데, 여기서 '스탈린 대원수는 인류의 태양'이라며 스탈린을 찬양해 그의 주목을 받았다. 이후 스탈린은 레닌그라드를 갈 때마다 그를 찾았다.

그러다 정치군인이 되어 제2차 세계대전 당시 키릴 메레츠코프Kirill Meretskov 원수가 사령관이던 제7군 군사위원으로 활동했다. 레닌그라드를 사수하는 데 큰 전공을 세웠고, 핀란드에 친소 정권을 세울 때도 큰 역할을 했다. 이런 전과 때문에 소련공산당 중앙에서 '탁월한 정치군인'으로 인정받았다. 메레츠코프가 극동군 제1전선군 사령관이 되자 그를 따라 극동 전선으로 왔다. 극동경비국 사령관을 하다가 연해주군관구 사령부 군사위원이 되었다. 당과 군에서 상당히 중요한 역할을 하던 스티코프가 김일성이 북한의 지도자가 될 수 있도록 지원한 것이다.

김일성 지원 문제는 스티코프가 혼자서 결정할 수 있는 문제는 아니었다. 그는 당시 자신의 상관인 메레츠코프 원수, 극동군 총사령관 알렉산드르 바실리옙스키Aleksandr Vasilievsky 원수 등과 협의해서 김일성을 지원했다.

그렇다면 스티코프는 왜 김일성을 지지했을까? 그가 극동경비국 사령관을 할 당시 김일성이 있던 제88특별정찰여단이 극동경비국 소속이었다. 당시 이 여단의 책임자는 중국인 저우바오중周保中이었다. 그는 김일성과 친밀한 관계를 유지하고 있었다. 스티코프는 그를 통해 김일성의 항일투쟁 등에 대한 정보를 얻었던 것으로 보인다. 또한 김일성이 여단 내 한인의 리더 역할을 하고 있었기 때문에 그에 대한 관심을 가졌을 것이다. 이런 인연으로 김일성을 알게 된 스티코프가 그의 지원자가 되었다.

김일성 자신도 제88특별정찰여단 시절부터 소련공산당과 관계를 형성하기 위해 노력했다. 1943~1945년 사이 매년 한 번씩 모스크바를 방문했다. 방문할 때마다 2~3개월 머물면서 당의 모임에 참석하는 등 당과의 네트워크 형성을 위한 활동을 벌였다.[27] 소련의 외무인민위원으로 활동하던 뱌체슬라프 몰로토프Vyacheslav Molotov를 접견하기도 했다. 조선인민군에서 사단 정치위원을 지낸 여정의 증언에 의하면, 김일성은 제88특별정찰여단을 관장하는 극동군사령부의 정찰국장 나움 소르킨 Naum Sorkin 소장과도 친근한 관계를 유지했다.[28] 김일성의 이러한 적극적인 활동도 스티코프를 중심으로 한 소련군 극동군의 고위 장성들이 그를 지원하게 된 것으로 보인다.

어느 한 인물을 지원하는 것은 극동군 차원에서라고 일사천리로 진행될 수 있는 일이 아니었다. 소련공산당 중앙당은 지지도가 높은 조만식에 무게를 두고 있었다. 하지만 그는 소련군과 원만한 관계를 형성하지 못하고, 반탁에 나서면서 소련군과 적대 관계가 되었다. 소련 외무성과 정보기관에서는 박헌영을 높이 평가하고 있었다.

스탈린은 이런 상황을 지켜보면서 1946년 7월 김일성과 박헌영을 만날 필요를 느꼈던 것으로 보인다. 그래서 모스크바로 이들을 불러 면담을 했다. 여기서 스탈린이 김일성을 낙점했는지는 불확실하다. 이후에도 김일성과 박헌영이 경쟁한 점으로 미루어보면 분명한 낙점이 있었다고 보기는 어렵다. 하지만 모스크바에서 귀환한 이후 김일성은 민주개혁에 박차를 가하고 이듬해 북조선인민위원회를 출범시켜 위원장이 되었다. 하지만 박헌영은 이후 내리막이었다. 박헌영은 1946년 10월 미 군정에 쫓겨 월북했다. 김일성의 세력권으로 들어간 것이다. 이로써 그의 기반인 남한의 조선노동당에 대한 지도력이 크게 위축되었다. 반면에 김일성의 세력은 더 커져 결국 그가 북한의 최고 지도자 자리를 굳히게 되었다.

김일성과 보천보전투

아직까지도 북한의 김일성이 가짜 김일성이라고 믿는 사람들이 있다. '가짜 김일성론'을 믿고 있는 것이다. 북한의 김일성은 독립운동가 김일성이 아니라 소련이 내세운 가공된 김일성이라고 알고 있는 것이다. 요즘도 인터넷상에는 "김일성이 진짜 독립운동을 했나요?"라는 질문이 많고, "김일성은 완전히 가짜"라는 답도 많다. 요즘 학생이나 젊은 이들이 역사공부를 외우기 식으로만 하고, 주요 이슈에 대한 깊은 조사나 사고는 해볼 기회가 없었으니 그럴 만도 하다.

김일성이 가짜라는 주장은 그가 처음 대중 앞에 나타난 1945년 10월 14일 '김일성 장군 환영 평양시민대회' 당시부터 나왔다. 해방된 지 두 달 된 시점이기 때문에 여전히 우파들이 평양에 상당히 존재하고 있었다. 이들의 입을 통해 가짜라는 주장이 나온 것이다. 이후 1945년 12월 27일 모스크바삼상회의의 신탁통치 결정을 두고 좌우익이 심한 대립을 벌이면서 가짜 김일성론이 다시 대두되었다. 반탁의 우파들은 신탁통치를 찬성하는 좌익을 소련의 꼭두각시로 비난했다. 그러면서 북한에서 소련의 지원을 받아 최고 실력자로 자리를 굳혀가던 김일성을 가짜라고까지 주장했다. 30대 초반에 불과한 김일성의 나이는 그런 주장을 그럴듯해 보이도록 했다.

남북이 따로 정부를 꾸리고 전쟁을 치르고 냉전의 구도 속에서 심한 대립을 이어오면서 남한 정부는 북한을 부정적으로만 인식하고 언급했다. 북한을 '괴뢰'라 했고, 학생들은 북한 사람들을 머리에 뿔이 난 도깨비로 그렸다. 김일성에 대해서도 마찬가지다. 남한 사회에서 김일성은 '소련군 대위', '지독한 독재자', '전쟁 도발자'로만 교육되었고, 그가 독립운동을 했다는 이야기는 듣기 어려웠다. 그러다 보니 사람들은 소련군 대위가 독립운동가 김일성을 사칭해 북한에서 권력을 획득한 것으로 알게 된 것이다. 문제는 여전히 그런 생각을 갖고 있는 사람들이 있다는 것인데, 이는 남한 사회의 좌우 대립이 여전히 심하기 때문이다. 보수는 북한과 김일성을 무조건 싫어하고 김일성과 관련된 것은 모두 조작된 것이라고 믿는 경향이 있다. 사실은 사실대로 인식하고, 잘못된 것은 그것대로 비판해야 할 텐데 그런 여유가 없다.

김일성이 독립운동을 한 것은 사실史實이다. 1932년부터 항일유격대를 조직해 활동했다. 1934년 가을에 중국공산당이 동만주지역 유격대를 모아 구성한 동북인민혁명군 제2군 독립사 제3단 정치위원이 되었고, 1936년 3월에는 동북인민혁명군이 확대개편된 동북항일연군 제1로군 제2군 제3사師 사장師長을 맡았다. 1937년 6월 보천보전투를 지휘해 국내 언론에 대서특필되고 이때부터 그의 이름이 널리 알려지게 되었다.

1938년 12월에는 동북항일연군 제1로군 제2방면군 군장이 되었다. 1940년 3월 180명 규모의 마에다前田 토벌대를 전멸시키는 등 여러 차례 전투에서 승리해 일제에 타격을 주었다. 일제의 토벌이 심해지자 1940년 10월 소련 블라디보스토크 근처 보로실로프로 이동했다. 얼마 후 소련으로 넘어온 유격대가 소련군 산하의 제88특별정찰여단으로 꾸려지면서 뱌츠코예Vyatskoye로 옮겼고, 김일성은 이 여단의 4개 영營 중 제1영의 영장이 되었다. 지금의 대대장 정도 된다. 계급은 대위였다.

1945년 7월에 김일성은 조선공작단을 조직해 단장이 되었다. 조선인 공산주의자들만으로 구성된 조직으로 소련군과 함께 대일對日전에

김일성은 1932년부터 항일유격대를 조직해 활동하고, 1937년 6월 보천
보전투를 지휘해 국내 언론에 대서특필되었다. 『동아일보』 1937년 6월 5
일자 보천보전투를 대서특필한 호외보도.

참전하면서 귀국할 계획을 갖고 있었다. 귀국 후에는 당과 국가 건설

사업도 주도할 셈이었다. 하지만 참전 계획은 실현되지 못했다. 스탈린

은 당시 중국 국민당과의 관계도 중시했는데, 중국공산당과 연계가 있

는 조선공작단의 참전이 국민당을 자극할 것을 염려해 참전을 반대한

것으로 보인다.[29] 결국 김일성은 대일전 참전은 못하고, 9월 19일 소련

군함을 타고 원산항으로 귀국했다.

　여기까지가 사실이다. 가짜 김일성론을 주장하는 사람들이 말하는

것처럼 2~3명의 독립운동가 김일성이 존재한 것도 아니고, 죽은 김일

성 장군의 이름을 북한의 김일성이 이어받은 것도 아니다. 만주에서 독

립운동을 한 김일성이 바로 북한의 김일성이다. 그런데 북한은 역사적

사실에 살을 엄청 붙이고 없는 것도 있는 것처럼 꾸며 김일성을 우상화했다. 동북인민혁명군을 정체가 불분명한 조선인민혁명군이라 부르고, 제2군 독립사를 김일성이 조직한 것처럼 말한다. 또 조선인민혁명군이 소련과 함께 대일전에 참전하면서 해방을 가져온 것처럼 묘사한다. 게다가 김일성이 만주의 항일무장투쟁 세력의 최고 지도자였던 것으로 선전한다. 리홍광, 최용건, 김책 등이 모두 김일성의 지시를 받고 움직인 것처럼 설명하고 있는데, 이는 사실이 아니다. 이들은 김일성보다 나이도 많고 투쟁 경력과 계급에서도 김일성보다 앞서 있었다. 이런 부분들을 과장하고 조작한 것은 분명 북한의 잘못이다.

　독립운동을 과장해 김일성을 신격화한 것은 북한의 과오이고, 북한의 김일성이 가짜라고 주장한 것은 남한 극우 세력의 잘못이다. 생각해보면 우습고 소모적인 짓이다. 없는 사실을 있는 것처럼 꾸미고, 있는 사실을 아니라고 억지를 부렸다. 이제는 그만한 시행착오를 거쳤으니 모두 한 발짝 떨어져서 사안을 보는 여유를 가질 필요가 있다. 역사적 사실의 평가에 관한 한 여러 의견이 있을 수 있다. 하지만 사실을 갖고 다른 이야기를 하면 얼마 못 가 거짓이 여실히 드러나고 만다.

김일성의 정적들

★

조선의 트로츠키, 오기섭

해방 정국의 북한 정치에서 김일성을 애송이 취급한 인물이 오기섭과 무정이다. 오기섭은 일제강점기 치하에서 사회주의 운동과 노동운동을 쉼 없이 해왔던 인물이다. 그 때문에 13년 8개월이나 감옥살이를 했다. 나이도 김일성보다 아홉 살이나 많았다. 노동 세력에서 '위대한 지도자'로 인정받고 있었다. 그런 '화려한' 투쟁 경력을 가진 오기섭은 해방 직후 김일성을 지도자로 인정하지 않았다. 김용범, 박정애, 장시우, 주영하 등이 김일성 휘하에 몸을 맡긴 것과는 대조를 이룬다.

오랜 지하활동과 몸에 밴 프롤레타리아 의식으로 원칙주의를 고수했으며, 이로 인해 김일성과 사사건건 대립했다. 특히 오기섭이 김일성과 대립하는 지점은 국가 건설의 주체 세력을 누구로 할 것이냐 하는 문제였다. 김일성은 민족통일전선론을 내세우고 있었다. 친일파와 민족반역자, 미 제국주의자들과 연합한 자가 아니면 모든 세력이 단결해 새로운 국가를 건설해야 한다는 노선이었다. 여기에는 민족주의적 자본가와 지주도 포함되었다.

반면에 오기섭은 한반도의 실제적인 적은 외세보다는 내부의 파쇼 세력이라고 보고, 특히 자본가와 지주를 파쇼 세력의 중심이라고 생각했다. 오랫동안 지하에서 노동운동을 해왔던 혁명가로서는 자연스러운 인식이라고 할 수 있다. 이러한 노선의 차이는 두 사람 사이를 점점 멀어지게 했다. 해방 직후 오기섭은 북한 지역에서 국내 공산 세력을 대표할 만했다. 정달헌과 리주하가 있었지만 투쟁 경력과 일제강점기 노동운동의 중심지 함경남도에서의 지지 등에서 오기섭에 미치지 못했다. 이러한 힘을 바탕으로 그는 1945년 10월에 열린 조선공산당 북조선분국 창설 대회에서 제2비서로 선출되었다.

창설 대회 당시 집행위원 구성 방식과 관련해 당초에는 전형위원회를 구성해 여기서 추천하기로 되어 있었다. 하지만 지도부 구성회의가 시작되자 강원도 대표가 이의를 제기했다. 전형위원회를 구성하지 말고 참가한 전체 대표들의 비밀투표로 집행위원을 선출하자는 것이었다. 이런 제안이 나오자 함경남도와 강원도 대표들이 "우리의 지도자 오기섭 동지, 주영하 동지, 리주하 동지 만세"를 외쳤다.[30]

국내파 세력은 비밀투표를 하면 오기섭 체제로 집행위원회를 구성할 수 있다고 본 것이다. 전형위원회가 구성되면 소련군과 김일성의 입김이 작용할 수밖에 없었다. 소란이 오래 가지는 않고 전형위원회를 구성하는 방식으로 진행되었지만, 국내 공산 세력 가운데에서 오기섭이 어떤 위치를 차지하고 있는지를 단적으로 보여주는 일화다.

오기섭은 국가 건설 주체에 관한 문제뿐만 아니라 북한 지역에 당중앙지도기관을 설치하는 문제에 대해서도 김일성과 다른 생각이었다. 서울에 당중앙이 있는데 북한에 당중앙을 별도로 설치하는 것은 일국일당의 원칙에 어긋난다고 했다. 국내파 가운데서도 장시우, 장순명, 주영하 등이 중앙지도기관 창설에 찬성하는 쪽으로 돌아선 이후에도 오기섭은 반대했다. 그러다가 10월 8일 김일성과 박헌영의 담판에서 분국 창설이 합의된 이후 오기섭은 마지못해 찬성했다.

북한에서 노동조합은 1945년 10월부터 조선직업총동맹이라는 이름으로 바뀌었다. 노동자 중심의 노조에 사무원과 기술자를 포함시켜 조선직업총동맹으로 바꾼 것인데, 노조의 규모를 확대해 당의 부속기관으로 활용하려는 의도였다. 여기에는 노조를 기반으로 하는 국내파를 약화시키려는 생각도 개입되었다. 국내파는 노동자들의 지지를 받고 있었다. 따라서 김일성은 조선직업총동맹이 당의 명령과 지시를 철저히 따라야 한다고 했다. 반면에 오기섭은 조선직업총동맹이 당의 지지 단체도, 국가에 종속된 기관도 아니며, 노동자의 이익을 보호하기 위한 독립적인 조직이라고 주장했다. 더욱이 그는 조선직업총동맹이 당과 대등한 지위를 갖고 있으며, 당의 조선직업총동맹에 대한 지도는 거부되어야 한다고까지 주장했다.

두 사람은 이렇게 생각이 달랐다. 생각이 다르고, 지지 기반이 다르고, 지향하는 바가 다르니 적이 될 수밖에 없었다. 강자는 소련을 등에 업은 김일성이었다. 1945년 10월 조선공산당 북조선분국 제2비서가 되었던 오기섭은 12월 제3차 확대집행위원회 회의에서 김일성이 당의 책임비서가 되면서 밀려나기 시작했다. 이때 김일성은 오기섭의 직업동맹관이 잘못되었다고 맹비난했다. 그에 대한 사실상의 숙청이 시작된 것이다. 그의 직위는 제2비서에서 조직부장으로 강등되었다. 1946년 1월 말에는 조직부장 자리도 잃었다. 2월 북조선임시인민위원회가 출범하고 3월에 선전부가 설치될 때 오기섭은 선전부장이 되었다. 당시까지만 해도 그의 논리적 설득력과 연설 능력을 활용한 것이다. 8월에 선전부장에서 해임되고 9월에 노동부가 신설될 때 노동부장이 되었다.

1947년 2월 북조선노동당 중앙위원회 제4차 확대전원회의가 열렸는데, 그 자리에서는 주영하가 다시 오기섭의 직업동맹관을 비난했다. 이날은 오기섭이 그냥 있지 않았다. 평소 들고 다니던 일본어판 『레닌 선집』을 펼치면서 항변했다. "마르크스와 레닌은 분명히 이렇게 말했고 이렇게 썼지 않았는가. 나는 마르크스-레닌주의자이기 때문에 그들이 말했고 그들이 쓴 대로 나도 말했고 또한 썼다. 나더러 마르크스-레닌주의자가 아니라는 그들이야말로 마르크스-레닌주의자가 아니다. 나더러 트로츠키라고 불러야 하는 그들의 본심은 무엇인가."

레온 트로츠키Leon Trotskii는 원칙주의자였다. 스탈린이 러시아만으로도 세계를 사회주의로 만들 수 있다고 주장할 때, 그는 러시아는 후진국이기 때문에 소비에트 독재와 진정한 사회주의로 발전이 어렵다고 주장했다. 그는 러시아혁명과 함께 유럽 선진 자본주의 국가들의 사회

오기섭은 "내가 꼭 트로츠키로 낙인 받아야 하는 것이 당신들의 소원이라면 나는 내 입으로 선언한다. '오기섭은 조선의 트로츠키다'"라고 말했다. 스탈린과 레닌, 원칙주의자였던 레온 트로츠키(오른쪽).

주의혁명을 지원해 세계혁명을 이룩해야 한다고 역설했다. 스탈린의 주장을 일국사회주의론, 트로츠키의 생각을 세계혁명론이라 한다. 세계혁명론이 마르크스가 주장한 내용이니 트로츠키가 마르크스주의 원칙에 더 충실했다. 하지만 스탈린과의 권력투쟁에서 패배해 그는 반혁명분자 또는 기회주의자로 몰려 국외로 추방되고, 멕시코에 숨어 살다가 암살되었다.

오기섭은 김일성 세력의 공격에 직면해 자신의 운명이 레닌의 후계자로 각광받다가 나락으로 떨어진 트로츠키를 따라가고 있음을 인식했던 것 같다. 주영하의 비판을 반박한 그는 이렇게 말했다. "내가 꼭 트로츠키로 낙인 받아야 하는 것이 당신들의 소원이라면 나는 내 입으로 선언한다. '오기섭은 조선의 트로츠키다'라고."[31] 김일성의 속내가 자신을 제거하려는 것임을 알고 냉소적으로 그들의 속마음을 폭로한 것이다.

이런 비판의 와중에서도 오기섭은 1947년 2월 22일 북조선인민위원회가 출범할 당시 노동국장에 임명되었다. 하지만 3월 북조선노동당 중앙위원회 제6차 확대전원회의에서 김일성이 다시 오기섭의 직업동맹관을 비난했다. 공개석상에서 나온 세 번째 비판이었다. 1948년 초가 되어서는 노동국장에서 해임되었다. 그러고는 조소해운회사 사장을 잠시 했을 뿐 별다른 자리를 맡지 못했다. 1956년 수매양정상을 했지만, 1958년 3월 조선노동당 제1차 대표자회에서 종파사건에 연루되었다는 비판을 받고 당적을 박탈당했다. 연안파와 소련파가 연합해 김일성에 반기를 든 1956년 8월의 이른바 '8월 종파사건'에 오기섭도 가담했다는 것이다. 이후 쓸쓸히 지내다 1950년대 말쯤 병사한 것으로 전해진다.

김일성은 왜 오기섭을 숙청한 것일까? 첫째는 오기섭이 김일성에게는 위험한 존재였다. 함경남도를 비롯한 북한 지역 노동 세력의 지지를 받고 있고, 모스크바 유학까지 해서 이론 무장이 잘 되어 있던 그는 김일성에게는 눈엣가시였다. 특히 오기섭은 대중연설에도 능해 정치적 영향력을 확대할 가능성이 높았다. 둘째는 함경남도 노조 세력을 약화시키려는 의도였다. 일제강점기부터 활성화되어 있던 함경남도 노조 세력은 해방 이후에도 여전히 강했다. 이는 김일성의 무장투쟁을 민족해방운동의 상징으로 만들어가는 데 장애가 되었다. 오기섭을 비롯한 이 지역 출신 국내 공산 세력은 김일성에게 경계 대상이 될 수밖에 없었다. 셋째는 박헌영 세력의 기반 약화다. 북한 지역 국내 공산 세력은 박헌영과 연결되어 있었다. 오기섭은 박헌영의 직계라고 하기는 어렵지만, 박헌영의 북한 지역 영향력을 약화시키기 위해서는 오기섭, 정달헌, 최용달 등 국내파에 대한 전반적인 숙청이 필요했다. 일제의 혹독한 압박 속에서도 해방과 새로운 세상을 갈망하며 사회주의 노동운동에 자신을 바친 혁명가 오기섭은 그렇게 권력투쟁에 패해 역사의 뒤안길로 사라져갔다.

황해도의 아버지, 무정

오기섭과 함께 김일성을 '아래'로 보았던 인물이 무정이다. 1945년 말 북한에서 언론 활동을 하던 김창순이 무정을 찾아갔는데, 당시 그는 불만이 많았다. 평양 대동강변의 아담한 석조 2층집에 살고 있었다. 김창순을 맞은 그는 김일성과 소련에 대해 불만을 털어놓았다.

> 일성이 새끼가 나를 꼭 없애야 하기는 할 터인데……. 그러나 이 무정이 아무리 못났기로 일성이 같은 어린애 앞에서 굴복할 수는 없지 않은가. 나는 직업적 혁명가로서의 투쟁 역사에 있어서나 또는 개인 무정을 놓고 볼 때 나야말로 백전연승의 자타 공인하는 용장이거든. 내가 일성이 새끼만 못하다는 것은 어불성설이야.[32]

1945년 말이면 김일성이 당 권력을 잡고 북한의 최고 지도자로 부상한 시기였다. 그런데도 무정은 김일성을 인정하기 싫어했고, '애송이' 김일성을 지원하는 소련에 대해 불만이 많았다.

무정은 1905년 함경북도 경성에서 태어나 나남공립보통학교를 졸업하고 15세에 서울의 중앙고등보통학교에 입학했다. 고보 재학시절 학생운동에 관여해 퇴학하고 경성기독청년회관에서 공부했다. 1923년부터는 사회주의 단체 서울청년회에서 활동했다. 이후 3번 옥살이를 하고 1923년 10월 중국으로 건너갔다. 1924년 바오딩保定군관학교를 졸업하고 1925년에는 중국공산당에 입당했다. 제1차 국공합작(1924~1927) 시기에는 국민당군에서 복무하기도 하고, 산시성山西省의 군벌 옌시산閻錫山 부대에 들어가 포병 소위로 근무한 적도 있다. 하지만 군벌 간 다툼에 회의를 느끼고, 1927년부터는 공산당 활동을 적극적으로 했다.

1934년 10월부터 1935년 11월까지 계속된 중국공산당의 대장정에 참여했다. 1만 2,500킬로미터의 긴 사투를 무사히 마무리한 한인은 무정과 양림뿐이었다. 양림은 1936년 사망해 이후 중국공산당 내에서 대장정에 참여한 한인은 무정이 유일했다. 무정은 줄곧 포병장교로 이름을 떨쳤다. 눈대중으로 포를 겨눠 쏘았는데 백발백중이었다고 한다. 덕분에 그는 1938년 팔로군 포병단이 창단되었을 때 초대 단장이 되었다. 지금으로 따지면 여단장 정도 된다.

팔로군 포병단장으로 있으면서 그는 동시에 한인들을 모아 항일운동 단체를 조직했다. 1941년 좌·우익의 청년들을 한데 모아 화북조선청년연합회를 만들고 회장이 되었다. 1942년 이 단체를 화북조선독립동맹으로 개편하고, 그 군사조직으로 조선의용군을 만들어 사령관이 되었다. 무정은 조선의용군을 이끌고 수없이 많은 일본군과 싸웠다.

해방이 되자 무정은 조선의용군을 이끌고 귀국하려 했지만, 소련군의 반대로 뜻을 이루지 못하고 개인 자격으로 입국했다. 그때가 1945년 12월 13일이었다. 귀국 직후 열린 조선공산당 북조선분국 제3차 확대 집행위원회 회의가 열렸는데, 거기서 무정은 간부부장으로 선임되었다. 귀국 초기 그는 주민들의 추앙의 대상이었다. 황해도 지역에서는 '위대한 아버지'로 불리기도 했다. 1946년 초부터는 김일성 세력의 집중적인 견제를 받아 간부부장 자리에서 밀려났다. 마오쩌둥毛澤東, 저우언라이周恩來, 펑더화이彭德懷 등 중국공산당의 최고 지도부와 막역한 사이인 데다 국내에서도 인지도가 높은 무정을 최고 권력기관인 당에서 활동하도록 놓아둘 경우 김일성의 권력이 위험해질 수도 있다는 것이 만주파의 판단이었다. 그래서 그를 군으로 밀어낸 것이다. 사실상 이때부터 숙청이 시작되었다고 할 수 있다.

무정은 또한 철저한 민족주의자로 소련의 북한 점령을 탐탁지 않게 생각했다. 공산주의를 하더라도 조선만의 공산주의를 해야 한다고 주장했다.[33] 중국공산당에 입당한 것도 중국과의 연대를 통한 대일투쟁을 염두에 둔 것이었다고 할 수 있다. 팔로군 포병단장을 하면서도 한인 투쟁단체와 무장조직을 꾸린 것은 이러한 생각의 실현이었다. 무정은 그래서 소련과 결탁한 김일성에 대한 비판도 서슴지 않았다. 이런 점도 그가 김일성 세력의 숙청 대상이 되고 권력의 중심에서 밀려나는 데 중요한 요소로 작용했다.

연안파에는 무정뿐만 아니라 김두봉, 최창익, 김창만 등 실력자가 많앉지만 결속력이 부족했다. 옌안延安에서 활동할 당시부터 파벌 간 다툼이 있었고, 귀국해서 일부는 김일성 쪽으로, 일부는 독자적 창당 쪽으로, 또 일부는 개별적 활동 쪽으로 각각 움직였다. 귀국 이후에도 한솥밥을 먹으며 호흡을 같이했던 만주파와는 크게 다른 모습이다. 이렇게 분열된 연안파는 무정이 밀려나는 것을 막을 수 없었다.

조선인민군의 초기 형태인 보안대대부가 1946년 초에 창설되었을 때, 무정은 여기에 참여했다. 그해 3월 토지개혁이 실시되었다. 고위급 인사가 각 지역에 파견되어 토지개혁을 지도했다. 무정은 황해도로 갔다. 그런데 여기서 토지개혁을 철저히 지도하지 않았다. '무상몰수 무상분배'의 원칙에 따르면서 토지를 잃은 지주는 다른 지역으로 이주하도록 되어 있었는데, 몰수해야 할 토지가 몰수되지 않거나 주지 않아야 할 사람에게 토지를 주는 경우도 있었고, 이주해야 할 지주가 이주하지 않는 경우도 있었다.[34] 이런 점은 김일성이 역점적으로 추진한 토지개혁에 대해 무정이 부정적인 생각을 갖고 있었음을 시사해준다. 소련에 대한 태도뿐만 아니라 토지개혁을 놓고도 김일성과 부딪힌 것이다.

그해 7월 사관학교인 '북조선 보안간부학교'가 설립되면서 심사위원장을 맡았다. 위원으로 최용건, 김책, 김웅, 장종식 등이 있었으니 매우 높은 직책이었다. 8월에 조선인민군의 전신인 보안간부훈련소가 창설될 때는 포병 부사령관 직책을 맡았다. 사령관은 최용건이었다. 1948년 2월 조선인민군이 창설될 때도 무정은 포병 부사령관이었다. 북한이 남침을 구체적으로 계획하던 1950년 5월 남침 계획을 작성했는데, 작성 과정에 무정은 배제되었다. 만주파와 소련파가 작성하면서 무정을 비롯한 연안파는 배제했다. 만주파와 소련파 중심의 정권이 연안파를 여전히 믿음의 대상으로 보지 않고 있었던 것이다.

1950년 6월 20일 북한이 전쟁 준비를 완료하고 전선사령부를 구성했는데, 무정은 역시 배제되었다. 25일 전쟁이 시작되었다. 조선인민군의 전략은 1군단이 서쪽으로 남하해 서울을 점령하고, 2군단은 동쪽으로 내려와 춘천을 거쳐 수원을 점령한다는 것이었다. 하지만 2군단이 '28일 수원 점령'이라는 임무를 제대로 수행하지 못했다. 그 때문에 2군단장 김광협이 해임되었는데, 그 자리에 무정이 임명되었다. 전쟁 중 야전사령관은 위험 부담이 많은 자리다. 작전에 실패하거나 전투에 패배하면 곧바로 해임될 수 있다. 무정을 그런 자리에 앉힌 것이다.

김일성은 작전에 실패한 군단의 지휘관으로 무정을 보내면서 본격 숙청 작업을 시작했던 것으로 보인다. 아니나 다를까, 인천상륙작전 이후 조선인민군이 대대적인 후퇴작전을 전개하고 평양 방어도 어려워진 상황에서 10월 13일 무정은 평양방어사령관에 임명되었다. 당시는 유엔군과 한국군의 파죽지세를 조선인민군이 막을 수 없는 상황이었다. 그런 상황에서 '목숨 걸고 평양을 지키라'는 명령을 받은 것이다. 물론 김일성은 이미 북쪽으로 피난한 상태였다. 무정은 평양을 지키지 못하고 후퇴했다.

북한의 수세를 보고 있던 중국군은 10월 19일 전쟁에 참여했다. 대규모 군대로 유엔군과 한국군을 남쪽으로 밀어냈다. 김일성은 어느 정도 여유를 찾았다. 그러자 평양 사수 실패를 빌미로 무정을 숙청했다. 12월 21일 조선노동당 중앙위원회 제3차 전원회의에서다. 회의 장소

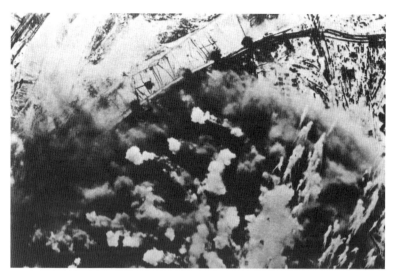

1950년 10월 13일 김일성은 무정을 평양방어사령관으로 임명해 '목숨 걸고 평양을 지키라'고 명령했다. 미 공군 B-29기의 무차별 폭격으로 폐허가 된 평양 시가지.

는 자강도 만포군 별오리다. 그래서 '별오리회의'라고도 한다. 죄목은 명령불복종과 군벌주의적 만행이다. 명령불복종은 평양을 사수하라는 명령을 제대로 이행하지 않았다는 것인데, 누가 사령관을 맡아도 평양을 지키기는 어려웠다. 전쟁을 시작할 당시 북한의 병력은 19만 8,380명이었다.[35] 전쟁을 4개월 가까이 치른 10월 중순 시점의 병력은 이보다 훨씬 적었다. 반면에 9월 말 남쪽의 병력은 남한군 10만여 명, 미군 11만여 명이 있었고, 기타 유엔군을 합쳐 34만여 명이었다.[36] 게다가 무기의 수준에서 현격한 차이가 있었다. 그럼에도 무정에게 평양 전투 실패의 책임을 물었다.

　군벌주의적 만행이라는 것은 후퇴 과정에서 압록강변 만포의 군병원에서 죽어가는 병사를 수술하지 않는 의사를 현장에서 총살한 것을 이른다. 당시는 전쟁 상황이었다. 게다가 상관의 명령을 듣지 않는 자는 총살하라는 김일성의 명령이 일선부대에 전달된 상태였다. 무정에게 '만행' 운운하며 책임을 물을 상황이 아니었던 것이다.

김일성은 중국이 전쟁을 대신 해주는 상황을 이용해 권력 기반 확대에 나섰고, 그 일환으로 자신의 오랜 정적 무정을 제거했다. 무정은 한동안 연금 상태였다가 죄인罪人부대 연대장으로 평양의 모란봉극장 지하 시설물 설치 작업 등을 하기도 했다. 그러다가 중국군이 무정을 인도해줄 것을 요청해 창춘長春에 있는 루마니아가 운영하는 병원에서 지병인 위장병 치료를 받도록 했다. 이후 무정은 다시 북한으로 돌아가 1951년 사망했다.

8월 9일 숨졌다는 것이 북한의 기록인데, 6·25 전쟁에 조선인민군으로 참여했다가 중국으로 건너가 살고 있는 중국 동포들의 증언에 따르면 무정이 1951년 11월 평양의 인민군 39호 병원에서 위암 수술을 받다가 사망했다고 한다. 사망 당시 46세에 불과했다. 독립을 꿈꾸며 중국에서 사선을 넘나들던 혁명가 무정은 정치에는 능하지 못했고, 그 바람에 자신의 뜻을 제대로 펴보지 못한 채 권력을 잃었으며, 그 여파로 슬픈 운명殞命을 맞았다.

★
김일성과 다른 길을 가다

시인형 운동가, 조만식

조만식은 평양 출신으로 평양 숭실중학교에 입학하면서 기독교에 입문했고, 이후 장로로 활동하면서 북한 지역의 대표적 기독교 민족주의자가 되었다. 일본 메이지明治대학에 다니면서 마하트마 간디Mahatma Gandhi을 알게 되었고, 그의 비폭력운동에 심취했다. 귀국해서 교육운동과 국산품 애용운동을 지도했다. 신간회 평양지부장, 평양 YMCA 총무, 조선물산장려회 회장을 지냈다. 비폭력적이면서도 비타협적인 투쟁노선을 꾸준히 견지했고 늘 한복을 입었다. 그래서 '한국의 간디'로 불렸다.

해방이 되면서 그는 평남건국준비위원회를 구성하고 위원장이 되었다. 여운형이 중심이 되어 만든 건국준비위원회가 전국으로 확대되었는데, 조만식은 평양에 살면서 광복 이틀 뒤인 8월 17일 평남건국준비위원회를 꾸려 수장이 되었다. 소련군이 8월 24일 평양에 들어왔을 때 평양의 중심인물은 조만식이었다. 평양을 중심으로 노동조합과 공산주의 활동을 하던 김용범이 있었지만 명망은 조만식만 못했다. 박헌영은 서울에, 김일성은 연해주에, 무정과 김두봉은 중국 옌안에 있었다.

조만식은 8월 26일 제25군 사령관 치스차코프를 만났다. 제2차 세계대전을 치르면서 그는 모스크바와 스탈린그라드 전투에서 많은 전과를 올려 국내에서는 널리 알려진 인물이었다. 치스차코프는 함흥을 거쳐 평양에 들어와 조만식과 면담했다. 그 자리에서 조만식은 "소련군은 해방군인가, 점령군인가?" 물었다. 치스차코프는 "소련군은 조선의 해방을 위해 왔다"고 했다. 이후 조만식은 소련군에 협조했다. 소련군은 평남건국준비위원회와 조선공산당 평남지구위원회를 통합할 것을 제의하고, 조만식과 공산주의 세력은 이를 수용해 8월 27일 '평안남도 인민정치위원회'를 구성했다. 위원장은 조만식이 맡았다. 부위원장에는 오윤선과 현준혁이 선임되었다.

제25군 군사위원 레베데프는 8월 29일 조만식을 만났다. 이때 중요한 대화가 오고 갔다. 그 자리에서 조만식은 "기본 정치노선은 민주주의여야 하고 자본주의에 입각한 경제제도를 채택해야 하며 교육을 통해 인민을 깨우쳐야 하고 피압박 민족의 한을 자주독립국가로 풀어야 하고, 이 모든 것을 위해서는 언론·집회·결사의 자유 등이 보장되어야 한다"고 말했다.[37]

이렇게 초기 소련군은 조만식을 협력의 주요 파트너로 인정했다. 각 지역에서 자발적으로 구성된 인민위원회를 통합하는 중앙행정기구로 '북조선 5도 행정국'이 11월 19일에 출범했다. 위원장은 조만식이었다. 김일성이 평양에 들어온 이후에도 소련군은 행정은 조만식, 공산당은 김일성에게 맡기는 모양새였다. 실제로 소련군은 조만식을 "정치적 식견이 있는 인물"로 평가했다.[38] 조만식도 소련군에 일정 정도 협조하면서 자신의 생각을 반영하려고 했다. 무력으로 소련에 대항할 수 없고, 그렇다고 북을 버리고 남으로 내려와버릴 수도 없는 상황에서 조만식으로서 그런 식으로밖에 대응할 수 없었던 것이다.

하지만 조만식은 공산주의자가 아니었다. 소련과 끝까지 협력하기는 어려웠다. 우선은 소련군의 약탈이 문제가 되었다. 소련군이 9월에 평양고무공장의 기계를, 10월에는 수풍발전소의 발전기를 뜯어가자 조만식은 문제를 제기했다. 9월 말에는 소작료도 문제 삼았다. 각 지역의 자생조직 인민위원회는 지주 3, 소작인 7의 '3·7 소작제'를 실시했다. 조선 후기 이래 일제 당시에도 소작인들은 생산량의 절반 이상을 지주에게 내놓았다. 이를 고쳐 30퍼센트만 지주에게 주도록 한 것이니 소작인에게 유리하게 한 것이다.

소련과 만주파도 소작인들에게 유리한 3·7제를 문제 삼지 않았다. 하지만 조만식은 지주에게 가혹하다며 4·6제를 주장했다.[39] 10월 21일 평남인민정치위원회가 '소작료 3·7제에 관한 규정'을 발표해 정리되기는 했지만, 이 문제는 좌파들과 조만식의 사고가 다름을 분명하게 보여주었다. 이런 것들이 문제가 되면서 조만식은 소련군과 점점 멀어진다. 11월 3일에는 조선민주당을 창당해 당수가 되었다.

소련군과 조만식이 완전히 결별한 것은 신탁통치에 대한 반대 때문이었다. 모스크바삼상회의에서 신탁통치가 결정되었다는 소식이 외신으로 한반도에 전해진 것은 1945년 12월 27일이었다. 12월 28일 서울의 대한민국 임시정부는 국무회의를 열고 반탁운동에 들어갔다. 북한의 조선공산당 북조선분국은 12월 30일쯤 찬탁으로 돌아섰고, 남한의 좌익 인사들도 1946년 1월 2일부터 찬탁으로 돌아섰다. 소련에서 찬탁 지령이 내려졌기 때문이다.[40] 북한의 공산세력이 찬탁 입장이 되었는데, 조만식은 끝까지 반탁을 버리지 않았다.

소련군이 조만식을 수차례 설득했지만 실패했다. 결국 소련군이 택한 방법은 조만식을 버리는 것이었다. 1946년 1월 5일 조만식은 고려호텔에 연금되었다. 이후 생사가 불분명한 상태가 되었다. 6·25 전쟁 직전 북한은 서울에서 활동하다가 체포된 공산주의자 김삼룡과 리주하를 조만식과 교환하자고 제의했다. 그러다 전쟁이 터졌고 북한은 1950년 10월 평양을 버리고 북쪽으로 후퇴할 때 조만식을 처형했다. 북한은 평양의 주요 정부기관을 평안북도 강계로 옮기기로 하고 10월 19일 평양을 떠나는데, 하루 전인 18일 우파 인사와 치안사범 등 500명을 총살했다. 이때 조만식도 처형했다.[41]

발군의 정치적 감각과 친화력으로 소련군과 밀착한 김일성, 반대로 소신을 지키다 처연하게 역사 속으로 사라져간 조만식, 한국 정치사에서 명료한 대조를 이루는 장면이다. 둘 다 독립운동을 했지만 김일성은 해방 직후 정치인이 되었다. 정치인형 독립운동가라고 할 수 있을 것이

북한의 공산 세력은 찬탁이었지만, 조만식은 끝까지 반탁을 버리지 않았다. 그것이 소련군과 조만식이 완전히 결별하는 계기가 되었다. 모스크바삼상회의의 결정을 지지하는 1946년 1월 3일의 서울 시민대회.

다. 조만식은 한 번 생각한 것이 있으면 놓지 않고, 특히 그것이 대의大義라고 생각하면 일신상의 손해는 물론 목숨까지도 아끼지 않는 시인형 운동가였다.

의문의 죽음, 현준혁

현준혁은 1906년생으로 연희전문학교 문과와 경성제국대학 법문학부를 졸업한 인텔리 공산주의자였다. 연희전문학교 시절부터 공산주의 운동을 했고, 대구사범 교사를 하면서 학생들의 독서회를 통해 공산주의 활동을 하다가 검거되어 6년간 감옥생활을 했다. 그 이후 고향 평안남도 개천으로 돌아가 협동조합 결성 등 공산주의 운동을 계속하다 여러 차례 투옥되었다. 해방도 감옥에서 맞았다. 해방이 되자 현준혁도 평양을 중심으로 공산주의 조직을 꾸리기 위해 민완하게 움직였다. 해방 이틀 후 평안남도 지역 국내 공산주의자들을 모아 조선공산당 평남지구위원회를 구성하고 위원장이 되었다.[42] 이 모임에 김용범 · 박정애 · 장시우 · 리주연 등이 참석했는데, 이들이 당시 평양 공산주의자들을 대표하는 인물이었다.

김용범과 박정애는 현준혁을 평남지구위원회 위원장에 선출하는 자리에 참석했지만, 곧 다른 길로 들어섰다. 김일성을 지원하게 된 것이다. 김용범과 박정애는 모두 소련에서 교육받고 소련과 친밀한 사이였다. 김일성은 소련군 제88특별정찰여단의 장교였다. 소련군은 양측의 결합을 주선했고, 이를 통해 친소 세력은 강화되었다. 김용범은 위암으로 1947년에 사망했지만, 박정애는 북한의 대표적 여성지도자로 승승장구했다.

박정애는 1907년생인데, 소련에 이주한 빈농의 딸이었다. 중학교와 고등사범학교를 졸업한 뒤 1923년 소련공산주의청년회에 가입했고, 김용범과 함께 모스크바의 동방노력자공산대학에서 수학했다. 1929년부터 1932년까지는 모스크바시 정부위원으로 활약했고, 1932년 국내로 들어와 평양고무공장의 직공 등으로 일하면서 서울과 흥남 등지에서 비밀 공산주의 운동을 했다. 그러다가 수차례 체포되어 감옥생활을 했다. 해방이 되면서 조선공산당 평남지구위원회 위원이 되었고, 초대 북조선노동당 여성동맹 위원장에 선임되었다. 1959년에는 조선노동당 중앙위원회 부위원장으로 권력 서열 5위까지 올랐다.

장시우는 평안남도 룡강 사람으로 1891년생이다. 1917년에 숭실고 등보통학교를 졸업한 뒤 만주 룽징龍井에서 교사로 재직하다가 1919년 간도국민회에 가입하면서 항일운동을 시작했다. 1924년 고향에서 소작인조합을 결성해 농민운동을 했고, 1929년부터는 조선공산당 만주 총국 선전부장으로 일했다. 1930년 중국공산당에 입당했고, 제3차 간도공산당 검거사건 때 체포되어 징역 10년형을 선고받았다.

리주연은 1937년에 김정숙을 만나면서 김일성과 연결되었고, 해방 직후 국내 출신 가운데 김일성에게서 가장 큰 신임을 얻은 인물이었다.[43] 그는 원래 함경도 출신으로 단천적색농민조합 사건의 주모자로 체포되어 감옥살이를 하다가 1945년 8월 16일 평양형무소에서 출옥해 바로 평양에 자리를 잡았다. 그는 소련군 제25군 사령관 치스차코프가 김일성을 맞으러 원산에 갈 때 박정애 · 양영순과 함께 동행하기도 했다.[44] 이러한 인물들에 의해 해방 직후 평안남도 지역 공산주의 조직의 책임자로 추대된 이가 현준혁이었다.

좌 · 우익이 만나 평남인민정치위원회가 구성되자 현준혁은 부위원장이 되었다. 위원장은 조만식이었다. 현준혁은 공산주의자이면서도 프롤레타리아 혁명보다는 남북의 통일이 중요하다고 생각했다. 그래서 이론가 공산주의자이면서도 민족주의자들과 연합전선을 형성하는데 기꺼이 참여했다. 이런 점 때문에 당시 민족주의 진영에서도 그를 높이 평가했다.

국내 공산주의자들에 의해 단숨에 평양 지역 책임자로 추대되고 민족주의자들에게서도 좋은 평가를 받고 있던 현준혁은 김일성에게는 껄끄러운 존재였다. 게다가 그는 북한 지역에 공산당 중앙지도기관을 창설하는 것에 반대했다. 김일성과 소련의 전략에 찬성하지 않은 것이다. 공산 혁명보다도 남북의 통일을 우선시한 그로서는 너무 당연한 행보이기도 했다. 그렇게 왕성하게 공산주의 운동과 통일운동을 전개하던 현준혁은 1945년 9월에 암살되었다. 조만식과 함께 소련군 제25군 사령부에 들렀다가 돌아가는 길에 총을 맞고 사망했다.

김일성이 현준혁을 암살했을까?

현준혁이 암살된 것은 1945년 9월이라는 것이 많은 관련자의 증언이다. 당시의 어지러운 정국에서 파벌 간 경쟁과 갈등의 결과일 것이다. 문제는 김일성이 현준혁을 암살했는가 하는 것이다. 이 문제에 대한 열쇠는 암살 시기가 상당 부분 쥐고 있다. 암살 시기에 대해서는 '9월 3~4일설'과 '9월 28일설'이 있다.[45] 아직 어느 것이 옳다고 말하기 어렵다.

9월 3~4일설을 주장한 사람은 당시 동평양경찰서장이었던 류기선이다. 자신이 직접 목격한 것은 아니지만 암살 현장을 관할하는 경찰서의 서장으로, 부하들의 자세한 보고를 받았다면서 암살일이 9월 3~4일쯤인 것으로 기억한다고 말했다. 조만식과 함께 트럭을 타고 가다가 적위대 복장의 청년에게 저격을 당했다는 것이다.

9월 3~4일설이 맞다면 당시 공산주의자들의 자발적인 조직으로 공산진영 군대 역할을 했던 적위대의 대장 장시우가 암살을 지휘했을 가능성이 높다. 류기선의 증언이 "적위대 복장의 청년이 현준혁을 쏘았다"는 것이다. 어떤 식으로든 적위대 책임자 장시우와 관련이 있다는 말이다. 장시우는 소련군의 도움을 받아 공산주의 국가를 건설하는 것이 옳다고 보았다. 우파와도 연합해 국가 건설에 나서야 한다는 현준혁과는 다른 생각을 갖고 있었다. 장시우도 만주와 평양 지역에서 오랫동안 농민운동과 항일운동을 한 경력을 갖고 있었기 때문에 나름의 세력을 갖고 현준혁과 맞서 있었다.

소련군은 해방 정국에 평양 지역에서 활동하던 장시우, 김용범, 박정애, 최경덕, 리주연 등을 조기에 친소파로 포섭했다. 이들은 김일성과 협력 관계가 되었다. 하지만 현준혁은 조만식과 협력하면서 소련군에도 자기 주장을 내세우면서 정국을 주도하려고 했다. 이러한 국내 세력 내부의 노선과 주도권 경쟁 과정에서 현준혁과 장시우의 갈등이 심화되었고, 결국 장시우가 현준혁을 암살하는 데 어느 정도 역할을 한 것으로 추정해볼 수 있다.

9월 28일설은 조선노동당 중앙위원회 부부장을 지낸 박병엽이 말한 내용이다. 9월 28일 조만식·홍기주와 함께 소련군 제25군 부사령관 로마넨코를 만난 후 돌아가는 길에 지금의 김일성광장 입구 근처에서 저격당했다고 한다. 그 부근에 사람들이 모여 있어 타고 가던 삼륜차에서 잠시 내렸다가 총에 맞았다는 것이다.

9월 28일설이 옳다면 김일성이 암살을 주도했을 가능성이 높아진다. 9월 22일 평양에 들어와 활동하던 김일성은 국내 공산 세력의 실력자로 자리를 잡고 있으면서 나름의 독자적인 노선을 걷고 있던 현준혁이 부담스러웠을 것이다. 전 북한 『민주조선』 주필 한재덕은 「김일성을 고발한다」에서 소련 군정의 한국인 2세 통역관인 유채일이 "김일성 세력이 현준혁을 암살했다"고 증언했다고 전한다.

"김일성 · 김책 등 소련파와 김용범 · 장시우 등은 현준혁을 그대로 두었다가는 공산당이 북한에서 패배한다고 생각했다. 그래서 로마넨코 소장실에 이들 4명이 찾아와 현준혁 처리에 관한 비밀 회담을 했고 이 자리에서 현준혁의 살해를 결정했다"고 유채일이 말했다는 것이다. 이것이 사실이라면 결국 조만식과 가까운 국내 공산 세력의 실력자를 제거함으로써 조만식의 영향력을 약화하고 김일성의 입지를 강화하기 위해 현준혁을 제거했다는 이야기가 된다. 실제로 평양에는 '현준혁 암살은 김일성 세력이 국내 공산 세력의 약화를 노리고 저질렀다'는 소문이 널리 퍼져 있었다.[46]

현준혁 암살일과 관련해 한 가지 주목해볼 점이 미 군정의 보고서에 나타난다. 북한이 1946년 11월 7일 현준혁 사망 1주기 추모식을 성대하게 거행한 것이다. 남한의 군정을 책임졌던 미 24군단의 평양 연락사무소가 1946년 11월 14일에 작성한 보고서의 내용을 그대로 풀어보면 이렇다.

1년 전 평양에서 조만식과 함께 차에 타고 있던 중 암살당한 공산주의 지도자 현준혁Hyen Zun Hyek에 대한 추모식이 11월 7일 열렸다. 추모식은 경찰본부 맞은편 광장에서 대규모 장례 행렬로 시작했다. 추모사에 나선 사람들은 그의 열렬한 공산주의 신념을 칭송했다. 경찰도 총동원되었다. 장례 행렬이 광장을 떠날 때 쇼팽의 장송 행진곡이 울려퍼졌다. 행렬은 24군단 평양 연락사무소 북쪽, 일제의 신사가 있던 방향으로 향했다. 행렬은 다시 경찰본부로 돌아왔다. 거기엔 50개의 조화가 놓여 있었다.[47]

11월 7일 추모식을 하면서 1년 전 사망했다고 쓰고 있으니 1945년 11월 7일 사망했다는 이야기다. 몇 년 후도 아니고 1주기였기 때문에 사망한 날을 착각했을 가능성은 낮다. 물론 북한이 사망 날짜와는 상관없이 날을 잡아 추모식을 했을 가능성도 없는 것은 아니다. 하지만 9월에 사망한 사람의 추모식을 11월에 한다는 것은 이해하기 어렵다. 따라서 11월 7일의 추모식이 어떤 의미를 갖는 것인지는 다른 자료를 통해 좀더 연구해볼 필요가 있다.

현준혁 암살은 송진우(1945년 12월 30일), 여운형(1947년 7월 19일), 김구(1949년 6월 26일)로 이어지는 해방 후 주요 인물에 대한 암살의 서곡이었다. 다른 암살과 마찬가지로 그의 암살 또한 언제, 누가, 무슨 이유로 저질렀는지 명확히 밝혀내는 데에는 많은 시간이 필요할 것 같다.

1945년은 한반도 역사에서 그 어떤 해年보다 의미가 깊다. 35년 간의 식민지배를 벗어난 해이니 어느 것에 비할 수 있겠는가? 하지만 북한의 주민들에게 1945년은 환희만 가득한 해가 아니었다. 우선 배가 고팠다. 쌀이 부족했기 때문이다. 소련군은 소련으로 쌀을 반출해갔다. 북한에 주둔하는 소련군의 식량도 북한 현지에서 조달했다. 소련 주둔군도 10만 명 정도였다.

소련 주둔군 숫자에 대한 정확한 통계는 없고 4만여 명, 10만여 명, 20만여 명 등 다양한 추정이 있는데, 그 중간 정도를 잡는다면 10만 명 정도가 된다. 반출된 쌀이 200만 섬이 넘는 데다 이 많은 군사를 먹이는 데 쌀이 들다보니 식량이 모자라게 된 것이다. 1945년은 보기 드문 풍년이었다. 하늘도 해방을 축하하듯이. 하지만 쌀은 그토록 부족했다.

북한에서 평양사범대학(지금은 김형직사범대학)에서 교수생활을 하다가 1992년 남한에 망명한 김현식은 해방 당시 함경남도 함흥에서 초등학교 6학년에 다니고 있었다. 6남매 중 다섯째로 어렵게 살고 있었다. 그의 눈에는 1945년이 이렇게 보였다.

해방과 함께 소련의 붉은 군대가 북한 땅에 들어왔다. 마을로 시커먼 화물차가 몰려들더니 짐칸에서 소련 군인들이 줄줄이 내렸다. 모자를 아무렇게 나 눌러쓴 소련 군인들의 군복이 때에 절어 번들거렸다. 따발총을 어깨에 둘러맨 그들은 각반에 꽂았던 칼을 꺼내 커다란 빵을 썰더니 소금에 절인 생선을 얹어 입이 터지게 먹었다. 호기심에 차서 친구들과 소련 군대를 졸 졸 따라다니며 구경하던 나는 그들의 야만적인 모습에 적잖게 실망했다.[48]

각이 서고 늠름한 해방군을 기대했던 소년 김현식은 소련군을 보자마자 실망했다. 거기서 그치는 것이 아니었다. 인면수심의 추태를 목격했고, 게다가 배까지 곯았다.

일본이 물러간 땅에 소련 군대의 횡포가 이어졌다. 길거리 아무데서나 따발총을 들이대며 시계를 빼앗는 것은 물론, 부녀자를 겁탈하고 마을 양곡창고에 쌓인 쌀가마를 흥남 항구로 실어날랐다. 우리가 농사 지은 쌀을 아마도 소련으로 실어가는 모양이었다. 그러더니 마침내 일제 말기의 어려운 시절에도 근근이 이어지던 식량 배급이 완전히 중단되었다.[49]

6남매는 그릇 하나에 놓인 밥을 나눠먹었다. 그의 기억 속에 남은 1945년은 야만적인 소련군과 모자라는 밥이다. 해방이 되어 즐거운 일만 있을 줄 알았는데, 해방군으로 들어온 소련군은 침략군의 모습을 하고 있었고, 일본의 수탈이 없어지면 먹고사는 데는 걱정이 없을 것 같았는데 실제로는 그렇지 않았다.

그래서 10월의 조선공산당 북조선분국 창설 대회 때에도 식량 문제는 주요 의제로 논의되었다. 12월 전국농민조합총연맹 결성 대회 당시에도 여기에 참가한 대표들이 식량 문제 해결을 촉구했다. 곡물 수집 기구를 설치해 쌀을 모아 보려는 시도도 했다. 하지만 중앙행정기관이 분명히 서 있지 않은 상황이어서 어려웠다. 도 인민위원회들은 궁여지책으로 도로 곡물이 유출되는 것이나마 막고 있었지만 식량이 부족한 상황에서 큰 의미는 없었다.

쌀이 모자라는 상황에서 주민들은 생계를 잇기 위해 궁여지책을 마련할 수밖에 없었다. 산간 지역은 더 생활이 어려웠다. 평안북도 창성군도 산간 지방이다. 1945년 이 지역 사람들은 흰쌀로 밥을 한다는 것은 생각하기 어려웠다. 주식이 좁쌀, 기장쌀, 수수쌀이었다. 도토리죽, 송기떡, 메피죽, 수수, 감자, 팥, 산나물, 산열매 등도 많이 먹었다. 된장을 떡처럼 화롯불에 구워 만든 떼장도 부식으로 먹었고, 반찬은 장과 김치가 대부분이었다. 양념이 부족해 김치도 백김치를 주로 담갔다. 제사상에는 '고깔밥'이라는 것을 올렸다. 잡곡을 담고 그 위에 쌀밥을 고깔처럼 얹은 것이다.[50]

풍년에 식량난을 겪은 것은 남쪽도 마찬가지였다. 1945년 가을 수확은 소비량보다 100만 섬이나 남는 작황이었다. 문제는 미 군정이 도입한 곡물자유시장제였다. 지주들이 쌀시장을 독점하고 있는 상황에서 자유거래에 맡겨두니 매점과 투기가 극성을 부렸다. 수확량의 4분의 1은 일본으로 밀수출되었다. 12월 전국농민조합총연맹 결성 대회에서도 각 도의 대표들은 북한 식량 문제와 함께 남한의 곡물자유시장제에 대해서도 깊은 우려를 표했다.

남쪽과 북쪽에서 모두 쌀이 모자라는 상황이어서 1946년 1월 16일에서 2월 5일까지 열린 미소공동위원회 예비회의에서도 쌀 문제는 주요 의제가 되었다. 소련 대표 스티코프는 물물교환 방식으로 북쪽의 석탄과 전력과 원자재 등을 줄 테니 남쪽에서 쌀을 보내달라고 요구했다. 남쪽도 모자라는 형편이어서 미군은 들어줄 수 없었다. 소련은 쌀을 보내지 않는다면 어떤 교역도 할 수 없다고 강하게 나왔고, 미국도 쌀은 절대 보낼 수 없다고 맞섰다. 결국 교역 문제에 대한 협상은 결렬되었다. 제한된 범위의 교통과 일반인의 통행, 우편물의 교환만 합의하고 예비회의는 끝났다.

동서고금을 막론하고 사람에게 먹고사는 문제만큼 중요한 게 있을까? 독립이 되고 자유를 누리는 상황이 되었지만, 주민들에게는 나아진 것이 없었다. 일제가 공출하는 대신 소련이 쌀을 가져갔고, 그래서 모자라는 것은 매한가지였다. 일제가 물러난 자리에 새로운 정부가 들어서고 이 정부가 국민을 지켜주어야 했는데, 그것이 안 되었다. 자유로움 속에서 먹고사는 문제도 어느 정도의 노력으로 해결할 수 있는 것이 평균적인 인간의 삶일 텐데, 1945년 한반도 남쪽과 북쪽의 민초들에게 이는 아직 기대하기 어려운 호사에 불과했다.

1946년

제2장

×××

모든 것을 바꿔라

김일성 정권의 수립

공산청년동맹을 민주청년동맹으로

조선공산당 북조선분국 제3차 확대집행위원회 회의에서 김일성 세력이 제기한 또 하나의 문제는 공산청년동맹(공청)을 민주청년동맹(민청)으로 전환하는 것이었다. 김일성 세력은 청년조직을 재정비해 자신들에 대한 지지 세력 확산을 노리고 있었다. 공청은 공산주의를 신봉하는 소수만 가입하는 청년 단체였다. 이것으로는 북한의 민주개혁을 제대로 이루고 사회주의 단계로 나아가기 어렵다는 판단이었다. 민청으로 명칭을 바꾸고 성격도 바꿔 가입을 원하는 청년들은 모두 수용하는 것이 공산당의 지지 세력을 확대하는 데 도움이 된다는 것이었다.

1945년 말 당시 북한 지역에서 청년 단체는 우후죽순으로 생겨나

26개나 되었다. 이를 하나로 합쳐 당의 외곽 단체로 만들겠다는 것이 김일성의 생각이었다. 더욱이 1945년 11월 3일 조만식이 조선민주당을 창당한 이후 많은 청년이 여기에 동조했다. 함흥비료공장 등 주요 기업소와 공장의 청년노동자 2,000여 명이 한꺼번에 조선민주당에 가입하기도 했다. 이러한 환경에서 공산당이 세력을 확장하는 방안은 공청을 해체하고 민청으로 새롭게 확대개편하는 것이라고 생각했다.[1]

이에 대해 국내파 공산 세력은 반대했다. "공산주의를 포기하겠다는 것이냐"는 항변이었다. 오기섭을 비롯한 국내파는 공청을 정예화해 사회주의 혁명의 중심이 되도록 해야 한다고 주장했다. 소련의 레닌청년공산주의동맹이 실제로 그런 역할을 했다. 소련파도 국내파와 같은 의견이었다. 허가이, 태성수, 박영빈 등이 공청 유지를 주장한 것이다. 소련파는 공청 조직을 그대로 두고 민청을 별도로 만들자고 제안했다. 조선민주당에 청년조직을 만들어 이를 공청과 합치는 쪽으로 전략을 세우자는 의견도 냈다.

그럼에도 김일성은 공청을 해체하고 민청을 새롭게 세우자는 주장을 계속했다. 조선민주당에 청년조직을 만들면 우익 성향의 청년들이 몰릴 텐데 거기서 공산 세력이 헤게모니를 쥐기는 어려울 것이란 계산이었다. 실제로 북한에는 기독교 세력이 여전히 강했고, 기독교도인 조만식이 위원장인 조선민주당에 많이 들어가 있었다. 조선민주당 안에 청년조직을 만들면 이들이 다수를 차지할 가능성이 높았다. 김일성의 주장에는 국내파를 극복하고 자기 세력 중심으로 청년조직을 꾸리려는 의도가 들어 있었다. 해방 직후 공산주의 세력의 중심은 국내파였고, 공

1946년 1월 17일 평양에서 열린 조선민주청년동맹 결성 대회 직후 주요 간부들이 김일성과 함께 기념촬영을 했다. 맨 앞줄 가운데에 김일성이 있다.

청 조직도 국내파 중심이었다. 김일성은 이런 구조를 타파하려고 했다.

김일성의 주장은 소련 주둔군과의 전략과 통하는 것이었다. 소련군은 공청과 소련군에 반대하는 우익청년단체들의 반공산주의 운동을 우려했다. 공산당 색깔이 적은 민청을 새롭게 조직해 세력을 확장한 뒤 소련군을 지지하도록 하면 우익청년단체들의 세력은 크게 위축될 것으로 보았다.

찬반 양론이 팽팽해 제3차 확대집행위원회 회의에서 합의점을 찾지 못했다. 당의 책임비서가 된 김일성은 12월 말에 집행위원회 회의를 거듭해 소련파를 설득했다. 결국은 공청을 해체하고 민청을 새로 조직하기로 했다. 국내파의 반발이 해소되지는 않아 함경남도에서는 도 당위원회가 중앙위원회의 지시를 거부하면서 공청의 전환 작업이 한때 지지부진했다. 정달헌이 함경남도로 내려가 민청으로 바꾸지 못하도록 했기 때문이다.[2] 하지만 해가 바뀌면서 개편 작업은 강력하게 추진되어 1946년 1월 3일 북조선민주청년동맹 결성준비위원회가 구성되었다. 그리고 1월 16~17일 북조선민주청년단체 대표자회가 열려 조선민주청년동맹 구성이 공식 의결되었다.

북조선임시인민위원회 출범

소련은 당초부터 북한 지역에 자신들이 지지하는 세력을 내세운 뒤 이를 한반도 전체의 통일정부 수립의 발판으로 삼는다는 계획을 갖고 있었다. 그래서 북한의 행정 체계를 통일하는 작업을 진행해 5도 행정국을 1945년 11월에 출범시켰다. 하지만 당시만 해도 김일성이 중앙행정기관의 책임자가 될 정도의 위상은 아니었다. 그래서 조만식이 위원장을 맡았다. 하지만 12월 김일성이 당의 책임자가 되고, 이후에는 김일성의 행정기관 장악을 위한 작업도 진행되었다.

김일성 세력의 주장은 민주기지론이었다. 체계를 갖춘 중앙행정기관을 설립해 북한 지역에서 민주개혁을 실시하고, 이것이 한반도 전체에 실현되도록 해야 한다는 것이었다. 당시 소련군은 미소공동위원회를 진행시켜 남북한의 통일적 임시정부를 구성한다는 생각이었기 때문에 새로운 중앙행정기관의 구성을 고려하지 않고 있었다. 북한 지역의 중앙행정기관을 설립하는 것은 단독정부 수립 시도로 공격받을 염려도 있었다. 그래서 5도 행정국으로 충분하다는 생각이었다. 소련파인 허가이나 리동화도 마찬가지였다.

오기섭과 정달헌 등 국내파도 새로운 중앙행정기관의 설립은 북한 단독정부 추진으로 비춰진다는 이유로 반대했다. 하지만 김일성 세력은 집요했다. 강한 행정권을 갖고 민주개혁을 하면 미소공동위원회에 의해 임시정부가 구성되더라도 이를 완전히 뒤집을 수 없고, 이는 빠르면 빠를수록 좋다고 소련군을 설득했다. 결국 소련군은 동의해주었다. 이렇게 해서 북조선임시인민위원회를 설립하는 작업이 시작되었다. 5도 행정국은 레베데프와 로마넨코 등 소련군이 주도해서 설립했지만, 북조선임시인민위원회는 김일성과 그의 핵심 측근들이 주도했다.

1946년이 되면서 북조선임시인민위원회 설립 작업은 일사천리로 진행되었다. 1월 2일 김일성과 조선노동조합전국평의회(전평) 북조선총국 위원장 현창형, 평남농민위원장 리관엽, 여성동맹위원장 박정애, 민주청년동맹위원장 방수영, 조선독립동맹 대표 김두봉 등이 모스크바삼상회의의 결정을 환영하고 임시정부 수립을 촉구하는 성명을 발표했다. 다음 날에는 5도 행정국의 국장 회의가 열려 이것을 지지한다는 입장을 내놓았다.

반면에 신탁통치를 거부하던 조만식은 1월 5일 소련군에 의해 연금되었다. 공산주의 세력은 이제 민족주의 세력을 완전히 배제하고 자신들의 길을 가는 양상이었다. 1월 중순 조선민주청년동맹이 설립되면서 김일성은 지지 기반을 확대할 수 있게 되었고, 중앙행정기관 설립 작업은 탄력이 붙었다.

1월 29일에는 김일성과 조선독립동맹 대표 김두봉, 조선민주당 부당수 최용건, 전평 북조선총국 위원장 현창형, 여성동맹위원장 박정애 등 정당·사회단체 대표들이 모여 신탁통치를 지지한다고 밝히면서, 민주적이고 독립적인 조선 창설을 방해하는 자들을 소탕해야 한다고 역설했다. 1월 31일에는 노동자와 청년, 여성 등이 사회단체를 결성한 뒤에도 마지막까지 남아 있던 농민들이 모여 조선농민조합북조선연맹을 구성했다. 북한 지역이 부문별로 일정한 통일 체계를 갖추게 된 것이다. 각 도의 인민위원회를 하나로 묶는 중앙행정기관을 만드는 데 유리한 환경이 조성된 것이다.

2월 초에는 정당·사회단체 대표들이 북조선 중앙행정기관 창설을 위한 발기위원회를 조직했다. 2월 7일에는 정당·사회단체 간부와 도 인민위원회 위원장, 5도 행정국의 국장 등 32명이 모여 북조선임시인민위원회를 창설하기로 의견을 모았다. 이 회의를 주도한 것은 김일성이었다. 김일성은 북조선임시인민위원회의 필요성에 대해 보고를 했다. 이후 토론을 거쳐 북조선임시인민위원회 결성에 관한 결의가 채택되었다.

이러한 준비 과정은 필요한 단계를 밟아나가면서도 그 속도는 매우 빨랐다. 2월 8일에는 정식으로 북조선임시인민위원회가 출범했다. 이를 결정한 것은 '북조선 각 정당·사회단체, 행정국 및 각 도·시·군 인민위원회 대표 확대협의회'라는 긴 이름의 회의에서였다. 그만큼 많

북조선임시인민위원회는 각 정당·사회단체 간부들이 참가하는 중앙기관이었다. 1946년 2월 열린 북조선임시인민위원회 창립 경축 평양시 군중대회 모습.

은 단체를 참석시켰다는 이야기다. 북한 지역의 사회 전체가 북조선임시인민위원회 창설에 동참하고 있음을 보여주기 위해 이렇게 긴 이름의 회의를 소집했을 것이다.

북한의 공식 정부가 수립된 것은 1948년 9월 9일이지만, 실제로는 이때부터 북한에 정부가 수립된 것으로 보아야 할 것이다. 일본의 저명한 북한 연구가 와다 하루키和田春樹도 이때 "김일성을 중심으로 하는 북한 정권이 탄생했다"고 보고 있다.[3] 북조선임시인민위원회는 명실상부한 정부의 조직을 갖추고 정부의 기능을 수행했다. 2월 9일 임시인민위원과 위원장단을 선출했는데, 위원장에는 김일성이 선출되었다. 이로써 김일성은 실질적으로 북한 지역 중앙행정기관의 수뇌가 되었다. 부위원장에는 김두봉, 서기장에는 강량욱이 선임되었다.

임시인민위원들의 모임인 임시인민위원회는 의결기구로 주요 의사 결정을 하는 기구였다. 행정기구로는 서기장 아래 10개의 국을 두었다. 보안국장은 최용건, 산업국장은 리문환, 교통국장은 한희진, 농림국장은 리순근, 상업국장은 한동찬, 체신국장은 조영렬, 재정국장은 리봉수, 교육국장은 장종식, 보건국장은 윤기녕, 사법국장은 최용달이 맡았다. 10개의 행정부처를 두고 정부 업무를 시작한 것이다. 위원장단을 선출한 북조선임시인민위원회는 2월 9일 '11개조 당면 과업'을 발표했다(『정로』, 1946년 2월 10일).

1. 친일분자 및 반동분자들을 철저히 숙청하고 유능한 간부들을 각 기관의 지도 사업에 등용하여 각 지방의 행정기구를 강화할 것.

2. 일본 침략자 및 친일적 반동분자들에게서 몰수한 토지와 산림을 최단 기간 내에 정리하며 적당한 방법으로 조선인 지주의 토지를 몰수하고 산림을 국유화하며 소작료를 철폐하며 농민들에게 토지를 무상으로 분여할 준비를 할 것.

3. 생산 기업소들을 생활필수품을 생산하는 기업소로 개편하고 그 발전을 도모할 것.

4. 철도운수, 체신 등을 완전히 복구할 것.

5. 은행을 비롯한 금융기관의 체계를 정리하며 무역과 상업에 대한 정책을 정확히 수립할 것.

6. 중소기업의 발전을 도모하며 기업가와 상인들의 창발성을 장려할 것.

7. 노동운동을 적극 방조하며 공장, 광산, 탄광, 운수기관 등에 공장, 제조소 위원회의 조직망을 광범히 설치할 것.

8. 교육제도를 민주주의적으로 개혁하며 초등, 중등학교를 확장하며 교원 양성을 준비하며 국문 교과서를 편찬할 것.

9. 과거 일본 제국주의가 남긴 노예 사상을 일소하기 위하여 인민들을 진정한 민주주의적 사상으로 교양하며 각 계층 인민들 속에서 문화 계몽 사업을 광범히 전개할 것.

10. 북조선에서 중대한 식량 문제를 해결할 적절한 대책을 시급히 세울 것.

11. 조선 인민의 이익에 가장 적합하고 공정한 모스크바 삼국 외상회의의 조선 문제에 관한 결정의 진의를 전체 인민에게 정확히 해설하여 줄 것.

이후 전개할 민주개혁과 사회 건설의 주요 내용들을 밝힌 것이다. 3월 23일에는 북조선임시인민위원회의 정책 내용을 더 구체화한 '20개조 정강'을 발표했다. 정치적인 문제와 관련해서는 일제 잔재 청산, 민주적 자유 보장, 민주주의 선거 원칙 확립, 인민의 민주적 권리 확보 등을, 경제 문제와 관련해서는 인민경제의 민주주의적 발전, 중요 산업의 국유화, 토지개혁, 중소상공업자의 활동 보장, 인민 생활 안정, 누진세제 실시 등을 담고 있었다. 사회·문화 부문과 관련해서는 노동·교육· 문화·보건 분야에서 민주개혁, 전반적 의무교육제 수립, 민족예술의 발전, 인재 양성, 인민병원 확대 등을 포함하고 있었다. 북한 사회 전반에 걸쳐 철저한 개혁과 발전을 추진하겠다는 내용이었다.

민주기지론과 국토완정론

민주기지론은 김일성 세력과 소련군이 갖고 있던 전략이다. 북한에 먼저 사회주의를 실현하자는 것이다. 남과 북의 정세가 완전히 다른 상황에서 우선 북한 내부의 개혁과 사회주의 혁명에 성공을 거둬 이를 바탕으로 통일을 이루어 한반도 전역에 사회주의를 실현하자는 내용이다. 스탈린의 일국사회주의론에 기원을 두고 있다. 스탈린은 하나의 확보된 지역에서 조속히 사회주의를 실현해 이후 다른 지역으로 확대해야 한다고 주장했다. 일국사회주의론의 한국판이 민주기지론인 것이다.

1945년 8월 9일 소련이 북한에 진주하자 급해진 미국은 38선을 경계로 남북한을 분할하자고 제안했다. 분단의 단초를 미국이 제공한 것이다. 소련은 이 제안을 수용했다. 이후 소련은 북한에서 소련식 사회주의 체제를 구축하는 작업을 시작했다. 물론 김일성과 만주파가 추진했던 것이기도 하다. 소련의 지원을 받고 있는 상황이었기 때문에 조기에 정권을 세울 수 있는 민주기지론을 마다할 이유가 없었다. 김일성이 스탈린의 전략을 수용한 것인데, 북한에 사회주의 정권을 세우고, 이를 강화해 남쪽으로 확산하면 된다는 생각을 한 것이다.

미국이 소련에 38선을 경계로 남북한을 분할하자고 제안하자, 소련은 이 제안을 수용했다. 분단의 단초를 미국이 제공한 것이다. 남북 분단을 알리는 38도선 푯말.

이렇게 소련군과 김일성 세력의 이해가 맞아떨어지면서 이들은 이를 적극적으로 주장했다. 1945년 10월 조선공산당 북조선분국 설립 후 국내파의 반대를 무릅쓰고 이를 내세운 것이다. 1946년 2월 8일 북조선임시인민위원회를 출범시킨 것은 김일성 세력의 민주기지론이 국내파와의 노선투쟁에서 이겼기 때문에 가능했다. 임시인민위원장이 된 김일성은 강력한 행정권을 손에 쥐고, 곧바로 토지개혁을 비롯한 산업국유화, 8시간 노동제 · 남녀평등제 시행 등 민주개혁을 단행했다.

김일성은 북한이 민주개혁을 철저히 진행해 강력한 개혁의 북풍으로 38선을 없앨 수 있다고 생각했다. 개혁의 바람이 남쪽으로 전이되어 자연스럽게 남북이 하나가 되는 과정을 상정한 것이다. 하지만 북한의 민주개혁으로 인한 북풍은 정正의 방향과 부負의 방향 양쪽에서 불었다. 정방향 바람은 북한의 토지개혁과 친일파 청산 등이 남한에서도 유사한 개혁으로 이어질 것이라는 기대를 높이는 것이었다. 부방향 바람은 월남한 지주나 친일파들이 북한의 공산주의 세력에 대해 부정적으로 선전함으로써 반공의식을 확산시킨 것이었다.[4] 따라서 김일성이 생각한 것처럼 민주개혁이 38선을 없애주지는 못했다.

북한은 정부를 수립하는 작업을 속속 진행했다. 1947년 2월에는 '임시'를 떼고 북조선인민위원회를 설립했다. 1948년 2월에는 조선인민군을 창설했는데, 김일성은 이것도 '북조선 민주기지의 위력을 공고화'하기 위한 것으로 설명했다. 이렇게 일사천리로 북한의 단독정부 수립 방안을 실행해나갔다. 쉽게 말하면, 민주기지론은 북한의 단독정부 노선이었다.

북한은 1948년 9월 정부를 수립한 이후 국토완정론國土完整論으로 혁명 전략을 수정했다. 정부 수립 다음 날인 1948년 9월 10일 김일성이 발표한 '조선민주주의인민공화국 정부의 정강'을 통해 국토완정론을 제시했다. 북한 지역에 사회주의 구축은 끝났고 한반도 전체에 사회주

의를 실현하고 통일을 이룩하는 단계로 나아가겠다는 것이다. 민주기
지론에서 국토완정론으로 완전한 전환이었다. 말하자면 남진통일론이
었다. 김일성의 국토완정론은 스탈린과 마오쩌둥과의 협의 끝에 남한
에 대한 군사적 공격으로 이어졌다.

★

사회를 개혁하다

모든 토지는 농민들에게

북조선임시인민위원회가 출범하자 김일성 세력은 사회주의 이행 이전에 진정한 민주주의 제도를 실현한다는 이른바 '민주개혁'을 시작했다. 토지와 산업시설의 소유, 노동제도, 남녀평등의 문제를 전면적으로 개혁했다. 그 시작은 토지개혁이었다.

농경국가 조선에서 땅은 농민들에게 생의 전부와 같은 것이었다. 하지만 대부분의 농민들은 자기 땅을 소유하지 못하고 지주의 땅을 소작했다. 소출의 절반 이상을 지주에게 내야 했다. 일제강점기에는 사정이 더 악화되었다. 지주의 수탈에 일제의 수탈이 겹쳤다. 쌀을 빼앗기고 토지까지 잃는 경우가 허다했다. 많은 사람이 농사 지을 땅을 찾아 만주로 갔고, 산으로 들어가 화전민이 되었다. 해방이 되면서 농민들은 '밭갈이 할 땅'을 가질 수 있을 것이라는 희망을 갖게 되었다.

1945년 북한 상황을 보면 전체 농민 가구의 3.4퍼센트인 3만 3,217명의 대지주가 전체 농지의 50퍼센트 이상을 소유하고 있었다.[5] 농민 가구가 모두 100만 4,000가구였는데, 그중 44만 가구는 토지가 없었고, 26만 가구는 영세 규모였다. 소작농들은 수확량의 50~90퍼센트를 소작료로 내고 있었다. 90퍼센트를 소작료로 내는 경우는 생계가 유지되기 어려웠음은 물론이다. 이 문제를 해결해달라는 농민들의 요구가 각 지역 인민위원회에 제기되었다. 해방 정국의 혼란 상황에서 일부 지역에서는 농민들이 스스로 뭉쳐 지주를 몰아내고 토지를 분배하기도 했다.

10월에 평남인민정치위원회가 '소작료 3·7제에 관한 규정'을 발표한 것은 농민들의 요구를 반영한 것이었다. 사회주의자들과는 대척점에 있던 조만식은 3·7제가 지주에게 지나치게 불리한 것이라며 반대하기도 했지만, 새시대를 맞아 농민들의 요구가 강했고, 사회주의자들의 요구 또한 강해 3·7제로 결론이 났다.

이러한 상황에서 소련 주둔군과 김일성 세력은 1945년 11월부터 토지개혁을 위한 준비를 시작했다. 농사짓는 사람에게 토지를 분배하는 방안을 논의한 것이다. 미소공동위원회가 열리면 통일임시정부가 구성될 것이고, 거기서 토지개혁을 하는 것이 옳다는 주장도 있었다. 하지만 김일성 세력은 민주개혁은 빨리 추진되어야 한다고 주장했다. 민주개혁이 성과를 내고 있어야 통일임시정부가 구성되어도 개혁이 지속될 수 있다는 논리였다.

북조선임시인민위원회가 출범해 행정 체계가 갖추어지자 토지개혁 논의는 본격화되었다. 1946년 2월 8일 북조선임시인민위원회 출범 당시 김일성 보고의 핵심 내용도 친일파·반민족분자 숙청과 함께 토지개혁이었다. 김일성은 일본인·친일파·대주주의 토지와 임야를 국유화하고 토지를 농민들에게 무상분배할 것이라고 밝혔다. 북한 각 지역에서 열린 북조선임시인민위원회 출범 경축 대회에서도 1946년 봄 농사 시작 전에 토지개혁을 실시하라는 요구가 많았다. 2월 28일에는 북조선농민대회가 열렸는데, 여기에 참석한 농민 대표들도 '모든 지주는 토지를 농민에게 나눠주라'고 요구하고 나섰다.

북조선공산당(조선공산당 북조선분국은 1946년 4월 북조선공산당으로 당명을 변경했다)은 3월 4일에 확대집행위원회 회의를 열고 토지개혁을 위한 법령 제정을 결정하고, 3월 5일 북조선임시인민위원회가 토지개혁법을 발표했다. 그러고는 3일 후인 8일부터 전격적으로 토지 몰수가 시작되었다. 토지개혁의 내용은 5가지였다.

첫째, 무상몰수 무상분배 원칙이다. 지주의 토지를 몰수하는 데 보상을 하지 않았고, 농민들에게 분배할 때 토지값을 받지 않았다. 둘째, 몰수 대상은 5정보(1만 5,000평) 이상의 지주 소유지였다. 5정보가 안 되더라도 전부 소작을 주는 토지와 계속 소작을 주는 토지도 몰수 대상이었다. 물론 일본인이나 민족반역자 소유의 토지도 몰수되었다. 5정보이상은 땅을 직접 자기 힘으로 경작하는 사람이 거의 없다는 현실을 반영한 결정이었다. 셋째, 분배의 대상은 토지가 없거나 적은 농민이었다. 넷째, 분배의 기준은 농가별 가족 노동력이었다. 가족의 수와 연령

북조선공산당은 1946년 3월 4일 확대집행위원회 회의를 열고 토지개혁을 위한 법령 제정을 결정하고, 3월 5일 북조선임시인민위원회가 토지개혁법을 발표했다. 당시 농민들의 토지개혁법령 지지 시위.

을 고려해 분배한 것이다. 18~60세 남자는 1점, 18~50세 여자도 1점, 10~14세 소아는 0.4점 등으로 점수를 매겨 그 점수에 따라 토지를 나눠주었다. 다섯째, 토지를 몰수당한 지주는 다른 지역으로 이주하도록 했다. 토지를 빼앗긴 지주들과 농민들의 충돌을 막기 위한 조치였다.

　실제 토지개혁이 실행에 들어가자 전국에 9만여 명의 빈농과 고농雇農(남의 집일을 돌봐주면서 그 집에 붙어사는 농민)으로 구성된 1만 2,000여 개의 농촌위원회가 리里 단위마다 구성되었다. 농촌위원장이 관할 지역의 지주들을 소환했다. 관련 법령을 통지하고 '불로지주 이주에 관한 퇴거서약서'에 동의하도록 했다. 곧바로 노동자와 사무원으로 이루어진 토지개혁선전대가 동원되었다. 이들은 '토지분배계획표'에 따라 해당 토지에 말뚝을 박고, 이를 토지가 없거나 적은 사람들에게 나눠주었다. 토지소유증명서도 발부해주었다. 이주한 지주들의 주택들도 몰수해 고농들에게 분배해주었다.

다른 군으로 이주한 지주들도 토지를 농민들과 같이 분배받았다. 당시 북한의 대·소 지주 7만여 명 가운데 3,500여 명은 이주해서 토지를 분배받았다. 하지만 대부분은 남한으로 떠났다. 이러한 과정이 진행되는 농촌의 현장은 천지가 뒤바뀌는 듯한 모습이었다. 월북 작가 이기영의 소설 『개벽』이 그 상황을 여실히 보여준다.

토지를 농민에게 값 없이 나누어준다니 세상에 이런 일도 있을까? 실로 이것이 고금에 처음 듣는 말이다. 하건만 사실로 그렇다는데야 어찌하랴! 그것도 내년이나 그 후년 일이 아니라 바로 지금 당장 실행을 하여서 올해 농사부터 짓도록 한다니 더욱 희한한 노릇이다. 이게 과연 정말일까. 참으로 그들은 황홀한 심정을 걷잡을 수 없었다. 빈농들이 이와 같이 열광을 하는 반면에 지주들은 어느 구석에 가 끼었는지 존재조차 알 수 없었다. 그들은 거개 침통한 기색으로 만세의 아우성이 일어날 때마다 움찔움찔 가슴을 죄었다. 이놈들 어디 보자! 이렇게 악을 쓰는 지주도 있었지만 그것은 마치 이불을 쓰고 활갯짓하는 격이었다. 그들은 홧김에 술을 먹거나 그렇지 않으면 머리를 싸매고 누웠다. 기껏해야 땅바닥을 치고 애고지고 저 혼자 비통할 뿐이었다.

토지를 받은 농민들은 수확량의 25퍼센트를 세금으로 내야 했다. 농업현물세다. 하지만 실제로는 애국미, 성출誠出(성의껏 내놓는 것) 등의 이름으로 내는 것을 포함하면 소출의 40퍼센트는 납부해야 했다. 성출과 관련해서는 소련군 주둔비가 많은 비중을 차지했고, 학교 신축비, 면 유지비, 보안 대비 등 다양한 형태가 있었다. 이전보다 나아지긴 했지만 농민들의 부담은 여전히 만만치 않았다.

이와 같은 내용의 토지개혁은 1946년 3월 8~30일 3주간의 짧은 기간에 완료되었다. 지주들의 반발이 없을 리 없었다. 함경남도 고원군의 지주들은 다른 지역으로 도망가면서 토지를 업자들에게 팔아넘기기도 했고, 황해도 벽성군의 지주들은 토지를 분산해 다른 사람 이름으로 숨기기도 했다. 황해도 재령군의 지주들은 "토지개혁법을 인정하지 않는다"며 대놓고 반발했고, 함경북도 경흥군의 지주들은 농촌위원회의 재산조사에 응할 수 없다며 맞서기도 했다. 황해도 안악군에서는 지주들이 인민위원회와 농촌위원회를 습격하기도 했다. 평양에서는 3·1 운동 경축 대회에 참가한 김일성에게 폭탄을 던지는 일까지 발생했다. 함흥 등에서는 토지개혁 반대시위가 발생하기도 했다. 평양사범대학 교수로 재직하다가 탈북한 김현식은 당시 함흥 영생중학교 신입생이었다. 그도 시위대의 일원이었다.

소련군은 시위대를 향해 트럭을 몰아댔다. 그러나 트럭 몇 대쯤에 물러설 시위대가 아니었다. 시위대의 성난 기세에 겁이 난 소련군은 시위대를 향해 따발총을 쏘아댔다. 학생들이 총을 맞고 피를 흘리며 길바닥에 쓰러졌다. 겁이 난 나는 하수도로 들어가 숨었다. 어둠이 내리고 따발총 소리가 완전히 사라진 다음에야 하수도에서 나와 집으로 돌아갔다. 다음 날 학교에 가보니 많은 학생들이 목숨을 잃고 부상을 입었다고 했다. 자치회장을 비롯한 선배들은 보안서(경찰서)에 잡혀가 언제 풀려날지 모르는 상태였다. 다행히 1학년이라 선배들 뒷줄에 따라가던 우리 동급생들만 무사했다.[6]

강원도에서는 지주들이 남한의 정치 세력, 종교인 등과 연대해 비밀 조직을 만들고 토지개혁을 중단시키기 위한 무장폭동을 모의하다가 발각되기도 했다. 이러한 반발에도 토지개혁을 전격적으로 신속하게 실행한 것은 소련군과 김일성의 정치적 전략이 내재해 있었기 때문이다. 다수를 차지하던 농민들의 지지를 확보해 정권의 기반을 공고히 하려는 전략이었다. 땅에 대한 무한한 애착을 가진 농민들에게 스스로 농사 지을 수 있는 토지를 준다는 것의 위력을 김일성 세력은 알고 있었다. 그래서 해방된 지 3개월밖에 되지 않은 1945년 11월에 토지개혁에 대한 논의를 시작했던 것이다.

실제로 토지개혁을 통해 정권에 대한 농민과 대중의 지지는 매우 높아졌다. 김일성 자신도 토지개혁에 대한 평가에서 "당을 확대할 뿐만 아니라 당이 농촌에서 공고한 진지를 차지한 중요한 관건이 되었다"고 강조했다. 농민들이 "당 주위에 결집하고 당 정책의 치열한 지지자가 되었다"고도 했다. 통계상으로도 빈농과 고농 가운데에서 당원이 많이 증가했으며, 이는 당이 양과 질 측면에서 성장했다고 평가할 수 있는 근거가 되었다.[7] 당과 정권을 농민과 대중 속에 깊숙이 자리 잡게 하기 위해 토지개혁을 실시했고, 결과적으로 그 목적은 달성한 것이다.

8시간 노동과 남녀평등

토지개혁에 이어 북한이 서둘러 한 것은 노동자의 권리를 분명히 정리하는 것이었다. 1946년 6월에 북조선임시인민위원회가 '북조선 노동자 및 사무원에 대한 노동법령'을 공포했다. 주요 내용은 노동자들은 8시간 근무를 원칙으로 한다는 것이다. 14세 이하의 어린이 노동은 아예 금지하고, 14~16세는 6시간 이상 노동을 시킬 수 없도록 했다. 이전까지는 노동자들이 실제 작업장에서 13시간 정도 일하는 경우가 많았다. 기업가들은 새 노동법에 불만이었다. 하지만 북조선임시인민위원회는 새로운 법에 따라 사업장에서 단체협약을 새롭게 체결하도록 했다. 지도선전대와 검열대를 구성해 기업체에 직접 나가 법 준수를 지도하고 안내했다.

12월에는 사회보험법도 마련되었다. 민간기업에서 보험료를 받아 국가예산으로 편입시킨 뒤 노동자와 사무원들의 생활 향상을 위해 쓰도록 한 것이다. 북조선임시인민위원회 노동부장 오기섭이 적극 주장해 마련한 법이다. 그는 일제시대 함흥 지역에서 오랫동안 사회주의 노동운동을 지도했기 때문에 근로자들의 권익 향상에 특히 관심이 많았다. 이 법의 시행으로 근로자들은 휴가철에 휴양소를 이용할 수도 있게 되고, 아플 때 정양靜養(몸과 마음을 안정하여 휴양함) · 의료 시설을 이용할 수도 있게 되었다.

1946년 7월에는 '북조선의 남녀평등권에 대한 법령'이 시행되었다. 정치, 경제, 문화, 사회생활의 모든 영역에서 남녀가 평등한 권리를 갖는다는 내용이다. 여성들의 강제결혼이 금지되고, 자유의사에 따라 결혼할 수 있는 권리를 갖게 되었다. 혼인 관계를 계속할 수 없을 때에는 여성들도 남성들과 똑같이 이혼할 수 있는 권리가 주어졌다. 일부다처제는 금지되고, 첩을 두는 것도 못하게 되었다. 공창과 사창, 기생도 모두 없앴다.

이 같은 법령이 마련된 데에는 여성들의 사회운동도 상당한 영향을 끼쳤다. 평안북도 의주의 의주여성동맹은 1946년 1월부터 여성대회를 열고 토론회를 개최하면서 첩을 가진 자와 첩이 되는 자를 모두 법적으로 처벌해야 한다는 주장을 펼쳤다. 첩의 자녀들에 대한 문제를 해결하는 방안을 제안하기도 했다. 이 영향으로 평양에서도 여성단체가 나서서 축첩제와 매매혼, 조혼 등의 인습을 타파할 것을 촉구했다. 이러한 여성운동은 경향京鄕 각지로 점차 확대되었다.

이 법이 시행되고 1년 후 조사를 해보니 여성들이 북한 사회의 다양한 영역에 적극적으로 참여해 활동하고 있는 것으로 나타났다. 정치 영역에서 9,488명이 행정기관의 지도적 위치에 있었고, 10여 명은 행정기관의 책임자를 맡고 있었다. 사법기관에 20명, 교육기관에 10여 명이 책임자급에 있었고, 사회단체의 책임적 지위에도 여성이 많이 참여하고 있었다. 1946년 11월 도 · 시 · 군 인민위원 선거에서 453명의 여성이 선출되고, 1947년 2월과 3월에 실시된 리·면 인민위원 선거에서는 7,049명의 여성이 선출되었다. 1947년 2월에는 34명의 여성이 북조선인민회의 대의원에 선출되었다.[8]

그 밖에 사법제도도 정리했는데, 3심제였다. 시·군에 1심재판소, 도에 2심재판소, 그 위에 북조선재판소가 설치되었다. 1심재판은 인민재판제도를 채택했다. 해방 직후 자연스럽게 나타난 민중재판을 제도화한 것이다. 사건 현장에 재판관이 나가 당사자들의 의견을 듣고 현장에서 판결하는 형태다. 이 제도는 지금도 북한에서 활용되고 있다. 지금은 2심제로 바뀌어 인민재판소가 1심인 사건은 도·직할시 재판소가 최종심이고, 도·직할시 재판소가 1심인 사건은 중앙재판소가 최종심이다.

친일파 청산

북한에서 친일파는 남한보다 철저하게 청산되었다. 청산 작업은 해방 직후 자연발생적으로 시작되었다. 강원도 고성에서 민족반역자 11명이 인민재판에서 사형을 선고받았고, 강원도 양양에서도 3명이 인민재판에서 교화형을 선고받았다. 지역별로 자발적으로 조직된 각급 인민위원회는 친일파에 대한 색출 작업을 전개해 많은 친일파를 찾아내 숙청했다. 그러다가 1946년 2월 북조선임시인민위원회가 출범하면서 체계적인 청산 작업이 진행되었다. 민주개혁의 핵심 내용으로 토지개혁과 주요 산업 국유화와 함께 친일파 청산 작업을 시행한 것이다. 북조선임시인민위원회가 출범하면서 제시한 11개항의 정책 가운데 첫 번째가 친일파와 반동 세력에 대한 청산이고, 두 번째가 친일파 토지 몰수를 포함하는 토지개혁에 대한 내용이었다.

이러한 방침에 따라 친일파 분류 작업이 본격화되고 3월에 토지개혁이 실시되었다. 민족반역자, 즉 친일파의 토지는 작은 것이라도 모두 몰수했다. 이를 계기로 친일파 세력은 북한에서 터전을 잃고 남한으로 내려오게 되었다. 8월부터는 주요 산업시설에 대한 국유화를 실시했는데, 몰수의 대상이 일본과 일본인, 친일파들이 갖고 있는 공장과 탄광 등이었다. 이 같은 토지개혁과 국유화 조치로 친일파들의 경제적 기반이 완전히 사라지게 되었다.

친일파의 정치적 권리를 제한하는 작업도 진행되었다. 9월에는 도·시·군 인민위원 선거 준비가 시작되면서 관련 규정을 마련했는데, 친일분자는 선거권이 없음을 명기했다. 친일파 개념도 다음 6가지로 분명히 규정했다.

1. 조선총독부의 중추원 참의, 고문 전부

2. 도회의원, 부회의원 조선인 전부

3. 조선총독부 및 도의 책임자로 근무한 조선인 전부

4. 경찰, 검사국, 판결소의 책임자로 근무한 조선인 전부

5. 자발적 의사로서 일본을 방조할 목적으로 일본 주권에 군수품 생산, 기타의 경제 자원을 제공한 자

6. 친일단체의 지도자로서 열성적으로 일본 제국주의를 방조 활동한 자.[9]

실제로 11월 3일 인민위원 선거를 앞두고 선거인명부를 작성하면서 친일파는 대부분 색출되었다. 당시 색출된 친일파 575명에게는 선거권을 주지 않았다. 후보에 오른 사람들을 다시 검토해 친일 행위를 한 이는 제외했다. 친일파로 분류되면 이들은 교육을 받을 권리도 제약하고, 공민증도 회수당했다. 이런 과정을 통해 1947년 2월까지는 친일파 청산이 거의 마무리되었다. 이때부터는 친일파와 악질지주로 분류된 사람들을 산간 지방으로 이주시키거나 집단수용소를 설치해 격리 수용했다. 통제 구역이나 이주 구역, 유배소 등의 이름으로 수용소가 만들어졌는데, 대부분 친일분자나 정치범 등이 수용되는 곳이었다.

이후에도 친일파 숙청 작업은 지속적으로 실시되었는데, 1948년 9월에 제정된 조선민주주의인민공화국 헌법의 제5조는 일본 국가와 일본인 또는 친일분자가 소유하던 중요 산업시설에 대해서는 국가 소유로 한다고 명시했다. 제12조는 친일분자의 선거권과 피선거권을 박탈하고, 제85조는 일제시대 판사·검사로 근무한 자는 판사·검사가 될 수 없도록 규정했다. 경제와 정치, 사회 영역에서 친일파가 발붙일 수 있는 기반을 제거하는 내용을 헌법으로 정리한 것이다.

1950년대 후반에는 중앙당 집중지도 사업을 광범위하게 진행해 남아 있는 친일 반역자를 가려내 산간 벽지로 이주시켰고, 비슷한 색출 작업이 1960년대 후반에도 전개되었다. 지금도 북한은 형법 제68조에

"조선 민족으로서 제국주의의 지배 밑에서 우리 인민의 민족해방운동과 조국통일을 위한 투쟁을 탄압하였거나 제국주의자들에게 조선 민족의 이익을 팔아먹은 민족 반역 행위를 한 자는 5년 이상의 노동교화형에 처한다. 정상이 특히 무거운 경우에는 무기노동교화형 또는 사형 및 재산몰수형에 처한다"는 내용의 민족반역죄를 규정해놓았다. 과거 친일 행위는 언제든 드러나면 반드시 처벌하겠다는 의지를 갖고 있는 것이다.

이와 같은 북한의 친일파 숙청은 남한의 미온적 대응과는 대조를 이룬다. 해방 직후 남한에서도 친일파 숙청의 여론은 높았지만, 실제 청산은 제대로 이루어지지 않았다. 해방 직후 건국준비위원회와 이를 이은 조선인민공화국, 산하 각 지방의 인민위원회에서는 좌익이 중심 역할을 했다. 일제강점기 국내에서 일제에 항거하며 반일투쟁을 하던 세력은 대부분 사회주의 세력이었기 때문이다. 이런 상황에서 친일파들은 몸을 숨겼다.

하지만 미 군정이 남한 사회를 장악하면서 상황은 달라졌다. 미 군정은 남한 사회의 주도권이 좌익으로 넘어가도록 하면 안 된다는 방침을 갖고 있었다. 미국적 가치인 자유민주주의와 시장경제를 남한에 심어야 한다는 인식을 갖고 있었던 것이다. 좌익을 제압하기 위해서는 대항마 우익 세력을 키워야 했다. 그래서 관공서, 경찰서에 친일 세력들을 복귀시켰다. 친일파 청산과는 거리가 먼 길을 가기 시작한 것이다.

결정적인 계기는 1945년 12월에 불어닥친 신탁통치 파동이었다. 모스크바삼상회의 결과 신탁통치가 결정되자 남한 사회는 찬탁과 반탁으로 양분되었다. 세勢 싸움이 시작되자 찬탁은 친소련이자 매국이고, 반탁은 애국이라는 도식이 형성되었다. 친일 세력들은 반탁에 가담했다. 친일 세력이 과거를 감추고 애국 세력이 된 것이다. 단독정부가 수립되고 이승만이 집권하면서 많은 친일파 인물이 애국 세력으로 인정받으면서 정권에 참여했다.

이승만은 약한 국내 기반을 이들 세력으로 보완했다. 친일파를 찾아내고 처벌하기 위해 '반민족행위특별조사위원회(반민특위)'를 설치했지만, 이승만의 친일파 청산 의지가 약한 상황에서 힘이 실릴 수 없었다. 반민특위는 친일 경력의 경찰들에게서 공격까지 받았고, 별다른 성과를 내지 못하다가 해산되었다. 이러한 흐름 속에서 친일파 청산은 흐지부지되고 말았다. 여하튼 1946년의 북한에서는 민주개혁과 함께 일제 잔재 · 친일파 청산이 사회를 지배하고 있었다.

★
사회주의의 시작

자본주의를 제한적으로 이용하다

개인 상공업을 허용할 것인지, 허용한다면 어느 정도나 허용할 것인지는 북한의 국가 건설 과정에서 중요한 문제였다. 사회주의 경제원리는 사유재산이나 영리를 추구할 수 없지만, 경제 상황이 열악한 단계에서 곧바로 이런 원리를 적용할 경우 경제가 위축될 수 있었다. 그래서 북한은 개인 상공업을 허용하고 있었다. 주식회사를 만들어 생산이나 유통업을 하는 것도 가능했다. 일제강점기 일본에 적극적으로 협력하지 않아 민족자본가로 분류되는 이들에게는 개인 상공업을 계속하도록 한 것이다.

1946년 말 통계에 의하면 개인 기업가는 북한 전체 인구의 0.2퍼센트, 상인은 3.3퍼센트에 불과했지만, 이들이 가구나 식기, 학용품 등 생활에 필요한 일용품들을 생산하고 있었기 때문에 이들이 없으면 일용필수품 공급에 큰 차질이 야기될 수 있었다. 허용은 하고 있었지만 개인 기업가나 상인들에 대해 북한은 부정적인 인식을 분명히 갖고 있었다.

> 개인 기업가, 상인들은 여러 가지 방법으로 근로인민대중의 이익을 침해하였다. 그들은 농촌에 나가 쌀이나 과일, 고기 같은 것을 사들여 그것을 가공하여 도시 주민들에게 비싼 값으로 팔아먹었다. 또한 고용노동에 기초하여 일용잡화와 같은 상품을 생산하여 주민들에게 비싸게 팔아 이익을 얻었다. 그리고 그들은 되거리(되넘기)도 하고 농산물을 국가에 수매하지 않고 개인 장사꾼들에게 비싸게 파는 것과 같은 부정적한 현상들을 조장시키고 있다.[10]

이러한 인식을 바탕으로 개인 상공업의 부정적인 현상을 줄이는 데 주목했다. 개인 상공업에 북한 당국의 개입과 규제를 점점 강화한 것이다. 북조선임시인민위원회와 지방 인민위원회가 나서서 기업가와 상인들의 조직을 형성하고 사상 교육을 강화해나갔다. 1946년 7월에는 산업경제협의회라는 단체를 설립했다. 중앙조직을 두고 각 도에도 지부를 두어 공업, 광업, 건축업, 수산업, 임업, 축산업, 금융업, 상업을 망라해 기업인과 상인들을 회원으로 가입시켰다. 이 조직을 통해 북한은 자본가들에 대한 교육을 실시하고, 투기를 통제하면서, 국가 사업에 자본을 투자하도록 유도하기도 했다.

자본가를 하나의 단체로 묶어낸 북한은 거래를 할 때는 반드시 규정된 계약제도에 따라 하도록 하고, 물건을 사서 바로 다시 넘기는 되넘기는 못하게 했다. 점차 자본가들이 활동할 수 있는 분야와 규모도 제한했다. 생활필수품 생산과 소매상품유통 분야를 중심으로 영업 활동을 하도록 하고, 규모는 노동자 50명, 자본금은 50만 원을 넘지 못하도록 규제해나갔다. 또, 상품에 대해 상품명과 생산기업명, 등급, 생산일자 등을 정확히 표시하도록 하고 이러한 상표가 없는 상품은 유통을 금지시켰다.

일제강점기 상인들이 여러 가지 측정기구를 유리하게 이용해 지나친 이익을 얻었기 때문에 이를 막기 위해 저울을 비롯한 상품의 양을 측정하는 기구들도 일관성 있게 통일시켰다. 길이, 무게, 부피를 재는 단위와 기구를 통일하고, 기구를 만들거나 수리하는 것도 국가기관에서만 하도록 했다. 질량 표시가 필요한 상품에 대해서는 반드시 새로 규정한 단위를 이용해 표시하도록 했다.

자본가들의 소득에 대한 과세도 점차 체계화했다. 이들의 소득을 파악해 19개 등급으로 나누고 누진세를 적용해 최저 12퍼센트, 평균적으로는 26퍼센트의 소득세를 매겼다. 이렇게 자본주의적 생산과 유통을 우선 활용하면서 점차 규제와 통제를 확대하고 사회주의 경제 체제로 전환하는 과정을 진행시켰다. 이렇게 개인 영역에 국가의 개입을 강화하는 현상은 1947년에는 생산 합작을 장려하는 단계로 나아가고, 농업에서도 공동 작업과 협동 작업을 장려하는 단계로 나아갔다.

주요 산업시설을 국유화하다

개인의 기업과 상업 활동을 허용하던 북한은 주요 산업시설에 대해서는 조기에 국유화했다. 토개개혁 이후 1946년 8월에 국유화 조치가 실시되었다. 북조선임시인민위원회가 '북조선의 일본 국가와 일본인 및 일본인 단체와 조선인민족반역자들의 모든 산업, 교통, 운수, 체신, 은행 등의 국유화에 관한 법령'을 시행하면서 국유화가 이루어진 것이다. 대상은 일본인과 친일파들이 소유하고 있던 산업시설이었다. 아직 사회주의혁명이 아니라 민주주의혁명을 하는 단계여서 조선인 소유 기업들을 몰수하지는 않았다. 개인 상공업이 허용되고 있었던 것은 이런 흐름 때문이었다.

이 조치로 일본과 일본인, 친일파가 소유하고 있던 1,032개 공장과 탄광, 광산, 발전소, 철도, 체신기관, 은행 등이 몰수되어 국가 소유로 바뀌었다. 모든 산업의 90퍼센트에 해당하는 규모였다. 북한의 대규모 업체는 모두 몰수된 것이다. 구체적으로는 평안남도의 평양자동차공장, 연초공장, 조선곡산회사, 남포동양제사소, 동양제사공장 등이었다. 이렇게 몰수된 큰 업체들은 북조선임시인민위원회 산업국이 맡아서 관리했다. 일부는 상업국이 맡아 경영하고, 임업 관련 업체는 농림국이 맡았다. 74개 기업체는 민간에게 매각되거나 임대되기도 했다. 이로써 일본과 친일파의 물질적 기반은 없어지게 되었고, 반면에 북조선임시인민위원회를 주도하던 김일성 세력은 경제 영역까지 장악할 수 있게 되었다.

그런데 실제로 이러한 국유화 작업은 해방 직후부터 자생적으로 시행되고 있었다. 일제가 패망하면서 주요 산업시설을 경영하기 위한 자생적인 위원회가 생겨난 것이다. 공장관리위원회·자치위원회·운영위원회·경영위원회 등 다양한 이름이 사용되었지만, 그 성격은 일제를 대체해 조선인들이 스스로 기업체를 꾸려가기 위해 만들어낸 조직이었다. 5~15명의 위원이 있었다.

예컨대 1945년 8월 17일에는 황해제철소와 문평제련소에 공장관리위원회가 구성되었고, 18일에는 부령야금공장과 룡등탄광에서 같은 위원회가 꾸려졌다. 8월 말까지 강선제강소와 부전강발전소, 사동탄광, 신창탄광, 성흥광산, 대유동광산, 순천화학공장, 함흥제사공장, 흥남인민공장 등에서 공장위원회가 구성되었다.

이들 위원회는 지역별로 조직된 행정조직인 인민위원회의 관리를 받았다. 말하자면 북조선임시인민위원회가 일본과 친일파들의 기업체를 몰수한 것이다. 실제로 평양시인민위원회는 적산몰수위원회를, 함남인민위원회는 적산관리위원회를 조직해 이들의 산업시설을 접수했다. 평남인민정치위원회는 공장위원회를 직접 관리하면서 책임자를 임명하기도 했다. 1945년 11월 북조선 5도 행정국이 출범하면서 산업시설들은 산업국, 교통국, 체신국, 상업국 등의 관리하에 놓이게 되었다.

1946년 8월의 주요 산업 국유화는 이렇게 진행되어오던 국유화 과정을 법률에 의해 공식적으로 정리하는 조치였다. 그 조치에는 개인 소유의 공장들은 생산 활동을 보장한다는 내용도 들어 있었다. 민족반역자를 제외하고 개인 중소상공업이 존속할 수 있도록 한 것이다. 하지만 일본인과 동업을 하면서 업체를 공동으로 소유한 경우도 몰수해 조선인 개인 사업가들이 부당하게 손해를 보는 경우도 발생했다. 그리고 대부분의 생산수단이 국유화되는 상황이어서 공장을 소유한 개인 사업가들의 활동은 위축될 수밖에 없었다.

토지개혁과 주요 산업의 국유화 등으로 북한은 인민민주주의 체제를 갖추게 되었다. 즉, 노동자와 농민뿐만 아니라 일부 자본가들도 참여하는 정권을 세우게 되었고, 산업 부문은 대부분 국유화를 해놓았으면서도 농업 부문은 사유화를 인정하는, 사회주의로 넘어가기 이전의 과도기적인 체제를 이룬 것이다.

★
북조선노동당을 창당하다

연안파의 분열과 조선신민당 창당

1946년 2월 연안파 가운데 김두봉, 최창익, 한빈, 방우용, 박효삼, 리유민, 윤공흠, 진반수 등은 조선신민당을 창당했다. 연안파가 1945년 12월에 입북한 이후 하나의 세력으로 합쳐지지 못하고 일부는 공산당에 합류하고, 일부는 남았는데, 남은 이들이 조선신민당을 창당한 것이다.

연안파가 이렇게 갈리게 된 것은 중국에서부터 있어왔던 갈등 때문이다. 입북과 함께 공산당으로 들어간 인물들도 두 갈래로 나뉘어 박일우, 김창만, 허정숙 등은 김일성 세력과 결합했고, 무정은 계속 만주파와 거리를 두게 되었는데, 연안파 내부의 갈등이 얼마나 심했는지를 말해준다. 특히 김창만은 중국에서 무정의 지지자였고, 입북 직후에는 무정의 황해도 유세에 동행하면서 "무정이 국부國父"라고 말하고 다니기까지 했다.[11] 하지만 얼마 되지 않아 만주파와 가까워지면서 무정과 멀어졌다.

중국 옌안에서 활동할 때 특히 무정과 박일우, 최창익 사이의 갈등은 중국공산당이 1942~1943년 정풍운동을 벌이면서 심화되었다. 중국공산당이 종파주의와 형식주의를 타파하기 위한 운동을 벌였는데, 이 영향으로 조선독립동맹과 조선의용군도 정풍운동을 펼쳤다. 조선독립동맹의 정풍은 박일우가, 조선의용군의 정풍은 무정이 주도했는데, 이 과정에서 박일우의 입지가 매우 상승했다. 그러면서 박일우와 무정은 불편한 관계가 되었다.

무정은 이론을 중시하고 실천을 경시하는 경향을 문제 삼아 최창익을 비판하고,[12] 이에 반발해 최창익은 무정이 중국공산당 소속으로 조선혁명운동에는 직접적으로 참여하지 않은 사람이라고 공격했다.[13] 이러한 상호 비난은 이들 사이의 큰 간극을 만들어냈다. 무정이 조선의용군을 중국공산당으로 편입시킨 것을 두고도, 자급자족을 위해 생산 활동에 에너지를 많이 쓰는 것에 대해서도 최창익은 불만이었다.

이런 갈등과 알력의 관계가 정리되지 않은 채 귀국했고, 그래서 이들은 다른 길을 가게 되었다. 김두봉 등을 중심으로 창당된 조선신민당은 민주정치, 민주경제, 민족문화 발전을 창당의 주요 목표로 제시했다. 일제의 잔재를 청산하고, 이를 기반으로 정치적·경제적·문화적으로 새로운 국가를 건설해나가겠다는 것이었다.

연안파는 중국에서 활동하다가 귀국했기 때문에 국내 기반이 부족했다. 만주파와 비슷한 상황이었다. 국내파가 주로 노동자와 빈농 세력의 지지를 확보하고 있는 상황이었기 때문에 연안파는 도시 소시민과 중농을 중심으로 세력을 확장했다.[14] 조선신민당의 강령은 조선공산당 북조선분국과 큰 차이가 없었다. 식민지 잔재 청산, 일제·친일분자 기업 국유화, 토지 몰수와 경자유전耕者有田 분배 등까지도 다를 바가 없었다. 하지만 토지개혁과 관련해 무상몰수 무상분배를 주장하지는 않았다. 이 점은 조선공산당 북조선분국과 차이나는 부분이다. 이는 조선신민당이 중농과 도시 소시민, 인텔리 등을 주요 타깃으로 세력 확장을 노리고 있었기 때문이다.

실제로 조선신민당은 당초 목표한 타깃을 상대로 상당한 지지를 확보했다. 여기에는 조선신민당의 주요 지도자들이 만주파에 비해 교육수준이 높은 인텔리들이었다는 점도 작용했다. 연안파는 중국에서 중국공산당을 도와 항일운동을 하면서 공산주의 이론과 정치경제학, 군사학, 군사실무 등에 대한 교육을 받았다. 스스로 요원들을 양성하는 학교도 운영했다. 이런 점은 해방 이후 소련군과 만주파를 중심으로 공산주의가 세력을 확장하는 모습에 우려를 갖고 있던 인텔리와 중농, 중소 상공인들에게 '조선신민당이 대안이 될 수 있다'는 인식을 심어주었다. 그런 분위기 속에서 조선신민당은 나름의 당세를 확보해갔다.

하지만 실제로는 조선신민당 창당과 세력 확보 작업 등 전반적인 움직임도 소련군과 공산당의 큰 전략에 따른 것이었다. 공산당은 노동자와 빈농, 고농을 기반으로 하고 있었다. 그러나 이들만으로는 세력 확장에 한계가 있었다. 그래서 우당友黨 조직을 통한 세력 확장을 꾀했다.

조선신민당은 창당 6개월 만에 북조선공산당과 합당하는데, 북조선공산당으로서는 우당 조직을 통한 세력 확장의 기회가 되었다. 1946년 8월 조선신민당의 김두봉(오른쪽 두 번째)과 북조선공산당의 김일성(가운데)이 합당을 선언하고 있다.

연안파로 하여금 약간은 다른 색깔의 정당을 만들게 해서 지지자들을 모으도록 했다. 조선신민당 창당 5개월이 되는 1946년 7월부터는 조선공산당 북조선분국의 후신인 북조선공산당과의 합당 작업이 시작되었다. 조선신민당이 인텔리·중농소상공인 포섭이라는 목표를 일정 부분 달성했다고 보고 양당을 하나로 합친 것이다.

김일성과 박헌영의 모스크바행

토지개혁과 신노동법 제정 등 민주개혁이 한창인 가운데서도 김일성과 박헌영은 1946년 7월 1일 모스크바 외유길에 올랐다. 소련파의 핵심 인물 허가이도 함께했다. 당의 핵심 인물을 제외하고 아무도 모르는 비밀여행이었다. 기간은 10여 일 정도 되었다. 박헌영이 서울에서 평양으로 가서 평양에서 함께 출발했다. 공군공항에서 소련군 특별수송기를 타고 바로 모스크바로 갔다. 북에서는 민주개혁, 남에서는 미 군정의 공산당에 대한 검속이 강화되던 시기여서 중대한 이유가 아니면 외유에 나서기 어려웠다. 그만큼 중대한 이유가 있었다는 이야기다. 무엇이었을까?

2가지 증언이 있다.[15] 하나는 제25군 군사위원 레베데프의 증언이다. 소련군 지휘계통을 통해 김일성과 박헌영을 스탈린이 직접 면접할 예정이니 모스크바로 보내라는 명령이 내려왔다고 한다. 스탈린의 직접 지시에 의한 것이었다. 모스크바에 가서는 "크렘린에서 스탈린이 김일성과 박헌영을 만나 당시의 남북한 정세를 보고받은 후 김일성을 북한 정권의 최고 지도자로 지명, 북한의 소비에트화 조기 정착을 지시했다"고 한다. 스탈린이 이때 최종적으로 김일성을 북한의 지도자로 지명했다는 말이다.

조선노동당 중앙위원회 부부장을 지낸 박병엽의 증언은 스탈린이 김일성을 지명했다는 내용과는 좀 다르다. 당시 국제 공산당의 흐름에 대한 정보를 파악하고 소련공산당의 의도를 파악하기 위해 모스크바를 방문했다는 것이다. 제2차 세계대전 후 동구권에 공산주의 국가가 생겨났다. 공산주의 국제연합인 코민테른Comintern도 해체된 상태였다. 이런 상황에서 각국 공산주의 지도자들이 어떤 방향으로 공산주의 국가를 건설해나갈지를 토론하는 자리가 모스크바에서 있었고 그 자리에 김일성과 박헌영이 참석했다는 것이다. 국제 정세와 각국 대응 방안에 대해 토론하는 자리였지 김일성이 북한의 지도자로 지명받는 자리였는지는 분명치 않다는 증언이다.

당시 상황에 대한 정보는 박병엽보다는 레베데프가 더 많이 갖고 있었을 것이다. 그의 증언에 무게를 두는 것이 옳을 것이다. 하지만 그도 소련군의 소장 계급에 지나지 않아 크렘린 내부에서 일어난 일을 정확히 파악하고 있었다고 보기는 어렵다. 더구나 스탈린과 김일성·박헌영 사이에 비밀스럽게 오고간 이야기를 자세히 알기는 어려웠을 것이다. 그의 증언은 소련군 내에 퍼져 있는 이야기를 전한 것으로 보인다. 스탈린이 두 사람을 면접하고 그중 한 사람을 지도자로 그 자리에서 지목했다는 이야기는 상식적으로도 믿기 어렵다. 그렇게 교통정리가 되었다면 그 이후 김일성과 박헌영의 갈등과 경쟁이 심화되지는 않았을 것이다. 하지만 양자 사이는 점점 악화되었고 결국은 박헌영은 숙청되었다.

어쨌든 당시 크렘린에서 오고 간 이야기는 시간이 좀더 지나야 정확한 내용이 밝혀질 수 있겠지만, 두 사람의 모스크바 방문 이후 국내 정세에 큰 변화가 발생했다. 남과 북에서 좌익 정당들의 합당 논의가 시작된 것이다. 북에서는 북조선공산당과 조선신민당, 남에서는 조선공산당과 남조선신민당, 조선인민당 사이의 합당이 본격 논의되었다. 북한에서는 일사천리로 진행되었지만, 남한에서는 시간이 많이 걸렸다.

북조선노동당 출범

1945년 10월에 창설된 조선공산당 북조선분국은 1946년 4월 북조선공산당으로 이름이 바뀌었다. 이름을 바꿔 서울의 조선공산당 하부 조직이 아니라 독립적인 당 중앙기관임을 천명한 것이다. 국내파 공산주의자들은 반대했다. 하지만 김일성과 그를 지지하는 소련군의 뜻이 그것이었기 때문에 막기는 힘들었다. 새로운 이름을 얻은 북조선공산당은 7월에 각 정당·사회단체들을 묶어 '북조선민주주의민족전선'을 결성했다. 공산당을 중심에 두고 그 주변의 정당과 사회단체들을 하나로 모아 당을 중심으로 정치를 해나가기 위한 포석이었다.

북조선공산당은 조선신민당과의 통합에 나섰다. 조선신민당은 당초 목표한 대로 지식인과 중산층에 상당한 기반을 확보했다. 조선신민당이 이렇게 당의 세력을 지식인과 중산층으로 확대한 것은 마오쩌둥의 신민주주의 노선에 따른 것이었다. 신민주주의는 사회주의 혁명의 완성 이전에는 노동자, 농민, 소시민, 지식인, 중산층 등 다양한 세력이 결속해 인민정권을 형성해야 한다는 주장이었다. 중국공산당에서 마오쩌둥의 노선을 체득한 이들이 조선신민당의 중심을 이루고 있었기 때문에 신민주주의 노선에 따라 지식인과 중산층을 지지 기반으로 확보

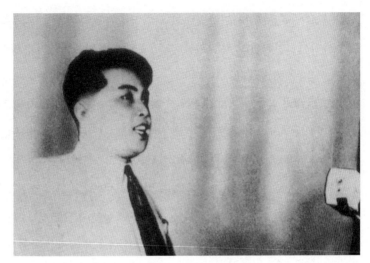

조선공산당 북조선분국은 1946년 4월에 북조선공산당으로 이름이 바뀌고, 7월 초부터 조선신민당과 합당 작업을 한 후 8월 28일 북조선노동당 창립대회를 갖는다. 북조선노동당 창립대회에서 연설하고 있는 김일성.

한 것이다.

북조선공산당으로서는 조선신민당과 통합하는 것은 당의 지평을 지식인과 중산층으로 확장할 수 있는 것이었다. 김일성 세력은 1946년 7월 초부터 합당 작업을 본격화해 8월 28일 북조선노동당 창립대회를 갖게 되었다. 창립 보고를 김일성과 김두봉이 했다. 김두봉은 보고를 마치면서 '김일성 장군 만세'를 외쳤다. 당중앙위원회 위원장에 김두봉, 부위원장에 김일성과 주영하가 선출되었는데, '김일성 장군 만세'는 실제의 권력이 어디에 있는지 분명히 보여주었다. 어디까지나 실세는 김일성이었지만, 조선신민당의 세력을 완전히 끌어들이기 위해 위원장직을 일시적으로 양보한 것이다.

김일성은 북조선임시인민위원회 위원장 겸 당 부위원장, 김두봉은 북조선임시인민위원회 부위원장 겸 당위원장을 맡게 되었다. 형식상으로는 김두봉과 권력을 나누어 갖는 것처럼 되어 있었지만, 무게 중심은 김일성에게 있었다. 당의 각 부서 책임자로는 조직지도부장에 허가이, 선전선동부장에 박창옥, 간부부장에 진반수, 노동부장에 박영성, 농민부장에 리유민, 재정경리부장에 김교영이 임명되었다.

당의 강령으로 북조선노동당은 민주적인 자주독립국가의 건설, 일본인·민족반역자·지주의 토지 무상몰수과 무상분배, 일본인·민족반역자 소유의 공장·광산·철도 등 주요시설 국유화, 8시간 노동제, 남녀 동일 임금제, 남녀평등 선거제 등을 제시했다. 북조선임시인민위원회 성립 이후 추진해오던 민주개혁의 내용을 당의 강령에 포함해 더 분명한 시행을 재차 강조했다.

북조선노동당의 창당에 영향을 받아 남한에서도 1946년 8월부터 조선공산당(책임비서 박헌영)과 남조선신민당(당수 백남운), 조선인민당(당수 여운형)의 합당 논의가 본격화되어 11월에 남조선노동당이 창립되었다. 3년 정도 북조선노동당·남조선노동당 체제가 유지되다가 1949년 6월 양당이 합쳐져 조선노동당이 창당된다. 합당이라고 하지만 실제로는 북조선노동당이 남조선노동당을 흡수한 것이다. 이때는 김일성이 중앙위원회 위원장에 선출되었다. 그렇게 형성된 조선노동당이 지금까지 북한을 통치하고 있다.

★
박헌영의 월북

미 군정에 쫓기다

박헌영은 3·1 운동 직후 중국 상하이로 건너가 고려공산당에 입당한 이후 오랫동안 공산주의 운동을 했다. 그리고 국내로 돌아와 1925년 조선공산당 창당에 주도적인 역할을 했다. 일제에 여러 차례 체포되어 감옥생활도 했고, 정신병자로 인정되어 풀려나기도 했다. 자신의 똥을 먹고 정신병자 행세를 했다고 한다. 해방 직전 전라도 광주의 한 벽돌공장에서 인부로 일하면서 숨어 지냈다.

해방이 되자 박헌영은 곧바로 서울로 올라가 공산당 재건운동을 시작했다. 1945년 9월 조선공산당을 재건해 책임비서가 되었다. 여운형이 주도하던 건국준비위원회와 연대해 조선인민공화국을 설립하지만,

남한에 진주한 미군은 이를 인정하지 않아 유명무실해졌다. 대신 그 세력은 대부분 1946년 2월에 발족한 민주주의민족전선에 참여했다.

10월 이승만이 귀국해 설립한 독립촉성중앙협의회에 조선공산당을 이끌고 참여했는데, 친일파 숙청을 우선 추진해야 한다면서 이승만 세력과 맞서다 탈퇴했다. 1945년 12월 말 모스크바삼상회의에서 한반도의 신탁통치가 결정되자, 이에 찬성해 우익의 반탁 세력과 심한 출동을 겪었다.

1946년 5월 조선공산당이 운영하던 인쇄소인 조선정판사가 위조지폐를 만든 것이 문제가 되었다. 미 군정은 이 사건을 깊이 수사하면서 조선공산당 간부들에 대해 체포령을 내렸다. 9월에는 박헌영의 지시에 따라 이남 지역에서 노조들이 총파업투쟁에 나섰다. 10월 초에는 파업을 지지하며 미 군정에 반대하는 '10월 대구사건'이 대구를 중심으로 영남 일대에 대대적으로 발생했다. 이러한 사태의 배후로 지목된 박헌영에 대한 미 군정의 추적은 훨씬 가속화되었다.

김일성으로서는 박헌영이 체포되면 남한의 공산주의 세력을 지휘하는 데 결정적인 타격을 입게 되는 상황이었다. 게다가 박헌영의 과격투쟁노선을 누그러뜨릴 필요도 느끼고 있었다. 그래서 밀사를 보내 박헌영의 월북을 강하게 권했다. 특히 9월 7일 미 군정이 박헌영의 체포령을 내린 이후 소련군과 김일성은 박헌영의 월북을 더욱 강력하게 권유했다. 박헌영이 이를 수용해 38선을 넘어 북한으로 갔다.

월북의 구체적인 시기와 상황에 대해서는 2가지 유력한 증언이 있다. 하나는 '10월 10일 강원도 철원 부근의 38선을 넘었다'는 것이다.[16]

1946년 조선정판사 위조지폐 사건이 터지자, 미 군정은 이 사건이 조선공산당 간부들과 연계되어 있다며 체포령을 내렸다. 당시 위조지폐 사건을 다룬 『동아일보』 1946년 5월 16일자 기사와 재판정에 선 조선공산당 총무부장 이관술.

조선노동당 중앙위원회 부부장을 지낸 박병엽의 증언이다. 또 하나는 박헌영이 월북한 이후 서울에서 남조선노동당 지하 총책을 맡았던 박갑동의 말이다. 그는 박헌영의 월북이 매우 극적으로 이루어졌다고 한다. 장례 행렬을 꾸며 관 속에 시체처럼 누워 북한으로 넘어갔다는 것이다. 날짜도 9월 5일이다. 둘 중 어느 것이 사실인지 아직은 확정짓기 어렵다. 다만, 박병엽의 증언은 박헌영이 10월 11일 평양에 도착해 김일성과 회동했다는 사실, 경기도당의 간부 서득언과 함께 월북했다는 사실 등을 포함하고 있어 좀더 구체적이다. 그래서 그의 증언이 더 설득력이 있다.

어쨌든 평양에 정착한 박헌영은 사무실과 사택, 소련제 승용차까지 제공받고, 남조선노동당에 대한 원격 지휘를 계속했다. 그의 사무실은 대남 사업을 위한 중앙연락소 역할을 했다. 해주에도 연락소가 따로 마련되었고, 사업에 필요한 자금을 조달하도록 하기 위해 광산과 기업체가 별도로 제공되기도 했다. 1946년 11월 남조선노동당이 창당될 때 박헌영은 평양에 있으면서 당중앙위원회 부위원장을 맡았다. 그는 1949년 6월 남·북조선노동당이 조선노동당으로 통합될 때까지 남조선노동당을 지속적으로 지휘했다.

김일성과는 월북 이후에도 끊임없이 경쟁하고 갈등하는 관계를 형성했다. 박헌영은 해방 직후부터 남북한의 공산주의 세력을 묶어 한반도 전체 공산주의자들의 리더가 되려고 했다. 김일성은 소련의 힘을 빌려 북한을 중심으로 한반도에 공산주의 국가를 건설하려고 했다. 그러면서 둘 사이에는 긴장이 이어질 수밖에 없었다. 남쪽과 북쪽에서 각각

자리 잡고 나름의 세력과 위상을 확보해가던 양자의 균형 관계는 미 군정에 쫓긴 박헌영이 북한으로 가면서 김일성 쪽으로 기울어갔다. 남한의 좌익을 세력 기반으로 했던 박헌영이 서울을 버리고 평양으로 간 것은 그의 세력 약화를 의미하는 것이었다. 또, 해방 이후 줄곧 좌우 대립이 극심했던 남한은 박헌영의 월북으로 우익이 우세한 상황으로 변해갔다.

1948년 9월 조선민주주의인민공화국이 수립되자 박헌영은 부수상겸 외상을 맡았다. 1952년까지만 해도 두 사람은 패전의 원인을 두고 서로 다투기도 했다. 하지만 1953년 남조선노동당 세력에 대한 대대적인 숙청이 시작되면서 박헌영은 '미제의 간첩'이라는 죄목으로 숙청되고 1955년 12월에 처형되었다.

남조선노동당의 탄생

박헌영이 모스크바에서 돌아오면서 서울의 좌익 정당 사이에서도 합당 논의가 본격화되었다. 1946년 8월 북한에서 북조선노동당이 만들어지자 남한에서 합당 논의는 가속화되었다. 조선정판사 위조지폐 사건으로 미 군정의 단속이 강화되면서 당시 서울의 공산주의 세력은 크게 위축되었다. 이런 상황에서 좌익 정당들은 새로운 활로를 찾아야 하는 형편이기도 했다.

조선공산당과 남조선신민당, 조선인민당 사이에 협상이 시작되었다.

조선공산당은 해방 직후 박헌영이 중심이 되어 일제강점기에 창당되었던 조선공산당을 재건한 것이다. 남조선신민당은 북한에서 김두봉이 중심이 되어 창당된 조선신민당의 남한 조직이 당으로 확대된 것이었다. 1946년 2월에 한빈이 서울에 내려와 경성특별위원회를 건설하고, 7월에 이것이 남조선신민당으로 개편되었다. 마르크시스트 경제학자로 이름이 높던 백남운이 위원장을 맡았고, 정노식이 부위원장이었다.

조선인민당은 1945년 11월 여운형이 결성한 당이다. 여운형은 해방 직후 건국준비위원회와 이를 잇는 조선인민공화국 설립에 주도적인 역할을 했지만, 1945년 10월 미 군정이 조선인민공화국을 인정하지 않는 성명을 발표하자 자신의 지지 세력을 모아 조선인민당을 창당했다.

1946년 8월에 가속화된 합당 논의는 9월 들어 가시적인 결과로 나타나기 시작했다. 3당의 합당준비위원회가 구성되고, 9월 4일 합당준비위원회 연석회의가 열렸다. 여기서 남조선노동당 준비위원회가 구성되었다. 합당 논의 과정은 각 당의 내부 파벌 싸움이 격화되는 과정이기도 했다. 조선공산당은 대부분 합당에 합류했다. 그래서 합당의 주도 세력은 조선공산당이었다. 하지만 조선신민당은 일부는 합당 쪽으로 가고, 일부는 따로 떨어져나와 사회노동당 결성에 참여했다. 조선인민당에서도 찬반 의견이 엇갈려 일부는 합당으로 가고, 위원장 여운형을 비롯한 일부 세력은 갈려나와 사회노동당을 창당했다. 사회노동당 세력은 미약해 1947년 2월에 해체되고, 5월에 여운형은 근로인민당을 결성했다.

합당 논의가 길어진 데에는 박헌영과 여운형의 갈등도 작용했다. 박

여운형이 결성한 조선인민당에서는 합당에 대한 찬반 의견이 엇갈려 일부는 합당으로 가고, 여운형을 비롯한 일부 세력은 사회노동당을 창당한 후 근로인민당을 결성했다. 1947년 5월 24일 근로인민당 창당식에서 연설하고 있는 여운형.

헌영은 여운형을 믿지 않았다. 여운형이 미 군정을 따라가고 있다고 생각했다. 1946년 7월 평양에서 김일성을 만났을 때 박헌영은 "김일성 동지는 여운형을 잘 모른다. 여운형은 대중 선동을 좋아하는 야심가이고 철저한 친미주의자이며 부르주아 민주주의자다. 여운형이 좌우 합작 운동을 끄집어내면서 3대 원칙을 제시했는데 첫 번째로 부르주아 민주주의 공화국을 세운다고 하지 않았느냐. 또 그는 출신 자체가 양반 지주 출신이다"고 말했다고 한다.[17] 여운형은 '좌우 합작을 진전시키고 미 군정의 영향력을 점차 감소시켜 독립적인 통일정부를 수립해야 한다'는 생각을 갖고 있었는데, 박헌영은 이를 친미적이라고 보면서 신뢰하지 않은 것이다.

반면에 여운형은 박헌영이 독선적이고 종파적이라고 비판했다. 그런데 박헌영의 여운형 비판에 대해 김일성은 동의하지 않았다고 한다. 여운형이 일제강점기 건국동맹을 만들어 독립운동을 하고 해방 후에도 조선인민공화국을 건설하려 한 점을 높이 평가하고 있었다. 또한 여운형의 통일전선을 통한 통일임시정부 구성안을 합리적인 것으로 보면서 조선인민당의 강령과 투쟁 목표도 공산당과 다를 바 없는 것으로 인식하고 있었다.[18]

그처럼 박헌영과 여운형은 생각이 달랐는데, 그런 배경 속에서 합당 논의를 진행하다 보니 시간이 걸릴 수밖에 없었다. 결국은 여운형이 합당 논의에서 떨어져나가는 우여곡절 끝에 11월 23일 3당은 합쳐져 남조선노동당이 출범하게 되었다. 위원장에는 허헌이 선출되고, 부위원장으로는 박헌영과 이기석이 선출되었다. 10월에 월북한 박헌영은 합당 당시 북한에 있었다. 박헌영이 위원장을 맡지 않은 것은, 그가 평양에 있었을 뿐만 아니라, 남조선노동당의 공산주의 색채를 줄이기 위한 전략의 일환이었다. 노동자와 농민, 인텔리가 모두 중심이 되는 대중정당을 표방해 당의 저변을 확대하려는 전략에 따른 것이었다.

당의 기본적인 목표는 강력한 민주주의 자주독립국가 건설로 설정되었다. 이를 위해 무상몰수 무상분배의 토지개혁과 8시간 노동제, 사회보장제 실시, 일본인·민족반역자 재산 국유화, 언론·출판·집회·결사·시위·신앙의 자유, 20세 이상 선거권·피선거권 부여, 남녀평등권, 초등교육 의무화, 민족군대 조직과 의무병제, 평화애호와 친선강화 등을 당 강령의 주요 내용으로 하고 있었다.

이후 남조선노동당은 남한 지역의 공산주의화를 위한 투쟁을 계속했다. 미국식 자유민주주의를 심으려 한 미 군정과는 대립할 수밖에 없었다. 그래서 미 군정의 탄압을 지속적으로 받았고 그 바람에 세력은 점점 약화되었다. 1949년 6월에는 북조선노동당과 합당해 조선노동당이되었다. 이후 남조선노동당 계열은 북한에서 박헌영을 중심으로 활동했지만, 6·25 전쟁을 계기로 대대적인 숙청을 당했다. 1955년 12월에박헌영이 처형되면서 그 세력은 제거되었다.

★

정권의 물리적 기초 다지기

군대 창설

해방이 되면서 각 지역에는 일본 경찰과 헌병이 물러가고 자생적인 치안조직이 생겨났다. 북한 지역에는 국내파 공산주의자들이 중심이 된 치안대와 소련군의 지원 아래 각 도청 소재지를 중심으로 결성된 적위대, 민족주의 성향의 자위대 등이 구성되어 활동하고 있었다. 적위대는 장시우와 현준혁을 따랐고, 자위대는 조만식을 지도자로 여겼다. 이렇게 여러 개의 파벌이 각각의 무장대를 꾸리고 있었던 것이 해방 직후 북한의 상황이었다.

1945년 10월 12일 소련군은 북한의 모든 무장대를 해산시켰다. 대신 보안대를 창설했다. 본부는 진남포에 있었고, 공산주의 사상이 투철한 2,000여 명이 본부 요원에 선발되었다. 각 도에는 '도 보안대'를 설립해 인민위원회 산하에 두었다. 이들이 지역의 치안을 유지하고 주요 시설을 보호하는 일을 했다. 소련군이 주도해 세웠지만 내부적으로 보안대를 지휘한 것은 만주파였다. 김일성을 비롯한 만주파 주요 인물들은 소련에서 귀국하면서 각 지역 경비사령부의 부사령 직책을 받고 왔다. 김일성은 평양 경비사령부 부사령이었다. 무장대를 조직·관리하는 것도 이들의 주요 임무였다. 만주파는 그렇게 무장 세력을 장악하게 되었다.

중국에서 무정의 지휘하에 일본군과 싸우던 조선의용군은 10월 중순 압록강을 건너 북한으로 들어오려 했다. 규모는 1,500명 정도였다. 신의주까지 들어갔다. 군관학교를 만들어 운영하겠다고 소련군에 제안했지만 거절당했다. 소련군과 신의주 보안대는 그들을 무장해제시켰다. 이들은 빈 손으로 만주로 돌아갔다. 10월 하순에도 비슷한 시도가 있었다. 2,000명 규모였다. 이들도 신의주까지는 들어갔지만 거기서 무장해제되었다. 이들을 막아선 것은 역시 소련군과 신의주 보안대였다. 보안대가 이미 김일성 세력의 지휘를 받고 있는 상황에서 무정이 지휘하는 조선의용군이 무장한 채로 입국하는 것을 놔둘 리 없었다.

11월 19일에는 5도 행정국이 발족하고 그 산하에 보안국이 설치되었다. 보안국 아래 각 도에는 보안부, 군에는 보안서가 마련되었다. 보안국의 국장은 만주파의 최용건이었다. 김일성 세력이 보안기구의 첫 수장이 된 것이다. 이때부터 북한의 무장력을 장악한 최용건은 조선인민군 건설 과정에서 핵심적인 역할을 한다. 11월 23일 신의주에서 발생한 학생들의 대규모 반공시위를 무력으로 진압한 것은 이 지역의 보안부 대원들이었다. 이 사건은 소련군이 진주한 이래 처음으로 발생한 반소련·반공산주의 시위였다. 그동안 소련군의 만행을 관찰해오던 학생들이 들고 일어난 것이다. 이를 보안부 대원 수백 명이 동원되어 기관총까지 발사하며 진압했다. 그 과정에서 학생 20여 명이 사망하고 수백 명이 부상을 당했다. 하지만 여기까지는 어디까지나 군이 아니라 경찰이었다.

이렇게 경찰 체계가 갖춰진 뒤 1946년 1월 1일에는 철도보안대가 창설되었다. 당시 중요한 교통수단인 철도시설에 대한 경비를 전담하는 부대다. 경찰과 군의 성격을 모두 가진 기구였다. 철도보안대 설치를 주도한 것은 물론 소련군인데, 전리품을 원활하게 수송하려는 데 첫 번째 목적이 있었다. 또, 정식 군대를 준비하는 성격도 갖고 있었다. 주요 간부들은 소련군 출신들이었고, 대원들은 군사훈련을 받았다.

경찰이나 철도보안대와 완전히 구분되는 군의 본격적인 창설은 1946년 초 보안대대부의 설립에서 시작되었다. 북조선임시인민위원회 소속이었다. 사령관은 김일성의 신임이 두터운 최용건이었다. 비밀리에 군 창설 작업을 하는 것이 주요 임무였다. 남한도 아직 군을 창설하지 않고 있었기 때문에 비밀리에 작업을 했다.

군에 필요한 정치장교 양성을 위해 평양학원을 세운 것도 이즈음이다. 1946년 1월 5일에 평양학원이 문을 열었다. 초대 원장은 김일성의 최측근 김책이 맡았다. 이 학교는 조선인민군 내에서 만주파가 세력을 확장하는 데 주요 기반이 되었다.

순수 군사장교 양성을 맡은 북조선보안간부학교는 1946년 7월에 설립되었다. 이 학교도 표면상으로는 경찰간부 양성을 설립 목적으로 내세웠다. 하지만 전술학부와 사격학부에 각각 120명, 통신학부에 60명의 학생을 모집해 군사 장교 교육을 했다. 1년간 교육시켜 군의 소대장으로 임명했다. 학교는 평안남도 강서군 성암면 대안리(현재는 대안시) 조선철강 자리에 있었다. 교재는 소련군 학습교재를 번역해 사용했다.

1948년 12월 평양시 사동에 있는 일본군 제99부대 자리로 옮겨 인민군 제1군관학교로 개편되었고, 지금은 강건종합군관학교로 이름이 바뀌었다. 최근 북한에서는 이 학교가 '고위층의 무덤'으로 불린다고 한다. 2010년에는 화폐개혁 실패의 책임을 지게 된 조선노동당 재정경리부장 박남기가 여기서 처형되었고, 2013년 12월에는 조선노동당 행정부장 장성택도 역시 여기서 처형되었기 때문이다. 2015년 4월에는 인민무력부장 현영철도 여기서 공개 처형되었다.

북조선보안간부학교의 입학생을 심사하기 위한 심사위원회가 구성되었는데, 위원장은 무정, 위원은 최용건, 김책, 김웅, 장종식이었다. 조선인민군 설립 초기에는 만주파의 최용건·김책과 함께 연안파의 무정이 상당한 힘을 갖고 있었음을 말해주는 것이다. 하지만 갈수록 군은 최용건 중심으로 구성되고, 무정은 2인자로 머물러 있다가 6·25 전쟁 와중에 숙청된다.

보안대대부는 몇 개월의 준비 끝에 1946년 8월 15일 보안간부훈련대대부로 확대되었다. 통상은 보안간부훈련소로 불렸지만, 이는 체계적인 정규군의 이미지를 주지 않기 위한 것이었다. 실제로는 정규군 체계를 갖춘 총참모부였다. 그리고 내부적으로는 이때 벌써 '인민군'으로 부르고 있었다. 보안간부훈련대대부가 조직의 실체로 중앙본부 역할을 하고, 산하에 지역별로 훈련소가 설치되었다. 보안간부훈련대대부는 총참모부, 문화부, 포병사령부, 후방부를 두고 있었고, 총참모부는 작전과, 대열과(병력·장비 관리), 통신과, 간부과, 정찰과, 공병과로 구성되어 있었다. 대대부 직속으로 실제 군 조직인 제1, 2, 3보안간부훈련소가 각각 신의주와 나남(나선), 강계에 있었고, 제1군관학교와 제2정치학교는 간부 양성을 담당했다.

당시 조선인민군의 상황은 어렵기 그지없었다. 군인들은 무명으로 만든 군복을 입었고, 3명에 1정씩 38식보병총이 지급되었다. 각 중대는 경기관총 1정을 갖고 있었다.[19] 그러다가 1946년 12월 소련군의 무기가 조선인민군에 최초로 전해지고, 1947년 초 소련이 박격포와 중기관총, 기관단총 등을 지원해 무장을 강화할 수 있었다. 이를 바탕으로 5월 17일 보안간부훈련대대부는 북조선인민집단군으로 명칭이 바뀌고, 1948년 2월 8일 조선인민군이 공식 출범한다.

첫 선거

1946년 11월 3일 남북한을 통틀어 첫 선거가 실시되었다. 도·시·군의 인민위원을 뽑는 선거였다. 2월 8일 북조선임시인민위원회를 출범시켜놓고, 정식 인민위원회를 만들어내기 위한 과정으로 선거를 실시한 것이다. 9월 5일 선거법을 마련하고 주영하를 위원장으로 하는 중앙선거지도위원회를 출범시켜 본격 선거 준비에 들어갔다. 선거법에 따라 친일분자 575명과 수감자, 정신질환자에게는 선거권을 주지 않았다. 당시 유권자는 451만 6,120명이었다. 9월 중순에는 각 지역별로 선거지도위원회도 구성되었다.

처음으로 지역의 대표를 뽑는 선거를 치르는 만큼 축제 분위기였다. 4,000명의 배우가 나서서 선거를 홍보하는 단막극 등 각종 공연을 벌였다. 370명의 작가와 시인, 작곡가가 나서서 선거를 고무하는 책자와 노래를 만들어 보급했다. 화가들은 1,385장의 포스터를 그려 선거 참여를 호소했다. 이렇게 사회단체와 정당에서 선발된 83만여 명의 선전원이 북한 전역에서 활동했다. 평양에서는 노동당원으로 구성된 7,400여 개의 선전선동조와 1,300여 명으로 구성된 여성선전대가 364개의 선거선전실을 중심으로 호별 방문과 강연회 등을 펼치면서 선거를 알리고 선거 참여의 의미를 설명했다.

선거 전날부터 선거 당일까지 주민들은 곳곳에서 노래하고 춤을 추었다. 지금도 북한은 선거를 명절처럼 치르는데, 이런 문화는 이때부터 연유한 것이다. 선거 당일 주민들은 깨끗한 옷을 입고 투표소로 갔다. 들뜬 주민들이 아침 일찍부터 투표장에 나와 긴 줄을 만들었다. 어떤 노인은 아들과 손자, 증손자까지 30여 명을 한꺼번에 데리고 나왔다. 106세 되는 노인도 투표를 하러 나왔다. 아이들은 주변을 뛰어다니며 놀았다. 김일성은 평안남도 인민위원 후보로 강동군 삼등면의 강동57구에 출마했다. 이 지역의 어떤 이들은 세숫대야와 비누, 수건을 들고 나왔다. 김일성에게 투표하기 전에 손을 깨끗이 씻고 투표용지를 받기 위해서였다.

투표장에는 2개의 투표함이 있었다. 하나는 흰색, 하나는 검은색이었다. 흰색은 찬성표, 검은색은 반대표를 넣는 함이었다. 여러 후보가나와서 그중 하나를 뽑는 진정한 의미의 자유선거는 아니었다. 어떤 노인은 검은 함에 표를 넣고 '잘못했으니 다시 하게 해달라'고 하는 경우도 있었다고 한다.

북조선노동당과 조선민주당, 천도교청우당, 농민동맹, 민주여성동맹, 민주청년동맹 등은 '북조선민주주의민족통일전선(북조선민전)'을결성해 공동후보로 선거에 출마시켰다. 기독교 목사와 과거 지주 세력들의 방해가 일부 있었지만 큰 사고 없이 선거가 치러졌다. 전체 유권자의 99퍼센트가 투표에 참가하고, 북조선민전 후보가 96.9퍼센트를득표했다. 이렇게 해서 3,459명의 도 · 시 · 군 인민위원이 선출되었다.이들이 6개의 도 인민위원회와 12개의 시 인민위원회, 90개의 군 인민위원회를 구성하고, 각 도와 시와 군을 운영하게 되었다.

이를 바탕으로 1947년 북조선인민회의가 구성되고 거기서 북조선인민위원장에 김일성이 선출되었다. 그렇게 해서 '임시'를 떼고 1947년2월 22일 북조선인민위원회가 출범했다. 이후 리 인민위원 선거는1947년 2월 24~25일 실시되어 5만 3,314명이 선출되고, 면 인민위원선거는 1947년 3월 5일 실시되어 1만 3,444명이 선출되었다. 이로써지방행정기관의 운영 주체들까지 선거에 의해 구성되게 되었다.

의식개혁운동

김일성종합대학 개교

북한의 서울대학교는 김일성종합대학, 카이스트에 해당되는 학교는 김책공업종합대학이다. 남한과 마찬가지로 북한에서도 최고의 대학을 가기 위한 경쟁은 아주 심하다. 이런 대학을 나오면 북한에서도 사회적 지위가 웬만큼 보장되기 때문이다. 그래서 남한처럼 과외도 있다. 부유층 자녀들은 수학과 과학과 영어 과목에 대한 과외를 받는다. 과외교사로 김일성종합대학과 김책공업종합대학 학생들이 인기라고 한다.

김일성종합대학은 민족의 미래를 책임질 인재를 양성하겠다는 대의를 갖고 심혈을 기울여 만든 대학이다. 해방 직후 경제적으로 어려운 가운데서도 대학을 세우려는 노력은 조기에 시작되었다. 특히 기술인력 양성에 대한 필요성은 누구나 인정해 1945년 11월 1일 첫 기술전문학교인 평양공업전문학교를 설립했다. 곧이어 평양경제전문학교와 평양철도전문학교 등이 개교했다. 이러한 학교들이 북한의 공업 생산성을 높이는 데 기여했다.

1946년이 되어서는 종합대학 설립에 대한 논의가 시작되었다. 반대하는 사람도 많았다. "대학은 문명한 나라, 학자, 교육자도 많으며 경험이 있는 나라에서만 운영할 수 있으며 우리나라에는 그렇게 할 힘이 없다"는 것이 반대론자들의 주장이었다.[20] 하지만 사람도 없고 자원도 부족한 사회에서도 조기에 대학을 세워 인재를 양성해야 한다는 주장이 힘을 얻었다.

당시 김일성은 "종합대학을 창설하면 정치, 경제, 문화의 모든 분야에서 일할 간부들을 동시에 양성할 수 있습니다. 또한 종합대학을 먼저 창설하면 그것을 토대로 하여 앞으로 빠른 기간에 많은 대학을 세울 수 있을 것입니다. 종합대학은 우리나라의 튼튼한 민족간부 양성기지가 될 것이며 앞으로 나올 대학들의 모체가 될 것입니다"라며 종합대학 설립을 적극 추진했다.[21] 이른바 '민족간부 양성론'을 내세운 것이다.

1946년 5월 25일 종합대학 창립준비위원회가 조직되었다. 7월에는 북조선임시인민위원회가 종합대학 창설을 공식 결정했다. 명칭도 '김일성종합대학'으로 정했다. 인민과 청년 학생들의 염원을 담아 이름을 그렇게 정했다. 2개월 간의 준비를 거쳐 10월 1일에 개교했다. 개교식은 9월 15일 미리 했는데, 김일성과 각 정당의 대표, 사회단체 간부들이 참석한 가운데 성대하게 치러졌다. 김두봉이 초대 총장을 맡았다.

김일성은 '민족간부 양성론'을 내세우며, 종합대학 창설을 적극적으로 추진했다. 1946년 10월 1일 개교한 북한 최고의 대학인 김일성종합대학.

개교 당시에는 이학부, 문학부, 법학부, 공학부, 농학부, 의학부, 운수 공학부 등 7개 학부가 있었다. 교수는 60여 명이었다(지금은 15개 학부, 60여 개 학과가 있다). 북한 전역에서 많은 학생이 지원했는데, 그 가운데 1,500여 명을 첫 입학생으로 선발했다. 특이한 것은 3년제 예비과를 따로 두어 중등교육을 받지 못한 청년들을 선발해 교육했다는 것이다. 혁명가들의 유자녀와 근로자들의 자녀 가운데 지원을 받아 선발한 뒤 중등교육 과정을 조기에 마치도록 교육하고 대학에 진학할 수 있게 한 것이다.

이 예비과와 김일성종합대학 부속 의학전문학교를 포함하면 신입생이 2,003명이었다. 그중 162명은 여학생이었다. 460명은 북조선노동당 당원, 16명은 천도교청우당 당원, 19명은 조선민주당 당원이었다. 737명은 민주청년동맹 회원이었으며, 그 외 771명은 당이나 단체에 소속되지 않은 청년들이었다. 입학시험은 국어, 수학, 지리, 역사로 구성되었다.

그런데 문제는 책이 부족하다는 것이다. 이 문제를 해결하기 위해 서적 기증 운동을 벌였다. 일반 가정과 연구소, 공장 등에 흩어져 있던 책을 모은 것이다. 그렇게 모은 것이 4만여 권이었다. 이를 포함해 모두 6만 3,000여 권의 책이 준비되어 1947년 3월 김일성종합대학 도서관도 개관할 수 있게 되었다.

이후 평양공업대학(지금의 김책공업대학), 사리원농업대학(원산농업대학), 평양사범대학(김형직사범대학) 등이 차례로 설립되어 1949년 9월까지 15개 대학이 건립되어 1만 8,000여 명의 학생이 이 대학들에서 공부할 수 있게 되었다. 1949년부터는 평양공업대학을 비롯한 2년제 기술대학들이 개교해 산업 현장의 간부를 길러내는 역할을 하고, 대학의 야간부와 통신대학도 개설되어 현장에서 일을 하면서도 공부할 수 있도록 했다.

건국사상총동원운동

북한 체제의 특징 가운데 하나가 캠페인이 많다는 것이다. 천리마운동, 천리마작업반운동, 3대 혁명 붉은기쟁취운동, 숨은영웅 따라 배우기운동 등 많은 캠페인을 전개해왔다. 그 시작이 1946년 11월에 시작된 '건국사상총동원운동'이다. 북조선임시인민위원회 제3차 확대위원회에서 결정되어 시행되었다. 토지개혁 등 민주개혁이 어느 정도 마무리되고 친일파 청산도 일정 부분 진행된 상황에서 실질적으로 일제 식민지를 벗어나고 새로운 국가를 건설하기 위해서는 대대적인 의식개혁운동이 필요하다고 판단한 것이다.

그 내용은 우선 사상개조운동이다. 전근대적 낡은 생각과 의식을 버리고 새로운 사상으로 무장하자는 것이다. 북한 주민들과 북한 사회 속에 식민시대의 낡은 사고들이 아직 남아 있다는 문제의식에서 출발한 캠페인이었다. 근로인민은 일제 유산인 낭비, 사치, 사기, 횡령, 나태, 고용살이 근성 등을 근절해야 하고, 문화인들은 배금주의적 퇴폐 문화와 개인주의 문화를 멀리하면서 모든 인민이 향유할 수 있는 민주주의 민족문화를 창달해야 한다고 역설했다. 또한 개인과 경제 관리 부문에서는 절약을 생활화해야 하고, 당과 행정기관의 종사자들은 관료주의·영웅주의·형식주의·혈연주의 등을 버리고 인민을 위해 헌신해야 한다고 강조했다.

문맹퇴치도 건국사상총동원운동의 중요한 부분이었다. 이는 사상교양과 함께 진행되었다. 이를 위해 마을 단위로 한글학교가 1,000개 이상

세워졌다. 주로 농한기인 겨울에 운영했다. 1946년 12월부터 1948년 3월까지 이 운동의 영향으로 200만 명 이상이 문맹에서 벗어나게 되었다.

건국사상총동원운동은 생산력 증진운동이기도 했다. 이 운동은 주민들이 성실하게 자신의 임무를 다하고, 원가를 낮춰 생산성을 향상시키며, 실제적인 기술을 습득해 생산력을 높이자는 구호도 내걸었다. 농촌에서는 농업 생산성 증강운동, 탄광에서는 석탄 증산운동, 공장에서는 상품 증산운동이 대대적으로 전개되었다. 각지에서 군중집회도 열고 토론과 비판 모임도 열면서 운동의 동력을 배가하려 했다. 시·군 단위로 당과 사회단체 등이 중심이 되어 '건국사상총동원공작대'가 구성되어 강연회와 좌담회 등을 열고 운동에 대한 선전 사업도 지속적으로 해나갔다.

이 운동이 더 구체화된 형태로 나타난 것이 애국미헌납운동이다. 황해도 재령군에 김제원이라는 농민이 있었다. 일제시대에는 소작농을 하다가 토지개혁으로 약 1만 1,207제곱미터(3,390평)의 토지를 받게 되었다. 그는 1946년 첫 농사를 지어 쌀 66가마니를 수확했다. 그중 30가마니를 애국미로 내놓았다. 이후 북한은 그를 영웅으로 내세워 김제원 본받기 운동이 대대적으로 펼쳐졌다. 1946년 말까지 북한 전역에서 1만 8,777명이 이 운동에 참여했다. 이를 재원으로 김일성종합대학이 설립되었다. 김제원은 이 공으로 1948년 9월 최고인민회의 대의원이 되었다.

애국미헌납운동과 비슷한 양태로 전개된 운동이 '김회일 기관사 따

황해도 재령군의 김제원이 1946년 첫 농사를 지어 생산한 쌀 66가마니 중 30가마니를 애국미로 내놓았다. 이를 계기로 각지의 농민들이 애국미헌납운동을 벌였다.

라 배우기'였다. 정주기관구의 김회일 기관사를 모범으로 삼아 그를 따라하자는 운동이었다. 김회일은 무사고 수송량이 다른 기관사들보다 월등히 앞서 새로운 기록들을 세웠는데, 이 운동은 다른 공장이나 기업소로도 확대되었다. 김회일은 6·25 전쟁 후에는 내각 철도상이 되었고, 1980년대에는 정무원 부총리까지 올랐다.

건국사상총동원운동은 6·25 전쟁 시기까지 지속되었고, 전쟁 후 1956년의 천리마운동으로 연결되었다. 북한은 애국운동, 증산운동, 절약운동의 성격을 모두 갖고 있는 이러한 캠페인을 통해 주민들을 당중심으로 모아 내적 결속을 다지려고 했다. 이를 바탕으로 김일성 세력은 당과 사회단체 등 사회 전반에 대한 지도력을 강화하려고 했다. 이는 또한 분명한 사회 장악력을 바탕으로 공식적인 정부를 출범시키려는 준비 과정이었다고 할 수 있다.

기독교 탄압

건국사상총동원운동의 일환이기도 하면서 북조선임시인민위원회가 특별 기간까지 설정해 집중 실시한 캠페인이 미신타파운동이었다. 주민들의 일상생활에 깊이 개입되어 있는 점이나 굿, 손금, 풍수, 민간요법 등을 미신으로 간주해 이를 하지 못하도록 금지하고 대대적인 캠페인을 벌였다. 1946년 11월 25일부터 30일까지를 '미신타파 돌격 기간'으로 정하고 각 정당과 사회단체가 적극 나서 북한 전역에서 강연회와 토론회 등을 벌였다.

해방 이후 북한은 사회주의 이전 단계로 인민민주주의를 정착시키는 것을 가장 중요한 과제로 추진하면서 동시에 일제 잔재 청산과 함께 봉건 유습遺習의 일소도 중요시했다. 그래서 민주개혁을 역점적으로 추진하면서 친일파 청산 작업도 실행했다. 미신은 봉건 유습의 대표적인 사례로 지적되어 북조선임시인민위원회가 적극 대처한 것이다.

북한은 이 운동을 통해 모든 사람이 계몽·각성되고 각종 미신 행위들이 점착 극복되어간 것으로 평가했다. 또, 여러 질병의 근원을 미신 현상으로 해석하던 경향이 없어지고, 위생문화 사업을 강화해 질병도 미리 막을 수 있게 된 것으로 선전했다.

북한의 이러한 자체 평가와 캠페인 시행 당시의 상황을 종합해보면 이 운동은 크게 4가지 목적을 갖고 있었다. 첫째는 말 그대로 미신을 없애는 것이다. 과학적 근거가 없는 민간의 믿음들을 일소함으로써 현대적인 사회로 진보를 꾀한 것이다. 둘째는 위생 강화를 통해 질병을 예방하고자 했다. 민간요법으로 비위생적인 처방을 시행함으로써 질병이 발행하고 확산되는 것을 사전에 막으려 한 것이다. 셋째는 개인주의 경향을 완화하는 것이다. 점을 치고 굿을 하는 것은 대부분 개인적인 기복을 위한 것이었다. 손금을 보고 풍수를 믿는 것도 마찬가지다. 이는 개인주의 속성을 가진 것이었다. 북한은 미신타파를 통해 이러한 개인주의 경향을 완화하고 사회 전체의 발전 방향에 대한 관심을 높이려고 했다. 이는 인민민주주의를 위한 개혁에 주민들을 동참시키고 사회주의 건설을 추진하는 데 필요한 작업이었다.

넷째는 종교 활동을 제한하는 것이었다. 북한은 토지개혁 과정에서 종교단체의 재산을 대부분 몰수했다. '북조선토지개혁에 대한 법령' 제3조는 토지 몰수 대상을 규정하고 있는데, 성당, 승원, 기타 종교단체의 소유지로 5정보가 넘는 토지도 몰수 대상으로 명시되었다. 총 몰수 토지 100만 325정보 가운데 1만 4,401정보가 이런 땅이었다. 이렇게 종교단체의 물적 기반을 약화시킨 북한은 미신타파운동을 통해 종교도 하나의 미신과 같은 것으로 간주해 종교 활동을 제한하기 시작했다.

1946년 11월 3일 첫 선거에서 일부 기독교인들이 선거를 거부했다. 우익의 좌익에 대한 반대 차원이었다. 이를 계기로 북한 당국과 기독교

사이가 적대 관계가 되었고, 종교 활동 제한은 기독교 세력의 선거 거부에 대한 보복의 성격도 있었다. 찬송가를 부르는 것은 주민생활을 방해하는 것이라며 교회를 옮기도록 하기도 하고, 당원을 교회에 투입해 반동적인 설교 내용을 문제 삼기도 했다.

종교 활동 제한에 대해서는 조금 더 깊이 볼 필요가 있는데, 당시 북조선임시인민위원회가 기독교 활동을 제한한 데에는 근본적인 이유 2가지가 있었다. 하나는, 종교는 마르크스-레닌주의에서 부정적인 요소로 취급되기 때문이었다. 과학적 사회주의를 추구한 마르크스-레닌주의는 물질적인 요소, 즉 경제가 인간 사회에 가장 중요한 역할을 하고, 그렇기 때문에 경제적 요소를 중심으로 사회를 관찰하고 분석하는 것이 옳다고 주장했다. 그런데 종교는 정신세계가 중요하다고 강조하고 있었다. 그래서 북한은 종교에 부정적이었다.

또 하나는, 기독교 세력은 통상 우익이었기 때문이다. 일제강점기 평안남북도에서는 선교사들의 활동으로 기독교도가 많아졌다. 이 가운데 지주도 많았다. 해방이 되면서 이들은 공산주의에 반대하는 세력이 되었다. 조만식이 그 중심에 있었다. 1945년 말부터 시작된 찬탁·반탁의 회오리 속에서 이들은 반탁에 가담했다. 따라서 북한 당국과는 대척점에 서게 되었다.

이렇게 종교 활동을 제한하기 시작한 북한은 1947년 2월 북조선인민위원회가 출범하면서 교회와 성당에 대한 전면적 실태 조사와 정비 작업을 진행했다. 신자 수가 적은 곳은 폐쇄하고, 일요일의 신앙 활동을 제한하기 위해 일요일은 노동일, 월요일은 휴일로 정하기도 했다.

이러한 종교 활동 제한 방침은 1950년 6 · 25 전쟁 때까지 계속된다. 이후 전쟁이 시작되면서 기독교인들을 '미제의 앞잡이'로 몰아 철저히 탄압했다.

전쟁 후 김일성 유일사상 체계가 확립되는 1960년대 말까지는 기독교를 포함한 모든 종교를 완전히 말살하려 했다. 북한은 '지구상에서 종교 · 미신이 없어진 유일한 나라'라고 선전하기도 했다. 그러다가 1972년 헌법을 개정해 신앙의 자유를 인정했다. 동서 데탕트와 남북 대화의 분위기에 따라 유화적인 모습이 필요했기 때문이다. 1989년에는 제13차 세계청년학생축전을 치르면서 교회를 세웠다. 1994년 7월 김일성이 사망하고 김정일이 전권을 행사하기 시작한 이후로 북한은 기독교를 일정 부분 활용하는 모습을 보였다. 형식적으로 종교의 자유를 인정하고 외부의 종교단체들에서 식량과 의약품 등의 지원을 받았다.

★
문인들의 월북

이기영 · 한설야 · 이태준의 월북

해방이 되면서 활력을 찾은 작가들은 주로 서울에서 활동했다. 이기영은 1933년 농촌의 소작쟁의를 담은 소설 『고향』을 발표한 이후 일본의 사회주의 작가 검거 열풍으로 1년간 감옥생활을 하고 금강산에 숨어 살다가 해방을 맞아 서울로 올라왔다. 한설야와 더불어 '조선프롤레타리아예술가동맹KAPF'을 결성했다. 박팔양, 한효, 송영, 이찬, 홍순철 등이 함께했다. 임화는 '조선문학건설본부'를 설립했다. 여기에는 이태준, 김기림, 김남천, 박태원, 이용악, 민병균 등이 가입했다. 조선공산당의 지도에 따라 두 단체는 1945년 12월 조선문학동맹으로 통합되었다. 이후 조선문학동맹은 남조선노동당의 명령에 따라 운영되는 형편이 되었다. 이런 상황에서 이기영과 한설야는 1946년 2월 월북했다.

당시 월북 원인과 관련해서는 문학 단체가 남조선노동당의 지령을 받는 관계에 대한 불만이 있었을 뿐만 아니라 단체 내의 주도권 싸움에서 임화의 세력에 밀려 북한행을 결정했다는 분석이 많다. 하지만 북한쪽에서 나온 자료들은 남한에서 친일 세력이 다시 등용되고 이들이 북한에서 내려온 지주·친일파 세력과 연합하면서 오히려 일제에 맞섰던 사람들이 대접받지 못하는 모습을 보고 실망해 북한으로 갔다고 적고 있다.

월북 후 이기영과 한설야는 북조선문학예술총연맹(문예총)에서 활동했다. 문예총은 1946년 10월 문학, 영화, 연극, 음악, 무용, 미술, 사진 등 예술 관련 전全 분야가 망라되어 구성된 단체로, 3월에 출범한 북조선예술총연맹이 확대개편된 것이다. 이들은 이 단체의 위원장을 번갈아 맡았다. 문학 활동도 둘 다 왕성하게 했다. 이기영은 1946년에 희곡 『닭싸움』, 1948년에 장편소설 『땅』을 썼다. 『땅』은 북한 문단의 첫 장편소설로 주목받았다. 머슴살이를 하던 곽바위가 토지개혁으로 농지를 분배받아 희망에 찬 모습으로 다른 사람들을 이끌면서 열심히 일해 영웅적 인물이 된다는 이야기다. 1954년에는 『두만강 1』, 1957년에는 『두만강 2』를 발표했다.

한설야는 1946년 『혈로』, 1948년 『개선』 등을 통해 김일성의 지도자적 덕성을 문학적으로 담아내려고 했다. 1951년에는 『승냥이』, 1956년에는 1930년대 함경도 지방의 농민운동을 소재로 한 『설봉산』을 써냈다. 『설봉산』은 적색농민조합운동과 항일투쟁을 빼어나게 그려내면서 김일성을 인민에 대한 무한한 사랑을 가진 존재로 묘사하고, 이를 통해 6·25 전쟁 이후 북한을 새로운 국가로 건설하려는 국면에서 건국 서사시의 역할을 하려 했다는 평가를 받고 있다.

하지만 1960년대 이들의 운명은 갈렸다. 한설야는 북조선인민위원회 교육국장, 내각 교육상, 최고인민회의 부의장 등을 지내다가 김일성 유일체제를 비판했다는 이유로 1963년에 재산을 몰수당하고 자강도의 한 협동농장으로 쫓겨갔다. 당시 상황에 대해 남파 공작원 김진계의 『조국: 어느 북조선 인민의 수기』는 이렇게 나온다.

> 어느 날, 지도원이 한설야의 집에서 녹음했다는 테이프 얘기를 내게 해주었다. 녹음된 내용은, 처음엔 남쪽은 자신들을 낳아주고 길러준 고향 산천이 있는 곳이라는 고향 타령이었다. 그래서 친절하고 따뜻하고 간곡한 마음이 없겠냐, 뭐 그런 얘기였고, 그다음엔 도꾜세라는 일본 노래를 한설야가 불렀다고 한다. 그런데 문제는 녹음된 내용의 뒷부분이었다. 뒤에는 현재 북조선 사회는 정상적인 사회주의 사회가 아니며, 무식하기 짝이 없는 김일성이 유일사상 체계를 자신의 우상 숭배로 이용하고 있다는 무시무시한 말이 녹음되어 있었다고 한다.[22]

이 사건으로 한설야는 무용가 최승희, 만담가 신불출 등과 함께 숙청되었다. 반면에 이기영은 꾸준히 작품을 발표하며 문학 활동을 이어갔다. 1957년에는 최고인민회의 부의장을 맡기도 했다. 1961년에는 『두만강 3』, 1972년에는 『역사의 새벽길』 등을 발표하면서 왕성한 활동을 이어갔다. 글뿐만 아니라 입담이 좋은 그는 가끔 주요 행사에서 연사로도 인기였다고 한다. 팔도의 사투리를 자유자재로 쓰고 손짓과 몸짓을 자연스럽게 하면서 재미있게 강의를 해서 좌중을 들었다 놨다 했다고 한다. 1956년 여름 북한에서 그를 직접 만나 악수를 해본 사람이 있는데, 오른손 검지에 큰 혹이 있었다고 한다. 글을 많이 써서 생긴 것이었다.

이기영은 그렇게 열정적으로 살다가 1984년에 병사했다. 김정일의 아내 성혜림은 본래 그의 아들 이평의 아내였다. 김정일이 영화에 관심을 가지면서 영화배우 성혜림과 가까워졌고, 이들 사이에서 태어난 이가 김정남이다. 김정남은 이복동생 김정은이 집권하면서 북한에 들어가지 못하고 해외에서 생활하고 있다.

완결된 소설 구성법을 구사해 한국 현대소설 기법의 기초를 이루었다는 평가를 받고 있는 이태준도 1946년 7월쯤 월북했다. 일제강점기 그의 작품은 현실에 초연한 순수문학적 성격이었다. 인간 감정의 세밀한 묘사와 대상에 대한 동정적 시선을 담은 서정성 높은 단편소설을 많이 썼다. 「구원의 여인상」, 「복덕방」, 「청춘무성」 등이 그런 작품들이다. 이런 이태준이 월북을 했으니 이유가 특별할 수밖에 없다. 그가 북한으로 간 이유는 특이하게도 친구를 구명하기 위해서였다.

홍진식이라는 절친한 친구가 있었다. 20년간 친하게 지내온 사이였다. 공산주의자였다. 원래는 황해도의 지주 집안 아들이었다. 해방이되고 고향으로 돌아갔다. 공산주의자이긴 했지만 출신이 지주여서 인민재판을 받고 15년 동안 징역을 살게 되었다. 이태준이 서울에서 이

이기영과 한설야는 북조선문학예술총연맹에서 활동했고, 이태준은 순수문학을 했지만, 사회주의 작가로 전향했다. 왼쪽부터 이기영, 한설야, 이태준.

소식을 들었다. 친구를 구해야겠다는 생각으로 북한으로 갔다. 여기저기를 찾아다니며 친구가 철저한 반일反日사상을 갖고 있다며 변호했다. 하지만 그의 구명 활동은 성공하지 못했다.

이후 이태준은 평양에 들어갔다. 사회주의 문인들이 그를 환영했다. 순수문학을 하던 이태준이 사회주의로 넘어가는 모습은 그들에게는 반가운 일이었다. 문예총 부위원장도 맡게 되었다. 덕분에 방소문화사절단의 일원으로 모스크바를 여행하게 되었다. 소련 기행문을 썼는데, 이것이 서울에서 먼저 출판되었다. 이태준의 『소련기행』은 남한에 소련을 선전하는 좋은 수단이었기에 북한에서 그렇게 추진했다.

그의 기행문은 소련을 새로운 희망으로 보았다. 앙드레 지드André Gide의 소련 기행문을 비판하는 내용이 인상적이다. 앙드레 지드는 스탈린에게 전보를 치러 갔는데, 우체국 직원이 스탈린의 이름 앞에 경칭 '위대한'이란 말을 붙여달라고 했다고 비판했다. 평등을 내세우는 소련에서 새로운 특권계급이 생겨나고 있다는 것이었다. 이에 대해 이태준은 스탈린에 대한 동지애에서 생긴 일이라고 해석했다.

이태준은 남한에서도 사회주의로 전향한 작가로 인식되었다. 하지만 북한의 국가 형성 과정을 지켜보면서 회의적인 생각을 많이 가졌다고 한다. 1949년『첫 전투』라는 작품을 쓰면서 인민재판을 가장 정의로운 판결로 묘사하는 등 북한 체제에 적응하려는 노력을 하기도 했다. 그러나 사회주의와 북한 체제를 체화한 예술적 완성도가 높은 작품으로 생산해내지는 못했다. 6·25 전쟁 당시에도 종군기자로 활동하면서『고향길』같은 작품을 써내기도 했지만, 작품 활동을 왕성하게 이어가지는 못했다. 결국은 사상적 불철저성으로 1952년에 사상 검토를 당하고 1956년에 숙청되었다.

응향 필화사건과 구상의 월남

1946년 말 북한 최초의 필화사건이 일어났다. '응향 필화사건'이다. 문예총 원산지부에서 시집을 펴냈다. 이 지역 여러 시인의 시를 모아 시집으로 묶은 것이다. 시집 이름이 '응향凝香'이다. 북한에서 발행된 최초의 시집이었다. 문예총 원산지부는 나름 의미 있는 일을 해보기 위해서 이런 작업을 한 것이다.

여기에 실린 작품들이 문제가 되었다. 원산 지역의 공산당 간부 서창훈, 소련계 한국인 정률, 원산여자사범학교 교사 구상 등의 시가 실렸는데, 특히 구상의 시가 문제였다. 너무 관념적이고 애상적이라는 것이었다. 12월 말 문예총 상무위원회가 소집되어 본격 조사에 착수했다. 김사량과 최명익 등이 원산에 내려가 직접 조사했다. 유물사관과 배치되고 건전한 사회주의 사회를 건설하는 데 독소적이라는 결론이 내려졌다. 어떤 시였을까? 구상의 시 3편 「길」, 「여명도」, 「밤」이 실려 있었는데, 그중 「길」을 감상해보자.

이름 모를 귀양길 위에
운명의 청춘이
눈물 겨웁다.
보행步行의 산술算術도
통곡에도…
피곤하고
역모役毛의
줄기찬 고행苦行만이

슬프게
좋다.

찬연한 계절이
유혹한다손

이제사
역행逆行의 역마驛馬를
삵낼 용기는 없다.

지혜知慧의 열매로
간선揀選받은 입설에
식기食器를 권함은
예양禮讓이 아니고

노정路程이
변방邊方에 이르면
안개를 생식生食하는
짐승이 된다.

뭇 사람이 돈을 따르듯
불운不運과 고뇌苦惱에 홀리워

표석標石도 없는
운명運命의 청춘을
가쁘게 가다.

안개를 먹고산다는 등 관념적이고 비과학적인 부분이 지적되었다.

북한의 신문들도 규탄하고 나섰다. 좌익 시인 백인준이 앞장섰다. 일제 강점기 일본 릿쿄대학에서 공부하다 학병으로 끌려갔다가 북한으로 귀국해 시작詩作과 평론 활동을 왕성하게 하던 인물이다. 조선의 블라디미르 마야콥스키Vladimir Mayakovskii(소련의 혁명시인)로 불릴 정도였다. 이런 소식은 서울에도 전해졌다. 김동리, 조연현, 곽종원 등이 나서서 문학의 자유를 옹호하는 글들을 발표했다.

응향 필화사건은 공산당의 북한 사회에 대한 지배가 완성되어감에 따라 문학·예술의 영역도 당의 지도를 받아야 하는 상황이 되었음을 보여주는 사건이었다. 북한 문화정책의 방향성을 제시해주는 사건이기도 했다. 이 사건을 계기로 북한 문학계에서 무사상성, 무정치성, 자연주의, 부르주아 민족주의에 대한 비판은 더욱 심화되었다. 마르크스-레닌주의 미학 사상과 사회주의혁명 사상으로 더욱 무장할 것이 가일층 요구되기 시작한 것이다.

1920년대부터 원산에서 살았던 구상은 틀에 갇힌 문학을 해야 하는 상황이 싫어 이듬해 서울로 내려왔다. 이후 왕성하게 시작 활동을 계속했다. 언론인으로도 활동하면서 시 쓰기는 멈추지 않았다. 2004년 타계할 때까지 인간 존재와 우주의 의미를 찾으려는 구도求道적 경향의 시를 주로 썼다.

최초의 한류스타, 최승희

최승희는 한국인으로는 처음으로 서구의 현대적 기법의 춤을 공연한 것으로 평가된다. 초기 일본에서 활동하다가 1920년대 후반 서울에 돌아와 민속무용가 한성준에게서 전통무용을 전수받고 한국의 전통적 색채를 담은 무용을 창작하기 시작했다. 승무와 부채춤, 칼춤 등을 현대적으로 해석해 창작하고 공연한 것이다. 춘향의 비극적인 모습을 감동적으로 그려내는 등 전통적인 민족정서를 표현하는 데 주력했다. 민속춤에 바탕을 둔 그의 춤세계와 관중을 사로잡는 눈빛으로 1930년대 마라톤 선수 손기정, 만담가 신불출과 함께 대중의 큰 인기를 얻었다.

동양의 매력을 담은 그녀의 춤은 서구에서도 통해 유럽과 미국, 남미 등을 다니며 공연했다. 3년 동안 150여 회 해외공연을 했다. 서양은 그녀를 '동양의 무희舞姬'라며 높이 평가했다. 프랑스 파리 공연에서 썼던 초립동 모자가 현지에서 한동안 유행하기도 했다고 한다. 말하자면 최초의 한류스타였다. 일제의 요구로 만주와 난징南京 등을 다니며 일본군 위문공연을 하기도 했다. 일본 전통무용을 활용한 공연이었다. 1940년대에는 중국에서 주로 활동했다. 중국공산당의 2인자 저우언라이가 열렬한 팬이었다고 한다.

1946년 가을 서울로 돌아왔는데, 과거 일본군 위문공연 때문에 친일파라는 비판을 받게 되었다. 미 군정은 병사들을 위한 공연을 요구했다. 이런 것들을 피하기 위해서였는지 최승희는 평양행을 결정했다. 그의 남편인 문학평론가 안막이 사회주의자이기도 했다. 미 군정에 평양

최승희는 승무, 부채춤, 칼춤 등을 현대적으로 해석해 공연하는 등 한국의
전통적 색채를 담은 무용을 창작하기 시작했다. 젊은 시절의 최승희.

행 허가를 요청했지만 거절당했다. 그는 서울을 빠져나와 허름한 복장
을 하고 제자 김백봉과 함께 어선을 빌려탔다. 그 길로 북한으로 넘어
갔다.

　평양에서 그녀는 최승희무용연구소를 설립해 활동했다. 주로 전통무
용을 체계화하고 무용극을 창작하는 데 주력했다. 김일성의 유격대를
소재로 한 〈조국〉 등을 연출하고 공연하기도 했다. 이 시기에 그녀는 연
출가, 악사, 분장사도 쓰지 않고 스스로 연출하고 음악도 만들고 복장도
구상했다고 한다. 이렇게 한창 활동할 때 내놓은 작품이 무용극 〈반야

월송곡)이다. 빈농의 딸이 지주의 아들에게 농락당하는 내용이다.

1948년 4월 남북연석회의 당시 김구를 수행해 평양에 갔던 선우진이 최승희무용연구소를 방문했다. 최승희는 "남한에서는 나를 몹시 욕하지요?"라며 남한 사람들의 반응을 먼저 물었다고 한다. "이번에 오신 분들에게 저녁이라도 대접하고 싶은데, 당국에서 어떻게 생각할지 모르겠어요"라면서 남한 사람들에 대한 관심과 애정을 표현하기도 했다. 하지만 선우진의 일행에 북한 당국의 안내원이 있는 것을 알고 무용연습장을 소개해준 뒤 바로 자리를 떴다.

1950년 다시 중국으로 가서 베이징중앙희극원에서 학생들을 가르치며 동구권 순회공연을 열기도 했다. 1955년에는 북한의 인민배우가 되고, 1957년에는 최고인민회의 대의원에도 선출되었다. 김일성의 총애를 받아 수시로 김일성을 만났다고 한다. 그래서 김일성의 첩이라는 이야기까지 돌았다. 그녀의 딸 안성희도 모스크바 볼쇼이 무용학교에서 유학한 뒤 1956년에 귀국해 모란봉극장에서 대규모 공연을 가질 만큼 각광을 받았다. 김일성이 무대에까지 올라가 꽃다발을 주었다고 한다.

하지만 그녀가 철저한 사회주의자는 아니었던 것으로 보인다. 와인과 보라색 머플러를 좋아했다는 그녀가 경직된 사회주의 체제에 적응하기는 어려웠을 것으로 보인다. 무용, 특히 전통무용에 더 관심을 가지면서 체제 선전 예술에는 그렇게 열성을 보이지 않은 것 같다. 그래서 그런지 김일성 유일체제를 비판했다는 이유로 한설야 등과 함께 1963년에 숙청되었다. 그녀의 열성 팬 저우언라이가 사람을 보내 '그녀의 세계적 명성을 고려해 선처해달라'고 부탁했지만 소용이 없었다.

남편 안막이 그보다 먼저 1959년 부르주아 사상에서 벗어나지 못했다는 이유로 숙청당했기 때문에 그녀에게 더는 보호막이 없었다. 이후 극장에서 청소하는 일 등을 했다고 전해진다. 남한에서는 친일파·월북자로, 북한에서는 사상성이 약한 인물로 여겨져 처연하게 말년을 보내다가 1969년에 사망했다.

그동안 최승희를 소재로 한 연극과 오페라, 뮤지컬 등이 남한에서도 꽤 있었다. 그런데 이들은 모두 흥행에 실패했다. 최승희와 인연이 있는 무용인들도 능력에 비해 제대로 평가를 받지 못했다. 친일 경력, 북한에서의 활동 등이 아직도 그녀의 이름에 그림자를 드리우고 있고, 이것이 그녀의 예술성에 대한 정밀한 평가를 방해하기 때문일 것이다.

통역장교가
본
1946년

1946년 22세의 주영복이라는 청년은 러시아어 통역으로 조선인민군에 들어갔다. 보안간부훈련대대부 산하로 나남에 있던 제2훈련소였다. 1946년까지는 계급이 없어 임시직이었다. 이듬해 계급이 생겨 중위 계급을 받았다.

1946년은 수십 년 만에 흉년이었다. 1945년은 풍년이었는데도 서민들의 생활이 어려웠고, 1946년은 진짜 흉년이 들어 어려웠다. 사람들은 식량을 구하러 여기저기 기웃거렸다. 아이들은 소련군 군인들에게 손을 내밀었다. 제2훈련소가 있던 함경도 일대는 산간이 많아 형편이 더 어려웠다. 만주에서 들어온 콩깻묵을 삶아 먹는 사람이 많았다. 콩깻묵은 콩으로 기름을 짜고 남은 찌꺼기로 주로 가축사료로 사용되던 것이다.

제2훈련소도 사정은 마찬가지로 매우 열악했다. 밥은 콩과 옥수수가 잔뜩 섞인 것이었다. 특별한 반찬은 기대하기 어려웠고, 대부분 감자나 무를 넣고 끓인 국이 전부였다. 소련군과 주로 함께 생활하던 주영복도 고기는 한 달에 한 번, 생선국은 두 번 정도밖에 구경할 수 없었다.

소련군이 진주한 지 꽤 시간이 흐르고 소련군이 북한 사회 여기저기 영향을 안 끼친 곳이 없다 보니 유행하는 소련말도 생겨났다. 그중 하나가 '욧또이 마-찌'라는 욕이다. '너의 어머니를 해치우겠다'는 의미의 아주 상스러운 말인데, 사람들은 아무 때나 이 말을 썼다. '제기랄'이나 '빌어먹을' 대신에 '욧또이

마-찌'를 썼다. 소련에서도 여자들이 있는 자리에서는 절대 안 쓰는 말이고, 또 여성들은 못 쓰는 말로 되어 있는데도 북한에서는 일상적으로 쓰였다. 여성들이 이 말을 쓰는 것을 본 소련군 군사들이 눈이 휘둥그레졌다.

제2훈련소의 사단장은 만주파의 강건이었다. 문화 부사단장은 소련파의 림해, 참모장은 연안파의 리익성, 소련군 고문은 스미르노프Smirnov 대좌였다. 주영복은 통신대대에서 근무를 시작했다. 계급장은 없었지만, 대대장, 문화 부대대장, 참모장, 후방 부대대장 등의 호칭은 있었다. 10월 초 어느 날 아침 제식훈련이 시작되었다. 이제 막 입대한 병사들에게 기본 교육을 시키는 자리였다. 교관은 소련군 소좌였고, 통역은 주영복이 맡았다. 조선인민군은 그때까지 구령이 정리되어 있지 않았다. '차렷'과 '경례'는 자주 쓰이는 것이어서 어느 정도 관행으로 정리가 되어 있었지만 그 밖의 것은 아니었다. 소좌가 구령을 내렸다.

"샤-홈 말시-!"

주영복은 얼른 생각해내서 "앞으로 갓!" 했다. 조금 더 가다가 소좌가 다른 구령을 외쳤다.

"구르홈 말시-!"(뒤로 돌아-갓)

주영복은 뭐라 해야 할지 몰랐다. '뒤를 향해 돌아 갓', '우측으로 돌아서 우회전해서 앞으로 갓' 등 여러 가지를 생각해보았지만 확신이 서지 않았다. 소좌가 재촉했다. 대열은 계속 앞으로 가다가 벽에 부딪혀 제자리걸음을 하고 있었다. 속이 탄 주영복은 엉겁결에 외쳤다.

"뒤로 돌아서 전진해주시오."

그러자 병사들은 뒤로 돌아서 "와!" 하면서 제맘대로 뛰어가 버렸다. 이렇게 군에서도 모든 게 아직 초보 단계였다. 그러니 소련군의 위세는 말할 수 없었다. 부대 안에서 상전 노릇을 하는 것은 물론이고, 부정한 짓을 하는 경우도 많았다. 주영복은 건물의 자재를 팔아먹는 경우도 보았다. 소련군 중위 한 사람이 일반인 출입금지구역에 있는 옛 일본군 관사의 목재와 함석 등을 어두운 밤 시간을 이용해 내다 팔았다. 이 소련군 중위는 이런 돈벌이를 위해 한국말도 열심히 배웠다. 지역의 건설회사들은 이런 자재를 사들여 건물을 지었다.

11월 중순에는 황해도와 평안남도에서 온 수백 명의 신병이 헐렁한 한복 차림에 짚신을 신은 채 도착했다. 이들은 대부분 '나라를 위해 좋은 곳에 가게 된다'는 지역 민주청년동맹 위원장의 설득으로 군에 지원했다. 민주청년동맹이 군병력 모집을 맡고 있었다는 이야기다.

　　12월 초 주영복은 공병대대에 근무하고 있었는데, 어느 날 저녁 소련제 트럭이 부대 정문에 커다란 상자들을 내려놓고 갔다. 소련 고문관들이 모였고, 상자를 풀어보았다. 소련제 소총과 권총이었다. 윤활유가 잔뜩 묻은 채로 기름종이에 싸여 있었다. 어떤 상자에는 총알이 들어 있었다. 모두들 '기다리고 기다리던 것이 이제야 왔다'며 기뻐했다. 이때부터 소련제 무기가 북한에 지원되기 시작한 것이다.

　　주영복이 통역일을 하던 1946년 북한의 군대는 막 체제를 정비하면서 신병을 모집하고 소련제 무기로 무장을 하기 시작했다. 주영복은 6 · 25 전쟁 당시에는 소좌로 진급해 인민군 전선사령부 공병 부부장이 되었다. 인천상륙작전 직후 투항했지만 포로로 잡힌 것으로 인정되어 3년 6개월 동안 포로생활을 하다가 1954년 1월 제3국 인도를 택해 인도로 갔다. 인도에서 2년간 머물다가 브라질로 갔다. 거기서 23년을 살다가 미국으로 이주해 살았다.

1947년

제3장

×××

멀어지는 통일의 길

사실상의 단독정부 수립 [★]

북조선인민위원회 출범

1947년이 되면서 북한은 사실상의 단독정부를 세우는 단계로 들어간다. 1946년 11월 3일 첫 선거로 선출된 각 도·시·군의 인민위원들 가운데 대표 1,000여 명이 모여 1947년 2월 17~20일 북조선 도·시·군 인민위원회 대회를 열었다. 여기에 모인 대표들이 도 인민위원회에서 추천한 인물들 가운데 비밀투표로 대의원 237명을 뽑았다. 이 237명의 대의원으로 북조선인민회의를 구성했다. 국회에 해당하는 기구를 만든 것이다. 의장은 김두봉이었다.

북조선인민회의 제1차 회의가 2월 21~22일에 열렸다. 첫날 북조선 인민위원회를 창설하기 위한 규정을 마련했다. 둘째 날에 북조선인민위원회 위원장으로 김일성을 선출했다. '북조선민주주의민족통일전선' 의장단을 대표해 최용건이 김일성을 추대하고, 대의원들이 동의했다. 인민위원 인선 등은 김일성에게 일임되었다. 이렇게 해서 정식 정부에 훨씬 가까운 중앙행정기구가 마련되었다.

부위원장에는 김책과 홍기주가 임명되고, 한병옥이 사무장이 되었다. 그 아래 실무 행정부처를 두고 책임자인 국장을 임명했다. 기획국장 정준택, 산업국장 리문환, 내무국장 박일우, 외무국장 리강국, 재정국장 리봉수, 교통국장 허남희, 농림국장 리순근, 체신국장 주황섭, 상업국장 장시우, 보건국장 리동영, 교육국장 한설야, 노동국장 오기섭, 사법국장 최용달, 인민검열국장 최창익 등이었다.

이전의 북조선임시인민위원회와 비슷하지만 차이점은 외무국을 신설했다는 것이다. 외교부를 마련해놓은 것이다. 외무국장에는 서울에서 조선인민공화국 중앙인민위원회 서기장과 민주주의민족전선 사무국장을 하다가 월북한 리강국이 임명되었다. 남조선노동당의 대표적 이론가 가운데 한 사람이었다. 외무국을 두고 다른 나라와 외교를 하겠다는 것은 대외적으로 '이제 우리도 실질적으로 정부를 구성한 것이다'라고 선언하는 것이나 마찬가지였다.

이후 북조선인민위원회는 대외적으로 실제 정부 역할을 수행했다. 외무국장 리강국과 북조선인민위원장 이름으로 여권을 발행하기 시작했다. 외국과 협약도 체결하기 시작해 소련과 조·소해운회사 설립에 관한 협약을 맺었다. 각 도의 재정부장과 세관장 연석회의를 소집해 세관 사업을 정리하고, 관세도 체계적으로 적용해 대외무역 업무를 정상

궤도로 올려놓았다. 외교와 통상에 관한 체계를 명실상부하게 세운 것이다.

그뿐만 아니라 남한의 미 군정 장관에게는 김일성 북조선인민위원장 명의로 남한 송전 문제에 대한 서신도 보냈다. 남한에 보내는 전기에 대해 요금 지불을 요구했다. 미 군정은 거부했다. 형식이 잘못되었다는 것이다. 서신을 보낼 수 있는 주체는 북한을 점령하고 있는 소련군 제25군 사령부라는 주장이었다. 미 군정은 김일성의 서신을 북조선인민위원회를 정식 중앙행정기구로 공식화하려는 시도로 보았다. 정부 수립이 이루어지지 않은 상태에서 북한의 실질적 정부를 공식적으로 인정할 수 없다는 게 미 군정의 주장이었다. 미 군정은 인정하지 않으려 했지만, 북한은 공식 정부에 성큼 다가서고 있었다. 1945년 11월 5도 행정국, 1946년 2월 북조선임시인민위원회, 1947년 2월 북조선인민위원회 단계를 거치면서 일찌감치 정부 체계를 갖춰가고 있었다.

군 장교 숙청 작업

북조선인민위원회를 설립해 행정 체계를 갖춘 북한은 군의 혁명성을 강화하는 작업에 나섰다. 정부와 당을 무력으로 받쳐주는 군의 내부에 불순한 세력이 존재하는지를 확인하고 정리하는 작업이었다. 정치 전략적으로는 어떤 경우든 숙청은 권력자에 대한 높은 충성을 겨냥하는 작업이다. 1947년 조선인민군의 숙청 작업도 김일성에 대한 분명한 충성을 확보하는 과정이기도 했다.

1946년 8월 보안간부훈련대대부라는 이름으로 사실상의 정규군을 출범시킨 이후에도 친일 경력이 있거나 부르주아 기반을 가진 인물들이 군에 상당수 존재하고 있었다. 김일성 세력으로서는 군은 자신들의 권력을 받쳐주는 핵심 요소였기 때문에 그런 인물들을 가려내고 제거하는 것은 어떤 일 못지않게 중대한 일이었다.

실제 숙청은 1947년 3~4월에 걸쳐 진행되었다. 주로 제2사단의 장교들을 상대로 한 것이었다. 일본군에 근무한 경험이 있는 사람, 일본군에 협력한 적이 있는 사람, 지주나 자본가의 아들, 부르주아 출신들을 골라냈다. 그리고 그들을 군에서 추방했다. 통신대대의 참모장 김영주는 지주의 아들이라는 이유로 쫓겨났다. 역시 통신대대에 있던 소좌 라운혁은 만주에서 일본 관헌에 협력했던 과거가 드러나 파면되었다. 공병대대의 장교 한 사람은 부르주아라는 이유로, 다른 한 장교는 자본가의 아들이라는 이유로 군복을 벗었다. 중좌(중령) 한 사람은 항일투쟁 경력이 인정되어 중좌라는 높은 계급을 받았지만, 일본군에 전향했던 또 다른 경력이 드러나 군복을 벗었다. 이렇게 해서 제2사단에서 숙청된 장교가 100명 이상이었다.

군내 숙청 작업은 파벌 싸움과도 연결되어 있었다. 당시 조선인민군에서 가장 강력한 파벌은 김일성의 만주파였다. 최용건, 김책, 강건, 안길, 최현, 김일金ㅡ, 김광협, 오진우, 최광 등이 중심인물이었다. 두 번째 파벌은 무정을 중심으로 한 연안파였다. 김웅, 리권무, 방호산, 박일우, 김창덕, 박훈일, 리상조, 박효삼, 리익성, 전우 등이 중심 역할을 하고 있었다. 소련파도 중요한 위치를 많이 차지하고 있었다. 이들은 소련군과 조선인민군의 연결고리로 참모, 교관, 통역 등의 역할을 하고 있었다. 인민군 총참모장이 된 남일이나 제2사단장을 맡았던 리청송 등을 제외하고는 고위직에 오르지 못해 만주파나 연안파에 비해 세력은 약했다. 소련파는 또 만주파의 지원 세력 역할을 했기 때문에 파벌로서 의미는 크지 않았다.

만주파와 연안파는 보안간부훈련대대부 창설 당시부터 경쟁 관계였다. 사령관은 최용건이었고, 그 아래 부사령관이 무정이었지만, 무정은 입북 초기만 해도 김일성을 무시할 만큼 자신만만한 인물이었다. 때론 독단적으로 행동하거나 자신이 지시를 내리는 경우도 있었다. 하지만 당과 정부를 만주파가 장악하고 있는 상황과 군내에도 쟁쟁한 만주파가 많은 상황이어서 무정을 비롯한 연안파는 자신들의 세력 강화를 위한 방안을 강구해야 했다. 그래서 연안파는 만주의 중국공산당군에 있는 한인들을 데려왔다. 이 작업을 주도한 사람은 북조선노동당 간부과장이던 리상조였다. 일제강점기 그는 무정이 지휘하던 조선의용군의 공작원으로 주로 만주에서 활동했다. 나중에 6 · 25 전쟁 휴전회담의 북한 대표와 소련 대사를 하게 되는 그 리상조다. 군 창설 과정에 연안파를 많이 참여시키기 위해 리상조는 이들을 데려왔다.

당시 상황은 조선인민군 중좌를 지낸 최태환의 회고록을 통해 잘 알 수 있다.[1] 만주에서 살다가 해방을 맞은 20세의 한인 청년 최태환은 중국공산당이 룽징에 세운 동북군정대학 길림분교를 1947년 초 졸업했다. 곧 동기 19명과 함께 북한으로 오게 되었다. 최태환은 황해도 해주의 내무국으로 배치되었다. 하지만 일제강점기 경찰들이 하는 일을 하고 싶지 않다며 평양으로 돌아가 리상조에게 군에 배치해줄 것을 요청했다. 그래서 보안간부훈련대대부 총참모부 대열과로 배속되게 되었다. 대열과는 군 전체의 인원과 장비를 관리하는 곳이었다. 말하자면 총무과였다.

최태환은 중위로 통계참모라는 직책을 받았다. 1946년 8월 보안간부훈련대대부 출범 이후 정규군의 체계가 갖춰져가고 있었던 만큼 전체의 인원과 장비를 체계적으로 관리하는 일은 중요했다. 최태환은 1,2,3훈련소와 제1, 제2군관학교의 병력과 무기를 면밀히 파악해 총참모부장과 소련군 고문에게 보고했다. 당시 총참모부장은 안길이었다. 만주 훈춘에서 체육교사를 하다가 김일성의 유격부대에 합류해 항일투쟁을 한 인물이다. 병사는 모두 2,000명 정도 되었고, 무기는 소총·기관총·따발총·45미리 대포가 전부였는데, 이런 것들의 수효도 모두 파악하고 있어야 했다.

최태환은 팔로군 군정학교에서 배운 근면과 솔선수범의 정신으로 아침 일찍 일어나 막사 주변을 청소하고, 사무실 청소도 하면서 의욕적으로 일했다. 당시 조선인민군의 형편은 북한산 무명으로 겨우 군복을 만들어 입었고, 병사들의 3분의 2는 소총도 없었다. 중대당 경기관총 1정 정도만 지급되던 상황이다. 하지만 모두 사기는 높았다. 그러던 어느 날 최태환은 무정을 우연히 만났다. 최태환은 막사 주변의 눈을 쓸고 있었다. 콧수염을 기른 사람이 호탕한 목소리로 말했다.

"열성적인 동무구만! 직책은 무엇인가?"

"대열과 통계참몹니다."

"그렇다면 참모장 안길 동지의 휘하이겠구만."

이렇게 관심을 보이면서 악수를 하며 격려도 해주었다. 팔로군 포병단장으로 호랑이 같은 모습으로만 상상을 하고 있었는데, 의외로 마음씨 좋은 시골 아저씨 같은 느낌이었다.

그 무렵까지도 북한에서 무정을 흠모하는 사람은 많았다. "일본군과 전투를 하면서 말을 너무 많이 타서 머리가 앞뒤로 움직인다"는 이야기가 항간에 전해지기도 했다. 군내에는 김일성과 무정이 앙숙이라는 소문도 있었다.

최태환은 통계참모로서 성실히 일을 챙기고 상관·부하들과의 관계도 원만하게 유지해 보안간부훈련대대부 민주청년동맹 위원장에 선발되었다. 민주청년동맹은 공산청년동맹이 바뀌어 1946년 1월에 출범해 1961년 사회주의노동청년동맹, 1997년 김일성사회주의청년동맹으로 명칭이 바뀌어 지금까지 내려오고 있는 사회단체다. 애초 공산당의 주변 세력을 확대하기 위해 만들어졌다. 공산당에 가입한 사람뿐만 아니라 그렇지 않은 사람도 가입시켜 당의 저변을 확대한다는 전략에 따라 만들어진 조직이었다. 1947년은 사회 각 분야에서 당의 세력을 확장하기 위해 민주청년동맹의 조직도 확대하고 있는 상황이었다. 보안간부훈련대대부에도 조직이 형성되어 있었고, 최태환이 위원장에 선발된 것이다.

부총참모장은 황호림이었다. 가죽 장화를 윤을 내서 신기를 좋아했고, 가죽 벨트에는 소련제 TT권총(떼떼권총)을 차고 다녔다. 하루는 그가 어떤 아낙네를 데려와서는 사람을 찾아달라고 부탁했다. 흰 저고리에 검정 몸빼를 받쳐 입고 허리에 무명끈을 동여맨 아낙이었다. 황호림은 이종사촌이라고 소개했다. 황호림의 이종사촌이 군에 간 아들을 찾아온 것이다. 하지만 당시 면회를 온 사람들은 줄을 서 있었다.

"죄송합니다만, 차례대로 순서를 기다려야겠습니다, 부참모장 동지."

최태환은 줄지어 있는 면회객을 외면할 수 없어 원칙대로 말했다. 격노한 황호림은 권총을 빼들기라도 할 듯 옆구리에 손을 대면서 협박했다.

"뭐야! 나는 한가한 사람이 아냐. 해야 할 일이 많단 말야!"

최태환은 인민의 군대에 아들을 보낸 부모들이 줄을 서서 기다리고 있다면서 새치기를 시켜주지 않았다. 황호림은 하는 수 없이 서류도 안 보고 소속부대를 척척 알려주는 최태환의 비상한 기억력에 감탄했다. 그러고는 좀전에 화를 냈던 것도 잊었다. 최태환이 병사들의 소속부대를 외울 수 있었던 것은 필요한 서류를 스스로 작성하고 자주 관련 기록을 찾다보니 자연히 기억하게 된 것이었다. 그만큼 소수의 인원들이 근면하게 일했다는 이야기다.

최태환 같은 중국 동북 지역 한인뿐만 아니라 일부 일본군 출신들까지도 연안파의 포섭 대상이 되었다. 제1사단에서는 일본군 출신들이 별도의 모임을 형성하기도 했다.[2]

해방 직후부터 북한 사회에서 진행된 친일파 청산 작업으로 친일파가 대부분 숨어살거나 월남했는데도 1947년까지 군내에 친일 경력의 인사들이 존재할 수 있었던 것은 이런 조선인민군 내의 파벌 간 역학 관계 때문이었다. 친일파나 부르주아 세력이 첫 번째 타깃이었지만, 숙청 분위기를 기회로 해서 불평분자나 근무태만자도 함께 군에서 퇴출시켰다. 하지만 예외가 있었는데, 기술자들이었다. 공장이나 농장에서도 특별한 기술을 가진 사람들은 친일 경력이 있었지만, 기술 활용 차원에서 일을 하도록 한 것처럼, 군에서도 기술자들은 친일 경력이 있거나 부르주아 출신이더라도 심한 경우만 아니면 일자리를 주었다.

1947년 12월에는 2차 숙청이 진행되었다. 이때에는 일본군 지원병 출신, 친일파의 아들, 지주의 아들 등이 주요 타깃이었다. 1948년 2월 조선인민군으로 공식 출범하기 직전 마지막으로 '불순분자'를 제거하는 작업이었다. 두 차례에 걸친 장교 숙청 작업으로 군에서 추방된 친일 세력이나 부르주아는 북한에 발붙일 곳이 없었다. 이들은 산간 지방에 숨어 살거나 남한으로 내려왔다. 월남한 사람들 가운데 상당수는 남한군에 들어갔다. 일본군 출신이 많은 남한군은 이들에게 최적의 활동 공간이었다.

이러한 과정을 통해 정부 수립 당시 조선인민군은 항일 세력의 군대가 되었고, 남한군은 일본군 출신이 중심이 된 군대가 되었다. 이는 서로에 대한 적대감을 극대화하는 데 많은 역할을 했다. 이렇게 형성된 남한 군과 북한군 사이의 적의는 6·25 전쟁 전 38선에서 잦은 무력 충돌이 발생하는 원인이 되었다.

첫 화폐개혁

해방 후에도 북한에서는 일제강점기부터 쓰던 조선은행권을 사용했다. 소련국립은행이 발행하고 소련군이 유통시킨 군표도 함께 사용되었다. 화폐 주권이 없는 상태였다. 이를 바꾼 것이 1947년 12월 화폐개혁이다. 북한의 첫 화폐개혁이다. 북조선인민위원회라는 사실상의 정부를 가진 북한은 상당 기간 준비를 거쳐 화폐 주권을 확보하기 위한 개혁을 실행한 것이다.

12월 6일부터 7일 동안 실시되었다. 1원, 5원, 10원, 100원 등 모두 4종의 북조선중앙은행권이 발행되어 구화폐를 대체하도록 했다. 북조선중앙은행권 4종은 모두 같은 색상과 도안에 액면 숫자만 다른 것이었다. 앞면에는 망치와 쟁기를 들고 있는 노동자와 농민의 모습이, 뒷면에는 산이 그려져 있었다.

구화폐는 7일 동안 신화폐로 바꿔야 했다. 정해진 기간에 바꾸지 못한 구화폐는 휴지가 되었다. 북조선중앙은행과 북조선농민은행이 2,000가구당 1개 정도로 화폐교환소를 설치했다. 공민증을 제시해야 교환이 가능했다.

교환 비율은 일대일이었다. 교환 한도도 정해져 있었다. 노동자와 사무원은 지난달 임금만큼 교환할 수 있었다. 농민은 700원까지 가능했다. 한도초과 금액은 예금을 해야만 했다. 국가기관이나 국영기업, 사회단체 등은 화폐를 교환하면서 보유 현금 전액을 예금하도록 하고 일정한 한도 내에서만 찾을 수 있게 했다. 노동자나 사무원 10명 이상을

북한의 첫 화폐개혁은 1947년 12월에 실시되었는데, 화폐 주권을 확보하기 위한 개혁이었다. 당시 보조화폐로 쓰였던 15전, 20전, 50전 화폐(목포자연사박물관 소장).

고용하고 있는 민영기업이나 민간단체는 지난달 임금 지불액의 50퍼센트까지만 바꿀 수 있었다. 또, 노동자나 사무원 10명 미만을 고용하고 있는 개인 기업, 소상인 등은 사업소득세의 50퍼센트까지만 교환이 가능했다.

북한이 1947년 화폐개혁을 실시한 이유는 일제의 잔재를 청산하고 새로운 사회에 맞는 화폐를 도입하기 위해서였다. 남한에서 화폐(구조선은행권)가 유입되는 것을 근본적으로 차단하기 위한 의도도 있었다. 화폐개혁으로 많은 화폐가 예금으로 회수되어 시장의 물가는 내려가고 이는 실질임금의 상승효과를 가져왔다. 또한 일제강점기의 화폐가 없어지고 소련군의 군표도 더는 사용하지 않게 됨에 따라 진정한 화폐 주권이 확립될 수 있었다. 소련이 책임지고 발행·유통하던 군표를 없애고 화폐 발행과 유통의 책임을 안게 된 북조선인민위원회의 행정적인 부담은 증대했지만, 그만큼 주권 영역을 확대될 수 있었다.

이후에도 50전, 20전, 15전 등 보조화폐는 기존의 화폐를 사용했다. 이마저 새로운 화폐로 바꾼 것은 1949년 8월 15일의 제2차 화폐개혁이다. 이로써 구보조화폐의 유통은 전면 중단되고, 주화폐와 보조화폐 모두 북조선중앙은행권으로 바뀌게 되었다. 북한이 완전한 화폐 주권을 가진 것은 이때부터라고 할 수 있다.

사회주의로 가기 위한 개혁

생산합작사를 만들다

개인 기업가와 상인의 활동을 허용하면서도 조금씩 규제를 강화해온 북한은 1947년이 되면서 기업들의 합작회사를 적극적으로 장려했다. 생산기업의 합작을 통한 생산합작사가 먼저 추진되었다. 몇 개의 작은 제조기업을 하나로 합쳐 협동단체화하는 것이었다. 수공업자들의 분산으로 인한 비효율을 막고 공동으로 생산함으로써 생산성을 향상시키려는 취지였다.

그뿐만 아니라 생산합작사 확대를 통해 생산을 계획적으로 할 수 있고, 공동생산의 이점을 자본가들로 하여금 인식하도록 해서 사회주의에 적응해가도록 하는 데에도 그 목적이 있었다. 생산합작사가 확대되면 농한기의 농민들에게 일자리를 주고 이들이 공동생산의 가치와 의미를 깨닫게 되는 계기가 될 수도 있었다. 북한은 이러한 다양한 목적을 갖고 생산합작사를 독려했다. 그 결정적인 계기는 1947년 9월 1일 북조선노동당 중앙위원회 상무위원회 회의였다. 이 회의에서 김일성은 '생산합작사를 조직할 데 대하여'라는 제목으로 연설을 했다. 생산합작사의 필요성, 조직 원칙, 대상과 규모, 운영 방법 등을 구체적으로 제시했다.

생산합작사는 이후 적극적으로 추진되었다. 농촌의 가내부업자와 수공업자들을 생산합작사로 묶어내는 작업이 실시되었고, 도시수공업자들을 생산합작사로 전환시키는 과정이 진행되었다. 지방 인민위원회가 나서서 공동 작업장을 마련해주고, 여기서 공동 작업을 진행할 수 있도록 하는 방법이 활용되었다. 각 지방별로 특성을 살려 합작회사를 조직했는데, 강원도 원산에는 목공, 통천에는 가마니, 화천에는 숯을 생산하는 합작회사가 설립되었다. 평안남도 개천에는 견직, 성천에는 종이, 대동에는 가마니를 만드는 합작회사가 만들어졌다. 도시 지역에는 피복이나 식료품, 가구 등을 생산하는 합작회사가 설립되었다.

운영 형태를 살펴보면, 개인 기업가들은 일정한 지분을 갖고 참여했다. 여기서 일을 하고 싶은 사람은 사원이 되어 공동 작업장에서 분업에 따라 노동을 했다. 출자자도 반드시 노동에 참여했다. 통상 농촌 지역의 합작사는 사원이 10~50명이었다. 회사의 운영은 운영위원회에서 했다. 사원들은 사원 가운데 3~7명의 위원을 선출하고 그들이 운영위원회를 구성했다. 운영위원회는 사원들의 의사를 반영해 회사를 운영했다. 출자자라고 해서 운영에 관여할 수 있는 것은 아니었다. 운영의 내용을 자세히 보면, 통상 총수입의 40퍼센트는 보유금으로 남겨놓았다. 30퍼센트는 기계 등 생산수단, 또는 자본금을 낸 자본가가 출자 비율에 따라 분배받았다. 나머지 30퍼센트는 사원들이 노동량에 따라 분배받았다.

생산합작사는 소비조합과 연계되어 운영되었다. 소비조합은 원료와 자재를 대주고 필요한 경우 중요한 설비를 마련하는 것도 도왔다. 합작사에서 생산한 상품을 판매하는 역할도 했다.

이러한 형태의 생산합작사는 사회주의의 맹아였다. 생산수단의 사적 소유는 인정되면서도 일단 회사가 설립된 이후에는 그 이용권은 회사의 운영위원회에 맡겨져 공동으로 이용되었다. 반半사회주의적 성격을 띤 것이었다. 이러한 성격 때문에 생산합작사는 북한의 사회주의화 과정에서 중요한 의의를 갖는다.

합작사를 확대하는 과정에 방해 세력도 존재했다. 일부 개인 기업가와 상인들이 갓 조직된 합작사에 자본을 갖고 합류해 자기 이익을 꾀하기도 하고, 어떤 이들은 상품이 소비조합에 넘어가기 전에 인수해 이익을 차지하려 하기도 했다. 이런 과정을 거치면서도 생산합작사는 증가해 1948년 말까지는 274개에 이르렀다. 생산합작사와 함께 어업과 수산물 가공업 분야에서도 수산합작사를 조직하기도 했다. 이익금의 50퍼센트는 공동기금으로 남겨놓고, 10퍼센트는 합작사의 경비로, 20퍼센트는 배와 그물 등 출자에 대한 배당금으로, 20퍼센트는 노동에 대한 분배로 사용하는 형태로 운영되었다. 이와 같은 생산합작사와 수산합작사는 수공업자와 어업·수산업 관련자들을 사회주의적 근로자로 변화시키는 방법으로 활용되었고, 북한 경제 체제 전반을 자본주의적 생산 체제에서 사회주의 체제로 전환하는 데 중요한 기능을 수행했다.

사회주의적 농업협동화

1946년 3월의 토지개혁은 토지를 국유화하는 것이 아니라 개인들에게 나눠주는 것이었다. 그래서 북한은 이를 사회주의 개혁 조치라 하지 않고 '민주개혁'이라고 말한다. 토지개혁 이후에도 소유 토지나 가축의 많고 적음에 따라 계급분화가 생겨났다. 이러한 현상을 완화하고 추후 사회주의적 농업협동화의 단계로 나아가기 위한 과도기적 조치로 북한은 우선 '소겨리반'을 조직하는 사업을 적극 진행했다. 겨리는 소 2마리가 끄는 쟁기를 말하는데, 소겨리반은 1~3마리의 소를 갖고 필요한 농가에 가서 쟁기질을 해주는 조직이었다.

북한은 1947년에 소겨리반 조직 사업을 대대적으로 전개해 마을마다 몇 개의 반이 구성되도록 했다. 황해도 황주군 구락면에서는 소 436마리로 218개의 소겨리반을 구성했고, 반원은 1,267명이었다. 이들이 면의 논과 밭을 대부분 갈아주어 농사를 할 수 있도록 했다. 이런 식으로 대부분의 농촌 지역에서 소겨리반이 조직되어 소가 없는 집도 농사짓는 데 문제가 없도록 한 것이다. 이와 함께 전통적인 농업 노동 형태인 품앗이도 활성화시켜 협동노동을 할 수 있도록 적극 지도했다. 품앗이

북한에서 토지개혁이 실시된 이후 소유 토지나 가축의 많고 적음에 따라 계급분화가 생겨났다. 이를 타개하기 위해 소겨리반을 조직했다. 1946년 3월 토지개혁을 홍보하는 포스터.

는 노동력이 한꺼번에 많이 필요한 모내기와 김매기에 주로 활용되었다. 이러한 과정을 통해 협동노동의 효율성을 인식하도록 하고 협동화에 대한 일정한 준비를 하도록 했다.

북한은 국가가 직접 경영하는 국영농장과 목장도 설립해 종업원들의 공동노동으로 농산물을 생산하는 체제도 조금씩 확대해나갔다. 국영농·목장은 황무지 개간을 통해 점차 늘어났다. 1948년 11월에는 대표적인 국영농장인 국영평강종합농장이 강원도에 설립되었는데, 작업을 상당 부분 기계화하고 작물과 가축의 종자도 계량해 생산성 향상을 추구했다. 이 농장은 주변의 농민들에게 견학 교육도 실시해 대규모 영농의 효율성을 홍보하는 역할도 했다. 6·25 전쟁 직전인 1950년 5월에는 이러한 국영농·목장이 15개, 국영종축장이 9개로 확대되었다. 협동화가 전반적으로 진행되는 단계는 아니었지만, 각 도에 2~3개의 국영 농·목·종축장을 설치함으로써 협동화 진행 과정에서 과도기 관리 역할을 하도록 한 것이다.

일정 지역의 관개시설을 만들고 관리하는 국가관개기업소도 곳곳에 설립해 농업생산에서 국가가 관여하는 부분을 확대해나갔고, 국영농사시험장도 농촌 지역에 설치해 농민들의 농사기술을 지도하는 역할을 했다.

1950년대에는 소견리반의 역할을 국영농기계임경소賃耕所가 대체하기 시작했다. 국영농기계임경소는 트랙터를 구비하고 논밭갈이를 비롯한 어려운 농사일을 해주었다. 1950년 2월 제4차 전원회의에서 국영농기계임경소를 설치하는 결정을 내리고 시행에 들어갔는데, 우선 평안북도 룡천·정주·박천군, 평안남도 안주·평원군 등에 세워졌다. 각 임경소에는 몇 대의 트랙터가 보급되었고, 민족보위성과 내무성에서 각각 15명과 20명이 선발·배치되었다. 운영비는 국가예산으로 충당했고 몇 개의 작업반을 나누어 운영되었는데, 소가 없는 농민의 논밭을 우선적으로 갈아주었다. 임경소 설립을 위해서는 트랙터가 필요했는데, 북한은 1948년 5월 트랙터 제작에 성공해 좀더 성능을 개선한 뒤 1950년 임경소가 생기면서 현장에 배치했다.

북한은 이렇게 소거리반, 국영농장, 국가관개기업소, 국영농사시험장, 국영농기계임경소 등 다양한 방법으로 공동노동과 협동노동을 확대한 뒤 6·25전쟁 이후 농업협동화의 단계로 나아갔다.

물 건너간 통일임시정부

★

미소공동위원회 결렬

1945년 12월 제2차 세계대전 이후 국제 문제를 해결하기 위한 미국과 영국과 소련의 외교장관 회담이 모스크바에서 열렸다. 한반도 문제도 논의되었다. 결론은 미국, 영국, 소련, 중국에 의한 5년간의 신탁통치였다. 이 소식이 국내에 전해진 것은 12월 27일이다. 이튿날 서울의 대한민국 임시정부는 반탁운동에 들어갔다. 정당과 사회단체들을 모아 '신탁통치 반대 국민총동원위원회'를 구성하고 대대적인 신탁통치 반대운동에 들어간 것이다. 조선공산당도 처음에는 신탁통치에 반대했다. 하지만 신탁통치가 소련의 의사임을 알고 찬성 쪽으로 방향을 전환했다. 북한의 조선공산당 북조선분국은 12월 30일쯤 찬탁으로 돌아

섰고, 남한의 좌익인사들도 1946년 1월 2일부터는 찬탁으로 돌아섰다.[3]

이로써 북한은 찬탁으로 돌아서고, 통일임시정부에 대한 방안도 논의했다. 조선공산당 북조선분국 집행위원회 회의에서 임시정부 구성 방안까지 구체적으로 논의한 것이다. 여기서 정리된 내용은 통일임시정부는 중앙인민위원회를 최고 권력기관으로 하는 것이었다. 각 도의 행정은 인민위원회가 맡고, 입법기구는 최고인민회의로 한다는 내용이었다. 그리고 항일무장독립운동 세력이 정권의 중추가 되고 친일파와 민족반역자는 철저하게 청산한다는 내용도 포함되었다.

북한은 찬탁, 남한은 찬·반탁의 논란 속에서 모스크바삼상회의에 따라 한반도에 임시정부 수립 문제를 논의하기 위한 제1차 미소공동위원회가 1946년 3월 서울에서 처음 열렸다. 미국 측 대표는 미 군정의 군정장관 아치볼드 아놀드Archibold Arnold 소장, 소련 측 대표는 연해주 군관구 사령부 군사위원 테렌티 스티코프 중장이었다.

소련은 신탁통치에 반대하는 정당과 사회단체는 임시정부에 참여시킬 수 없다고 주장했다. 반탁을 주장하는 것은 우익단체였다. 우익단체를 제외하고 임시정부를 구성하겠다는 것이었다. 미국은 찬성할 수 없었다. 신탁통치에 반대한다고 임시정부에서 모두 제외할 수는 없다고 맞섰다. 이렇게 입장이 첨예하게 맞서 있다 보니 진전이 없었다. 회담은 결실 없이 5월에 휴회에 들어갔다.

제1차 미소공동위원회가 진행되는 동안 1946년 4월 초에는 박헌영이, 4월 말에는 여운형과 백남운과 홍명희가 평양을 방문해 미소공동위원회에 대응하는 방안을 논의했다. 임시정부가 구성된다면 어떤 형

제1차 미소공동위원회가 1946년 3월 서울에서 처음 열렸지만, 회담은 결실 없이 5월에 휴회에 들어 갔다. 제2차 미소공동위원회도 1947년 5월에 열렸지만, 10월 소련 대표단이 서울에서 철수함으로써 성과 없이 끝났다.

태가 되어야 하는지 등에 대해 주로 협의했다. 미소공동위원회를 지지 하는 군중집회도 평양을 비롯한 여러 지역에서 열렸다. 하지만 가장 중 요한 임시정부 참여 세력에 대한 미국과 소련 간의 이견이 좁혀지지 않 아 제1차 미소공동위원회는 성과를 내지 못하고 끝난 것이다. 평양 시 내에는 '김구 타도!', '이승만 타도!'라는 벽보가 무수하게 나붙었다. 김 규식을 비난하는 벽보도 있었다.

이렇게 되자 이승만은 6월 3월 전라북도 정읍에서 남한 단독정부 설 립을 주장했다. "무기 휴회된 공위(미소공동위원회)가 재개될 기세도 보 이지 않으며 통일정부를 고대하나 여의케 되지 않으니, 남한만이라도 임시정부 혹은 위원회 같은 것을 조직하여 38 이북에서 소련이 철퇴되도록 세계 공론에 호소해야 할 것입니다"라고 말한 것이다. 이후 이승만은 본격적으로 단독정부 수립을 추진했고, 1946년 12월부터 1947년 4월까지 미국을 방문해 아침저녁으로 단독정부 수립 지지를 촉구했다.

북한은 3월 토지개혁 이후 민주개혁에 더욱 박차를 가해 6월에는 노동법, 7월에는 남녀평등법을 시행하고, 8월에는 주요 산업에 대한 국유화 조치를 실시했다. 남북이 하나의 임시정부를 만들어내는 노력보다는 각자의 노정을 따라가는 모습이 분명해진 것이다.

제2차 미소공동위원회는 1947년 5월에 열렸다. 10월까지 회의는 계속되었다. 국내 정치 세력들의 미소공동위원회에 대한 기대는 커져 좌익뿐만 아니라 중도파, 일부 우익 세력까지 미소공동위원회 참여를 결정한 상태였다. 한국민주당은 신탁통치 반대는 임시정부 수립 이후 하면 된다는 입장으로 미소공동위원회에 참여하기로 결정했다. 김구가 이끄는 한국독립당의 일부도 이탈해 미소공동위원회에 참가하겠다고 밝혔다. 김구와 이승만 추종 세력을 제외하고 대부분의 단체들이 미소공동위원회에 참여하게 된 것이다. 미소공동위원회에 참여해 통일임시정부를 세우는 데 힘을 보태고 이후 신탁통치 반대도 힘을 모아 하면 성취할 수 있다는 것이 미소공동위원회에 참여한 중도나 우익 세력들의 생각이었다.

하지만 소련과 미국 사이에서 협의 대상 문제는 여전히 미해결 상태였다. 소련은 모스크바삼상회의 지지 세력만 협의 대상이라고 주장했다. 신탁통치에 찬성하는 좌익 세력만 미소공동위원회에 참여시키려

한 것이다. 이에 대해 미국은 우익정당과 단체도 포함시키려 했다.

핵심 문제의 미해결로 미소공동위원회가 교착되어 있는 상황에서 미군정은 8월 중순 좌익인사들에 대한 대대적 검거에 나섰다. 불법 파법을 일으켰다는 이유였다. 소련 측은 좌익 탄압은 미소공동위원회를 방해하는 행위라고 비난했다. 미국은 다시 내정간섭을 말라며 북한에 감금되어 있는 주요 인사를 석방하라고 촉구했다. 이런 공방 속에 1947년 여름부터는 미소공동위원회는 사실상 중단되었다. 이후 9월에 미국은 한반도 문제를 유엔으로 넘겼다. 10월 소련 대표단이 서울에서 철수함으로써 제2차 미소공동위원회도 성과 없이 결렬되었다.

제2차 미소공동위원회 회담을 위해 평양에 갔던 미국 대표 앨버트 브라운Albert Brown이 소련군이 연금하고 있던 조만식을 만나기도 했다. "소련이 미소공동위원회와 협의하기 위한 목적으로 당신이 서울에 가는 것을 허가한다면 기꺼이 조선민주당의 대표로서 행동할 것인가?"라고 브라운이 묻자, 조만식은 "그것이 내가 원하는 바다. 나는 그 외에 다른 희망이 없다"고 답했다.[4] 반탁 입장을 견지하면서도 조선민주당 대표로 미소공동위원회에 참여해 통일임시정부를 만들어내는 데 일조하겠다는 생각이었다. 하지만 소련군은 그의 서울행을 허가하지 않았다.

어쨌든 제2차 미소공동위원회가 결렬되면서 통일임시정부에 대한 희망은 물거품이 되었다. 그 와중에 북한은 이미 1947년 2월 북조선인민위원회를 출범시켰고, 미소공동위원회 결렬 이후 남한은 1948년 8월 15일, 북한은 9월 9일 각각의 정부를 세우게 된다.

『동아일보』의 오보

미소공동위원회가 결렬되었지만, 그 시작은 1945년 12월에 열린 모스크바삼상회의였다. 여기서 신탁통치가 결정되고 그에 따라 남북한을 아우르는 임시정부를 구성하려던 것이 미소공동위원회였다. 모스크바삼상회의 이후 한반도는 찬탁과 반탁으로 나뉘어 좌우가 극심하게 분열되고 그 와중에 미소공동위원회는 결렬되고 친일파는 힘을 얻는 결과를 가져왔지만, 아이러니하게도 신탁통치 첫 보도는 엄청난 오보였다.

1945년 12월 27일자 『동아일보』 1면 머릿기사는 '소련은 신탁통치 주장, 미국은 즉시 독립 주장'이었다. 미국은 한국을 바로 독립시키려고 하지만, 소련이 이를 반대하면서 신탁통치를 주장한 것으로 보도한 것이다. 그런데 신탁통치를 주장한 것은 미국이었다. 미국·영국·중국·소련으로 통치기구를 구성하고, 그 대표인 고등판무관이 통치를 하자는 것이었다. 신탁통치 기간은 5년으로 하고 필요하면 5년 더 연장하자는 내용도 들어 있었다.

미국이 이런 제안을 하자 소련이 이것을 좀 수정했다. 신탁통치를 하되 한국민의 임시정부를 수립해 그 정부를 통해서 하자고 했다. 고등판무관이 통치하도록 하자는 미국의 제안보다는 한국인의 입장을 고려한 것이었다. 기간은 5년으로 한정하자고 주장했다. 역시 이것도 한국인에게 유리한 내용이었다. 모스크바삼상회의에서 채택된 것은 소련의 수정안이었다. 그런데 『동아일보』는 소련이 신탁통치를 주장하고 미국

1945년 12월 27일 『동아일보』 1면에 '소련은 신탁통치 주장, 미국은 즉시 독립 주장'
이라는 기사가 실렸다. 그런데 이 오보는 정치 전략이 담긴 '의도적 왜곡 보도'였다.

은 반대한 것으로 보도했다. 『동아일보』의 이 첫 오보는 이후 국내 언론
의 보도 방향을 결정했다. 모든 신문이 이를 따랐다. 이에 따라 '찬탁=
친소=매국', '반탁=반소=애국'이라는 프레임이 만들어졌다. 우익 세
력은 반탁에 나섰고, 친일파는 우익 세력에 합세했다. 그러면서 친일파
는 애국 세력이 되고, 과거 친일 흔적도 지울 수가 있었다.

그렇다면 왜 이런 오보가 나왔을까? 이는 『동아일보』의 속성과 관련
이 있다. 『동아일보』는 당시 한국민주당의 목소리를 대면하고 있었다.
『동아일보』의 소유주 김성수와 송진우는 한국민주당의 주역이었다. 한
국민주당의 중심은 친일파 지주들이었다. 여기에 미군, 특히 존 하지
John Hodge 중장을 리더로 하는 미 군정은 신탁통치에 반대했다. 남한에

분명한 친미 정권을 세우는 것이 더 중요하다고 보았다. 신탁통치를 바람직한 것으로 보고 추진한 미 국무부와는 다른 생각을 갖고 있었던 것이다. 한국민주당과 미 군정의 이해관계가 맞아떨어져 『동아일보』는 당초 미국(국무부 중심)이 주장한 신탁통치를 소련이 주장한 것으로 보도한 것이다. 소련이 주장했다는 것만으로도 국내 우익의 반발을 사기엔 충분했기 때문이다. 우익은 소련, 공산주의라면 치를 떨었다.

이와 관련해서 중요한 것이 『동아일보』 기사의 취재원이다. 어디서 그런 정보가 나왔겠느냐는 것이다. 이에 대한 심층 연구는 이 기사의 작성과 배포에 도쿄의 미 육군 극동군 사령부와 서울의 주한미군 사령부가 조직적으로 개입했을 것으로 보았다.[5] 태평양 지역 미군들을 상대로 일본 도쿄에서 발행되던 『Pacific Stars and Stripes(태평양성조지)』에 『동아일보』와 같은 날짜에 같은 기사가 실렸다는 것이 유력한 증거다. 극동군 사령부나 주한미군 사령부 모두 신탁통치보다는 남한에 친미정권을 세우는 데 관심을 쏟고 있었다.

이 보도는 단번에 우익을 단결시켜 하나의 목소리로 공산주의에 대항하도록 했다. 우익의 반탁운동이 심화되고 소련은 반소주의자들과 임시정부 논의를 진행할 수 없음을 분명히 하면서 미소공동위원회는 결렬되었다. 남한에 단독정부가 수립되고 친일 세력은 다시 청산을 모면할뿐더러 애국 세력으로 사회 각 분야의 주요 위치에 복귀했다. 한국민주당과 미 군정이 원하는 대로 상황은 진행되었다. 그런 측면에서 당시 『동아일보』의 오보는 단순한 오보가 아니었다. 일정한 정치 전략이 담긴 '의도적 왜곡 보도'였다.

여운형 암살

여운형이 암살된 것은 1947년 7월 19일이다. 서울 혜화동 로터리에서 극우 청년 한지근의 총에 맞아 숨졌다. 그를 쏜 총성은 해방 정국에서 추진되어왔던 남한 내의 좌우합작운동에 종언을 고하는 것이었다. 여운형은 일제강점기 중국과 국내를 오가면서 독립운동을 했다. 공산주의 활동을 하면서 중국공산당의 핵심 인물들과도 교류하기도 했지만, 철저한 공산주의자라기보다는 온건 좌파이자 진보적 민족주의자였다.

해방이 되면서 조선건국준비위원회와 조선인민공화국을 주도하던 여운형은 미 군정 장관의 고문을 맡기도 하고, 북한을 방문해 김일성과 미소공동위원회에 대한 대응 방안을 논의하기도 했다. 1946년 5월 제1차 미소공동위원회가 휴회된 뒤에는 김규식과 함께 좌우합작운동에 매진했다. 좌익 찬탁·우익 반탁의 극한 대립 상황으로는 미소공동위원회의 성공과 통일임시정부의 가능성이 전혀 없다고 보았기 때문이다.

김구와 이승만은 철저하게 반탁을 내세우고, 좌익 세력은 1946년 10월 대구에서 과격한 시위를 벌여 혼란을 야기하는 상황이었기 때문에 미 군정도 여운형과 김규식의 좌우합작운동을 지지했다. 여운형의 온건 좌파와 김규식의 온건 우익 세력이 결합하도록 지원하고, 이 세력을 확장해 남조선과도입법의원을 구성할 계획이었다. 미소공동위원회 회담이 재개되면 이 세력을 통일임시정부의 주도 세력으로 내세울 공산도 갖고 있었다. 이 때문에 여운형은 박헌영에게서 미 군정과 지나치게 가

여운형은 철저한 공산주의자라기보다는 온건 좌파이자 진보적 민족주의자였다. 그의 죽음은 해방 정국에서 추진되어왔던 좌우합작운동에 종언을 고하는 것이었다. 1947년 7월 서재필 박사(가운데) 귀국 당시의 여운형(오른쪽)과 김규식(왼쪽).

깝다는 비판을 받기도 했다.

여운형과 김규식 세력은 그럴 만큼 강하지 못했다. 우파 세력은 김구와 이승만 중심이었고, 좌파 세력은 박헌영이 큰 세력을 갖고 있었다. 이들을 배제하고 좌우익을 통합할 수는 없었다. 게다가 미 군정과 여운형의 계산이 달랐다. 미 군정은 여운형을 박헌영에게서 분리시켜 좌파를 약화시키는 데 더 관심을 두었다. 여운형은 미 군정의 지원을 배경으로 남한에서 좌우합작을 이루는 데 초점을 두었다. 그래서 좌우합작은 제대로 진행되지 못했다.

그 와중에 1946년 11월 좌익 3당 합당 과정을 박헌영이 주도하면서 여운형은 힘을 잃었다. 곧 사회노동당을 창당했으나 세력은 약했다.

12월에 개원한 미 군정 남조선과도입법의원은 이승만과 한국민주당 세력이 대부분이었다. 여운형은 세력을 회복해 좌우합작운동을 해볼 요량으로 남조선노동당과의 합당을 제의했지만, 생각대로 되지 않아 정계 은퇴를 선언했다.

1946년 말부터 1947년 초 여운형은 북한을 방문했다. 김일성은 여운형에게 서울에서 좌익과 중도 세력을 모두 통합하는 일의 중요성을 설명했다. 서울에 돌아온 여운형은 정치를 시작해 1947년 5월 근로인 민당을 창당하고 좌우합작운동을 시작했다. 당시 미소공동위원회가 시작되어 여운형은 좌우합작운동에 더욱 박차를 가했다. 김규식, 홍명희, 김창숙 등을 차례로 만나 통일전선 형성을 강조했다. 미소공동위원회에 참여해 통일임시정부를 구성해야 한다는 점도 호소했다. 이를 위해서는 400개가 넘는 남한의 정당·사회단체 가운데에서 유령 단체를 가려내 통일임시정부에 참여할 수 있는 곳을 선정해야 한다는 점도 강조했다.

하지만 이렇게 미소공동위원회 참여를 주장하며 좌우합작운동에 열심이었던 여운형을 극우 세력은 못마땅하게 생각했다. 특히 남북 합작까지 고려하며 평양에도 오가는 여운형을 '위험한 공산주의자'로 보았을 것이다. 그런 이유로 암살된 것으로 보인다. 좌우합작과 남북 합작을 방해하려는 세력이 그를 제거한 것이다.

그의 사망으로 남한 내 좌우합작운동은 더는 진행되지 않았다. 미 군정과 이승만은 이후 단독정부를 적극적으로 추진했다. 김구와 김규식은 단독정부를 막고 통일임시정부를 세울 수 있는 가능성을 끝까지 찾아보려 했다. 하지만 좌익에 대한 연결고리 역할을 할 수 있는 여운형은 없었다. 그래서 그들은 미 군정의 반대를 무릅쓰고 평양까지 갔다. 그것도 결실 없는 여행이 되고 말았다. 여운형의 빈자리는 그만큼 컸다.

예술도 사상이 있어야 한다[★]

영화를 통한 사상 교육

사회주의 체제에서 예술은 체제의 선전과 인민의 결속을 위해 중요한 도구로 활용된다. 특히 영화는 대중성이 강하고 영향력이 막강해 중요하게 다루어진다. 레닌도 영화를 혁명의 중요한 수단으로 사용했다. 세르게이 예이젠시테인Sergei Eizenshtein과 같은 세계적인 영화감독은 레닌의 영화 중시의 분위기 속에서 탄생할 수 있었다. 북한도 영화는 초기부터 매우 중시했다. '직관예술'이라고 부르며 선전선동에 적극 활용해왔다. 정부 출범 이전인 1947년 2월 7일에 조선예술영화촬영소를 설립한 점만 보아도 북한이 영화를 얼마나 중요시해왔는지 알 수 있다. 김일성은 이곳을 수십 번 방문하면서 영화의 중요성을 강조하고 영화인들을 격려했다.

　김정일도 조직지도부에서 당무 전반을 익힌 다음 선전선동부에서 주로 활동했다. 영화를 이용한 김일성 우상화에 남다른 열정과 능력을 보여 김일성과 항일빨치산 대원들에게서 인정받게 되었다. 지금도 조선 노동당의 부서 가운데 조직지도부 다음으로 중요시되는 부서가 선전선동부다. 김기남이 오랫동안 부장 자리를 지키면서 체제 선전과 민심의 안정을 위한 작업들을 했다.

　영화를 통한 체제 선전을 위해 설립된 조선예술영화촬영소는 평양시 형제산 구역에 세워졌다. 원래는 양말 공장이 있던 곳인데, 김일성이 영화제작소로 지정해주었다고 한다. 자원이 부족한 상태에서 설립된 것이었기 때문에 장비는 제대로 갖춰져 있지 못했다. 그런 가운데서도 여러 기록영화를 만들어냈다. 물론 사회주의 혁명의식을 고양시키는 내용들이었다.

　북한의 예술은 초기부터 사회주의의 선전과 발전에 기여할 때만 의미가 있는 것으로 평가되어왔는데, 1947년 9월 북조선노동당 상무위원회가 '북조선문학예술총연맹 검열 총화에 관하여'라는 제목의 결정서를 채택하면서 이러한 경향은 더 강화되고 공식화되었다. 이 결정서는 영화를 비롯한 연극, 미술, 음악, 문학까지 예술의 전 분야에서 '사회주의적 사실주의'를 당의 유일한 창작 방법으로 규정했다. 단순한 사실적 묘사에 그치지 않고 사회주의 사상을 기반으로 하여 현실을 그려내는 기법을 모든 예술작품이 채택해야 한다는 것이었다.

　조선예술영화촬영소도 기록영화에 머물지 않고 당의 취지를 좇아 사회주의 사상과 예술성을 모두 담을 수 있는 극영화 제작을 추진했다. 2년간 준비 단계를 거쳐 1949년에 첫 극영화 〈내고향〉을 제작했다. 〈내고향〉은 "조선영화사상 처음으로 사회주의적 사실주의 창작 방법을 구현"한 것으로 평가되는 작품이다.[6]

〈내고향〉의 주인공 관필에게는 관식이라는 동생이 있다. 어느 날 관식이 지주 최경친의 아들 인달의 짐을 지게 되었는데, 인달이 관식을 때리는 일이 발생했다. 격노한 관필은 인달을 찾아가 그를 메다꽂았다. 그 바람에 감옥 가는 신세가 되었다. 감옥에서 관필은 항일혁명투사 김학준을 만난다. 그의 영향으로 계급의식을 갖게 되고 탈옥을 한다. 이후 관필은 항일유격대에 들어가 일본군과 싸운다. 열악한 상황에서 일제와 싸우면서도 고향을 그리면서 일제에 복수하고 조국을 찾겠다는 맹세를 수시로 한다. 그런 과정을 통해 관필은 의식이 투철한 항일혁명투사로 성장한다.

이런 내용을 담은 〈내고향〉은 항일투사로 발전해가는 주인공의 성장 과정에 대한 깊이 있는 묘사를 통해 항일유격대의 영웅적 투쟁과 그들의 숭고한 애국심을 그려내고 이를 통해 북한 주민들에게 반反제국주의 · 반反식민주의 사상을 심어주려 했다.

비슷한 시기에 나온 〈용광로〉는 기술과 자재가 터무니없이 부족한 어려운 상황에서 파괴된 용광로를 복구하는 과정을 그린 영화다. 노동자의 불굴의 의지를 형상화해 북한 주민들의 노동 의욕을 북돋우려 한 영화다. 이후에도 〈꽃파는 처녀〉, 〈도라지꽃〉, 〈통일의 꽃〉, 〈림꺽정〉, 〈역도산〉 등 많은 극영화가 조선예술영화촬영소를 통해 제작되었다.

북한은 영화를 통한 체제 선전을 위해 조선예술영화촬영소를 설립했다. 여기에서 제작된 기록
영화들은 모두 사회주의 혁명의식을 고양시키는 내용들이었다. 영화 〈꽃파는 처녀〉의 한 장면.

김일성을 비롯한 영웅적 항일운동가나 불굴의 의지로 각 분야에서 특
별한 성과를 내는 이들을 찬양하는 내용이 많았다.

　이런 영화들은 소도시까지 퍼져 있던 극장에서 상영되었다. 극장이
없는 농촌에는 '이동영사반'이 갔다. 나무와 나무 사이에 하얀 막을 설
치하고 여기에 화면을 비추었다. 문화적 혜택이 부족했던 농민들은
'이동영사반'이 올 때마다 몰려들었다. 최신 북한 영화가 제일 인기가
높았고, 소련 영화에도 관심이 많았다. '이동영사반'은 북조선농민동맹
이 운영했다. 농촌은 환경이 단순하고 농민들은 심성이 소박하기 때문
에 영화로 인한 감동은 더 클 수 있었다. 이런 점을 인식하고 북한이 농

촌에서 영화 상영을 적극 추진한 것이다.

6·25 전쟁으로 파괴되었던 조선예술영화촬영소는 1955년 복원하면서 기존보다 크게 확장했다. 1957년 현대적 제작 설비를 전면적으로 갖추게 되었고, 이해에 조선기록영화촬영소가 설립되면서 이후 극영화만 제작해왔다. 1966년에는 산하에 배우양성소도 설립되었다. 1년간 교육시켜 배우를 길러낸다. 조선노동당의 문예정책, 사회주의미학이론, 연기실습 등으로 커리큘럼을 구성해 교육을 실시한다.

1991년 남북고위급회담 당시 정원식 총리 등 남한 대표단이 이곳을 방문해 〈민족의 운명〉이란 영화 제작 현장을 시찰하고, 당시 북한의 인기배우 문예봉, 홍영희, 김정화 등을 만나기도 했다.

지금은 배우단과 연출, 촬영, 미술, 녹음 등 전문 분야 창작실을 갖춘 대규모 영화 제작 기지로 발전했다. 부지 면적이 100만 제곱미터, 연건축 면적이 10만 제곱미터에 이른다. 실내 촬영장, 편집실, 음악실, 첨단 장비 등도 갖추고 있다. 평양 교외에 따로 마련한 야외촬영장에는 중국, 일본, 유럽 등의 거리 모습이 세트로 세워져 있다. 남한 모습은 서울과 지방도시, 농촌마을 등의 거리가 세트로 만들어져 있다.

재미있는 것은 이곳에 옛날 모습을 한 기차역이 하나 있는데, 역사 앞에는 일제강점기 당시의 증기기관차가 서 있다. 세트로 사용하는 것이다. 그런데 이 역은 진짜 기차역이고, 역장도 진짜 역장이다. 실제 철도와 연결되어 있어서 제작진들이 출장을 갈 때면 여기서 기차를 타고 떠난다. 세트 겸 실제 역인 것이다. 이 영화촬영소에서 제작되는 영화가 1년에 30편 정도 된다.

1972년 국기훈장 1급을 받았고 설립 40주년이 된 1987년에는 김일성훈장을 받았다. 최고 책임자의 직책은 총장이다. 북한은 조선예술영화촬영소 외에도 조선4·25예술영화촬영소, 조선과학교육영화촬영소 등을 운영한다.

전국미술전람회 개최

미술도 영화와 마찬가지로 새로운 국가 건설 단계에서 반反제국주의 의식과 노동 의욕을 고취시키는 데 중요한 도구로 활용되었다. 1947년 부터는 본격적인 대규모 미술전람회가 개최되기 시작했다. 1947년 8·15 해방 2주년을 기념해 제1차 전국미술전람회가 열린 것을 시작으로 1948년과 1949년에도 전국미술전람회가 개최되었다. 평양뿐만 아니라 신의주, 남포, 해주, 원산, 함흥 등에서도 전람회가 열렸다.

1947년의 그림으로 잘 알려진 것은 유화로 그린 〈휴식하는 항일유격대〉다. 중국에서 미술을 공부한 림백이 그린 것이다. 항일유격 대원들이 일제를 공격한 후 눈 속에서 불을 피워놓고 휴식하면서 전투 이야기를 하는 장면을 그린 것이다. 혁명적 낙관주의를 담은 것으로 북한에서 국가 건설과 장차 사회주의 건설에 대한 낙관적 전망을 담은 것이다.

1948년 작품으로는 〈보천보의 횃불〉이 대표적이다. 김형철이 평양미술대학에 재학 중 그린 것으로 역시 유화다. 김일성의 1937년 보천보전투 상황을 그린 것이다. 일제 경찰주재소와 면사무소, 소방서 등을

김형철의 〈보천보의 햇불〉은 김일성의 1937년 보천보전투 상황을 그린 그림이다. 주먹을 높이 들고 시민들을 향해 연설하는 김일성의 모습과 이를 지켜보는 마을 주민들을 그렸다.

공격한 뒤 주먹을 높이 들고 시민들을 향해서 연설하는 김일성의 모습과 이를 지켜보는 보천보 마을 주민들을 그렸다. 김일성의 모습을 영웅적으로, 주민들의 모습을 감격에 찬 모습으로 그려 김일성 우상화의 신호탄 역할을 했다는 평가를 받는다.

1949년 작품으로는 〈기뻐하는 인민들〉이라는 한국화가 잘 알려져 있다. 〈움직이는 공장〉, 〈토지를 받은 기쁨〉, 〈살 찌는 농촌〉 등 3부작으로 되어 있다. 각각 제철소 용광로와 근로자, 땅을 분배받는 농민들이 봉산탈춤을 추는 모습, 땅 주인이 된 머슴 부부의 모내기 장면을 묘사했다. 생산 현장의 활기를 담은 것이다. 이와 같이 1940년대 후반 북한 미술의 특성은 희망에 가득 찬 혁명적 낙관주의, 김일성에 대한 영웅적 형상화, 산업 현장의 생생한 기운 등을 표현하는 작품이 대부분이었다.

조각도 그림과 비슷한 내용들을 담고 있었다. 1947년에 완성된 〈탄부〉는 일제의 학정 아래에서 시달리며 석탄을 캐던 탄부가 해방 후 주인의식을 갖게 되어 착암기를 메고 탄광으로 힘차게 걸어가는 모습을 조각으로 표현한 것이다. 건설노동자나 민주청년동맹원의 활기에 찬 모습 등을 조각으로 형상화하는 등 북한 사회 요소요소에서 자기 역할을 하고 있는 인물을 작품화한 것이 많았다.

그 밖에도 미국이나 이승만을 풍자하는 만화도 많이 그려졌는데, 만화잡지 『호랑이』, 『개벽』 등에서 주로 이런 만화를 볼 수 있었다. 연극이나 가극도 역사적 영웅을 그리거나 항일투쟁과 역경을 딛고 현장에서 투쟁적으로 노동운동을 하는 모습을 표현하는 것이 많았다. 이렇게 1940년대부터 북한은 미술을 비롯한 예술을 북한 사회를 결속시키고, 사회주의 실현에 유리한 환경을 만들어내는 데 적극적으로 활용했다.

원조 개그맨 신불출의 흥망

신불출은 일제강점기 할 말 못하는 민중들의 친구였다. 우리나라 개그맨의 원조라 할 수 있겠는데, 그의 풍자와 해학은 민중들의 이야기를 대신 해주었다. 서울 세종로의 부민관과 종로의 단성사, 을지로의 황금좌, 명동의 국제극장 등의 무대를 누비면서 만담 섞인 노래로, 만담으

로, 연극으로 사람들의 가슴을 한때나마 시원하게 해주었다. 불출ㅈㅃ
은 그의 예명인데, '일본 식민지 세상에 태어나지 말았어야 한다'는 뜻
으로 지었다고 한다. 특히 역사에 기대어 식민지 현실의 울분을 표현한
노래는 장안의 큰 인기를 끌었다. 그런 노래 가운데 1934년에 나온 〈낙
화암〉의 일부를 감상해보자.

'국파산하재 성춘초목심'이라 하는 말처럼
옛 사람의 시가 있는 것 같이 역사도 바뀌고
사람도 가고 사실도 바뀌었으되 강산만은 옛날이나
지금이나 조금도 다름이 없다는 말이거든
그러나 이 바위에 낙화암이란 일컬음만
외롭게 의롭게 남아 있으면 무얼하우

신의와 정열이라는 것은 무엇 말라죽는 것이며
절개라 하는 것은 뉘 집 아해 이름이냔 말이오 어엉
자기 한 사람의 이욕과 영화를 위해서는
아침에 가졌던 신의나 약속이 점심 때도 못돼서
변해져 버리는 것이 이 세상 사람들의 인심이라는구료

그리하여 때와 경우를 따라서는 지난 적부터 이적지까지
남쪽으로 흘러내려가든 강물이 오늘은 북쪽으로도
흐를 수가 있다는구료 글쎄 이런 응 아아

그리고 또 세상은 그새 문명했단 말이야 어으

소위 이른바 개화를 했다는구료 개화 흐흥

이런 노래를 들으며 일제강점기 조선인들은 울분을 달랬다. 신불출은 이런 작품을 만들기 위해 거지, 인력거꾼, 노동자, 농민을 만나 이야기하고, 구전되는 민화들을 채집했다. 읽을 만한 것은 닥치는 대로 읽었다. "만담은 웅변도 강연도 아니고 말장난은 더더욱 아니올시다. 만담에는 사람의 가슴을 찌를 만한 그 어떤 진실이 필요하외다." 그런 만담 철학을 갖고 있었다.

1933년에 내놓은 만담 〈익살맞은 대머리〉는 발매되자마자 앨범이 날개 돋친 듯 팔려나갈 만큼 인기가 있었다. "영감님 대머리는 문어대가리. 어부 있는 해수욕장 못간다드라. 영감님 대머리는 요강대가리. 오줌싸다 맞을까봐 걱정이지요." 이런 내용이다. 이 시기에 홍명희는 소설 「임꺽정」을 『조선일보』에 연재하고 있었다. 임꺽정의 의형제인 박유복이 임꺽정의 부탁을 받고 산을 넘다가 산적을 만난다. 그런데 이 산적의 이름이 바로 신불출이다. 홍명희가 대머리다. 신불출은 만담으로 대머리를 조롱했다. 여기에 홍명희가 글로 보복한 것이다. 신불출은 항의를 해볼까 하다가 보복을 당할까봐 그만두었다고 한다.

은유적인 표현으로 만담을 하고 노래를 만들어 공연하는 그를 일제도 쉽게 어쩌질 못했다. 대중의 사랑을 받는 그를 구속하면 역효과가 생길 수도 있었다. 공연이 끝나면 매질을 하는 정도였다. 신불출은 일제 경찰에 100번 정도는 매질을 당했다고 한다. 일제 말기 사회주의 사상을

신불출의 풍자와 해학은 사람들의 가슴을 시원하게 해주었다. 특히 역사에 기대어 식민지 현실의 울분을 표현한 노래는 장안의 큰 인기를 끌었다. 1933년 발매되자마자 인기를 끌었던 〈익살맞은 대머리〉.

접하게 되면서 그는 만담에 사상을 담았다. 원숭이가 인간으로 진화하는 과정에 대한 만담을 만들었는데, 사회주의를 설명하는 것이었다.

해방이 되어서도 그의 풍자극은 계속되었다. 1946년 6월 10일 6·10 만세 20주년 기념 연예대회에서 태극기의 4괘를 주변의 강대국으로 묘사하고 소련의 신탁통치를 받아야 한다고 주장했다. 우리 속담에 '큰 코 다친다'는 말이 있는데 코가 더 큰 미국이 결국은 쫓겨나게 될 것이라는 이야기도 했다. 우익 세력들의 공격을 받고 병원에 입원까지 했다. 1946년 8월 15일에는 서울 국제극장에서 광복 1주년 기념행사가 있었다. 신불출은 여기서 노래를 했다. 첫 번째 노래는 히틀러와 무솔리니, 일왕을 강도에 비유하는 것이었다. 히틀러는 자살하고 무솔리니는 잡혀죽었는데, 일왕은 왜 재판도 받지 않는가 하는 내용이다. 두 번째 노래는 남한의 현실을 비꼰 것이었다. 이승만은 주한미군 사령관 존 하지에게 아부하고 수도경찰청장 장택상은 이승만의 명령을 법으로 알고, 경찰들은 장택상을 불처럼 두려워하고, 민중들은 경찰의 곤봉을 무서워하는 현실을 풍자했다. 그는 공연 후 체포되었다. 벌금 2만 원을 내고 나왔다. 그러고는 이듬해 산길을 넘어 북한으로 갔다.

북한에서 신불출은 남한의 실정을 비판하는 만담을 주로 했다. 6·25 전쟁 때는 문화선전대 책임자로 일하면서 1950년 7월 중순부터 8월까지 북한이 서울을 점령했을 때 선무방송宣撫放送도 했다.

> 인민군이 들어오면 다 죽는 줄 알고 있던 한 가난한 집 아들이 장독대에 숨었다. 숨이 막힌 나머지 하루 만에 장독에서 나온 이 사내는 마루에 쌀자루가 놓여 있는 걸 보았고 그것이 인민군이 놓고 간 것임을 알고 기뻐했다. 마침 다리에 종기가 나 있던 것이 간장 때문에 말끔히 나아 일석이조가 됐다.[7]

이런 내용의 방송을 서울중앙방송을 통해서 했다. 1957년에는 북조선문학예술총연맹 중앙위원이 되었고, 신불출만담연구소를 세워 활동

했다. 1950년대 말부터 그는 북한 당국이 대본 검열이 심하다며 문제
를 제기하고 검열하지 말 것을 호소하기도 했다. 그러면서 북한의 경직
된 체제와 관료주의에 대한 비판도 했다. 풍자가 몸에 배어 그것을 하
지 않고는 배겨나질 못했던 모양이다.

> 모란봉에 올라 돌을 던지니 장長에 맞더라.
> 두 번째도 장, 세 번째도 장……
> 간장, 된장, 고추장, 청국장을 빼면 또 다른 장長은 무엇이냐?

각종 단체의 장長이 우후죽순인 상황을 풍자한 만담의 한 대목이다.
이런 만담을 하다가 3번이나 구속되었다. 그의 사생활도 문제가 되었
던 것 같다. 여색을 밝히는 것이 종종 문제를 일으켰다. 1953년 봄 같은
동네에 사는 유부녀를 겁탈하려다가 소리를 지르는 바람에 들통났다고
한다. 몰매를 맞고 한 달간 외출을 못했다고 전해진다. 말을 함부로 하
는 것도 문제가 되었다.

1956년 봄 극작가 남궁만과 술을 마신 적이 있었다. 그런데 술이 거
나해진 신불출은 "솔직한 이야기가 계집질을 못해서 못살겠소" 했다고
한다. 여기에 남궁만이 대꾸했다. "자네 머릿속이 그렇게 썩구서도 용
케 만담이 나오는군." 신불출은 다시 능글맞게 받아쳤다. "그것과 만담
과는 원래 다른 게 아니겠나. 좌우간 못살겠어."[8]

이런 일들이 누적되면서 북한 당국의 신불출을 보는 눈도 점차 부정
적인 쪽으로 바뀌어간 것으로 보인다. 그러다가 한설야 등과 함께 김일

성 유일체제를 비판했다는 이유로 1963년에 숙청되었다. 북한의 자료는 이후 뇌출혈로 안면이 마비되었고, 그럼에도 『조선희극사』를 집필하다가 1969년에 7월 사망했다고 밝히고 있다. 하지만 무용가 최승희의 제자로 8년간 요덕수용소에 있다가 탈북한 김영순은 그가 1975년에 요덕수용소에서 사망했다고 한다.

여성 광부의

1947년

미국 여성 언론인 안나 루이스 스트롱Anna Louise Strong은 1947년 북한 전역을 돌며 취재했다. 이를 기록한 것이 「In North Korea」(New York: Soviet Russia Today, 1949)다.[9] 서방 언론인의 시각으로 사회주의화가 진행되던 1940년대 북한을 기록해놓은 것이어서 참고할 만한 내용을 많이 담고 있다. 여기에 그가 동해안 해수욕장에서 만난 30대 여성 이야기가 나온다.

이름은 이매화로 36세였다. 여성인데 광산에서 일하는 광부다. 일제강점기부터 금광에서 오랫동안 일했다. 일반 노동자가 아니라 숙련 기술자다. 지하 100미터에서 무거운 기계를 들고 바위에 구멍을 뚫는 착암기 기술자다.

"무겁지 않아요?"

스트롱이 물었다. 대답은 담담했다.

"예전에 하던 일만큼 힘들지는 않아요. 일제 치하에서 저는 광석을 싣고 그 수레를 미는 일을 했어요. 하루에 13시간 또는 그 이상 일을 했지요. 압축공기 착암기를 작동시키는 일을 하지만 하루 7시간만 일하고 보수도 많이 받고 있어요."

전에는 단순 노동자였다는 이야기다. 오랜 일반 노동자 생활을 하면서 착암기 기술을 익혀 숙련 기술자로 한 단계 승급한 것이다. 1946년 6월 새 노동법 시행에 따라 기본적으로 8시간 노동을 하게 되었다. 위험한 노동은 7시간 이상 못하게 되었다. 광산에서 착암기를 다루는 일은 위험한 노동으로 분류되어 있었다. 부상의 위험이 많았다는 이야기도 된다.

숙련 기술자여서 보수도 많았다. 그녀가 일하는 광산에 노동자가 2,500명인데, 여성은 206명이었다. 206명 중 착암기를 다루는 사람은 단 2명뿐이었다. 월급은 4,000원이었다. 남편도 같은 광산에서 일하는데 2,000원을 받았다. 지상근무를 하고 있었기 때문이다.

"남편이 시기하지 않나요?"

"아녜요. 자랑스러워하죠."

보통 다른 사람들은 하루 광석을 한 수레 정도 캐는데, 이매화는 20수레를 캐서 광산에서 새로운 기록을 세우기도 했다. 남편이 자랑스러워할 만했다. 부부의 월급 6,000원으로 생활은 어렵지 않은 편이었다. 하루 750그램씩 쌀이 배급되었다. 쌀이 배급된다고 해서 공짜는 아니고 1킬로그램에 5원을 냈다. 한 달에 쌀값으로 230원 정도 들었다. 그 외에 필요한 것들을 구입해도 약간의 여유가 있는 편이었다. 괜찮은 집도 갖고 있었다. 1946년 12월 사회보장법이 시행되면서 휴양지에서 휴가도 보낼 수 있게 되었다. 1947년 여름에는 동해안의 해수욕장에서 휴가를 보내고 있었다. 그러다 스트롱을 만난 것이다.

1946년 11월과 1947년 2~3월에 실시된 인민위원 선거에도 직접 참여해 한 표를 행사했다. 서방의 언론인답게 스트롱은 "후보가 한 사람뿐이고 여기에 찬반 의사 표시만 하는 선거가 의미가 있느냐"고 질문했다. 이매화의 답은 "당이 알아서 좋은 후보를 내세운다"는 것이었다.

"정당은 우리 광산과 공장에서 모임을 주최하였고, 인민들의 기호를 알아냈습니다. 그리고 나서 그들은 함께 가장 적절한 사람을 추천하였던 것입니다. 나는 여기에서 무엇이 잘못되었고 미국인들이 왜 그것을 좋아하지 않는지를 모르겠어요."

서구식 잣대로 자신들의 제도를 평가하지 말라는 이야기였다. 실제로도 이매화가 사는 지역에서는 광산에서 존경받는 노동자가 인민위원 후보로 추천되었다는 것이 그의 평가였다. 1947년 서방의 언론인이 만난 북한의 광산 노동자는 대체로 자기 생활에 만족하는 편이었다. 월급, 노동시간, 복지 대부분 이전보다 좋아졌다는 이야기다. 찬반 투표식의 선거에 대해서도 불만이 표출되지는 않았다. 이는 스트롱이 만난 이매화가 숙련 기술자였기 때문이기도 할 것이다. 일반 노동자라면 부부의 월급 합계가 4,000원 정도였을 것이고, 그에 따라 생활수준, 복지나 선거에 대한 만족도 등 모든 면에서 이보다는 좀 낮은 수준이었을 것으로 짐작해볼 수 있겠다.

1948년

제4장

×××

조선민주주의인민공화국 수립

★ 정규군 완성

조선인민군 출범

1947년 5월 17일 보안간부훈련대대부는 북조선인민집단군 사령부로 개칭되었다. 이후 상당한 준비 기간을 거쳐 1948년 2월 8일 조선인민군이 공식 출범했다. 이날 오전 10시 평양역에서 한 출범식은 거대한 행사였다. 북한의 핵심 인물들과 북한 주둔 소련군의 주요 인물들이 대거 참여했다. 김일성 북조선인민위원장, 김두봉 최고인민회의 상임위원장, 최용건 조선인민군 초대 총사령관, 강건 총참모장 등이 모두 참석했다.

소련군 측에서도 조지 코로트코프George P. Korotkov 북한 주재 소련군 사령관, 조지 샤닌George I. Shanin 참모장을 비롯해 여러 장성이 참석했다. 평양 시내는 명절날처럼 단장되었고, 이른 새벽부터 수십만의 군중이 평양역 광장으로 모여들어 인산인해를 이루었다. 김일성이 연설을 했다. 인민 군대를 가지게 됨으로써 완전한 자주독립을 이루게 되었다는 요지의 연설이었다.

우리에게는 아직까지 이 모든 성과들을 무력으로 보위할 조선인민군대가 없었습니다. 어떠한 국가를 물론勿論하고 자주독립국가는 자기의 군대를 반드시 가지고 있는 것입니다.……우리 조선 인민은 어디까지던지 자기 운명을 자기 손에 틀어쥐고 자기가 주인으로 되는 완전 자주독립국가 건설을 위하여 자기의 손으로 통일적인 정부를 수립하기 위하여 모든 준비와 대책이 있어야 할 것입니다.[1]

공식적인 정부가 출범하기도 전에 군대를 조직하는 것은 무력 통일을 위한 것이 아니냐는 국내외의 우려를 의식한 듯 "인민군대를 창설하는 것은 일부 반동분자들이 악선전하고 있는 것과 같이 동족 내란을 일으키는 것이 아니라, 오히려 반동파들의 그러한 민족 분열과 동족 살해를 미연에 방지하는 것입니다"라고 강조하기도 했다.[2]

김두봉도 연설을 했는데, 그는 조선인민군 창설이 소련의 도움으로 가능했음을 강조했다. 그러면서 조선인민군의 창설로 북한 인민들이 인민정권과 민주건설을 보위하고 인민의 복리와 평화를 수호하는 인민의 군대를 갖게 되었음을 역설했다. 또한 조선인민군이 김일성의 항일투쟁 전통을 이어받은 것이라고 분명히 말하기도 했다.[3] 연안파의 리더

조선인민군은 1948년 2월 8일에 공식 출범했다. 김일성은 인민군대 창설로 완전 자주독립을 이루게 되었다고 강조했다. 조선인민군 출범식 당시 김일성 초상화 양쪽에 태극기가 휘날리고 있다.

가운데 한 사람이면서도 자신들이 창설한 조선의용군의 전통을 강조하지 못하고 만주파의 정통성을 인정해준 것이다. 소련의 지원을 받고 있는 김일성 정권에 연안파가 단순한 하나의 지원 세력으로 참여하고 있는 모습을 여실히 보여주는 부분이기도 하다.

기념식이 끝난 뒤에는 열병식도 진행되었다. 기관총부대가 먼저 가고, 다음으로 포병부대가 뒤따랐다. 몇 대의 항공기가 공중을 돌며 선전 팸플릿을 뿌리기도 했다. 물론 무기들은 모두 소련제였다. 소련에서 사용하던 것이었지만 비교적 깨끗하게 수리되어 열병식에 선을 보인 것이다.[4]

조선인민군 총사령부의 초대 사령관은 최용건이었다. 부사령관 겸 문화부사령관 김일, 포병부 사령관 무정, 후방부 사령관 최홍극, 총참모장 강건, 부총참모장 황호림, 통신부장 박영순, 공병부장 박길남, 작전부장 류신이 그 아래에 있었다. 실제 병력은 2개 사단과 1개 여단을 갖추고 있었는데, 제1사단은 개천에 자리를 잡고 있었으며, 사단장은 김웅, 참모장은 최광이었다. 나남에 있던 제2사단의 사단장은 리청송, 참모장은 리익성이었다. 제2사단 예하 4개의 연대는 류경수, 최용진, 리영호, 한진덕이 맡고 있었다. 원산에 자리 잡은 제3혼성여단의 여단장은 김광협, 참모장은 오진우였다.

1946년 초 보안대대부의 설립으로 시작된 정규군의 창설 작업은 1946년 8월 보안간부훈련대대부, 1947년 5월 북조선인민집단군을 거쳐 1948년 2월 8일 조선인민군 창설로 마무리되었다. 물론 그 주역은 만주파였다. 김일성, 최용건, 김책, 강건, 안길, 김일金—, 김광협 등이 중심인물이었다. 조선의용군 출신 연안파도 중요한 역할을 했다. 무정, 김웅, 리상조, 박효삼, 리권무, 리익성 등이 여기에 속한다. 군 창설의 또 다른 주역 소련파로는 리동화, 류성철, 최표덕, 김봉률, 박길남, 리청송, 한일무, 김일金日 등이 있었다.

그런데 북한은 조선인민군이 출범한 2월 8일이 아니라 4월 25일을 창군기념일로 내세우고 있다. 1977년까지는 2월 8일을 기념하다가 1978년부터 4월 25일로 바꿨다. 김일성이 1932년 4월 25일 만주 안투安圖에서 '조선인민혁명군'을 조직해 반일유격투쟁에 나섰기 때문에 이 날을 기념하기로 했다는 것이다. 이는 김일성 우상화와 김일성 유일체계를 강화하기 위한 조치이고, 북한이 실제로 현대적인 정규군을 공식 출범시키고 공식 기념행사까지 치른 날은 1948년 2월 8일이다.

기관단총 첫 시제품 생산

북한의 군수산업 기반은 매우 열악했다. 일제강점기 북한 지역에 그나마 있던 병기 수리소들을 일제가 파괴하고 떠났기 때문에 바닥에서 출발해야 하는 상황이었다. 일제가 조선인에게는 무기 생산기술을 배울 수 없도록 했기 때문에 기술인력이 없었고, 자금과 자재도 부족했다. 그런 가운데서도 북한은 1946년 군 창설 작업을 시작하면서 무기를 만드는 일에도 차츰 관심을 쏟기 시작했다. 우선은 일제가 부수고 간 병기 수리소를 복구하는 일부터 했다. 동시에 병기 기술자를 양성하는 작업도 시작해 1946년 포병기술훈련소를 설립했다.

복구한 병기 수리소를 변형시켜 1947년 9월 병기공장을 세웠다. 여기에서 기관단총을 생산했다. 병기 수리소에서 수리 외에 할 수 있었던 것은 부속품 일부를 만드는 것이었다. 그러니 기관단총의 설계도가 있을 리 없었다. 공정을 아는 사람도 없었다. 많은 시행착오를 거치면서 낮은 수준부터 스스로 기술을 개발하는 수밖에 없었다.

오랜 시간이 걸려 기관단총의 첫 시제품을 만들어낸 것은 1948년 3월이었다. 그런 상황에서 첫 시제품을 만들어낸 것이어서 북한은 여기에 큰 의미를 두었다. 『조선전사』는 "기관단총의 생산, 이것은 군수공업기지를 꾸리기 위한 우리 인민의 투쟁에서 거둔 자랑찬 승리였다"고 기록한다.[5] 이후 여러 차례 반복 제작을 해본 후 12월에는 공식 사격 시험행사도 했다.

1949년 2월에는 작은 병기공장을 대형공장으로 확대했다. 그렇게

북한은 1948년 3월에 기관단총의 첫 시제품을 만들어낸 후 "우리 인민의 투쟁에서 거둔 자랑찬 승리였다"라며 의미를 부여했다. 평양에서 생산된 최초의 따발총을 수여받은 최용건, 김책, 김일, 강건(왼쪽부터). 오른쪽에서 두 번째는 김일성.

세워진 것이 평안남도 성천군 군자리의 '65호 공장'이다. 여기서는 기관단총뿐만 아니라 권총과 박격포 등도 생산하게 되었다. 또 이 무기들에 맞는 포탄과 총알을 생산하는 체계도 갖추었다.

해군 강화를 위해 군함도 건조했는데, 우선 파괴된 조선소들을 복구했다. 역시 복구 후 설계도면을 그리는 일부터 시작해 오랫동안의 연구와 실험 끝에 1949년 8월 첫 경비함을 건조했다. 김일성이 직접 승선해 시험 항해를 했고 '로동'이라는 이름도 지어주었다고 한다. 초기에는 원산조선소만 군함 건조 작업을 했지만, 이후 남포조선소도 군함을 만들었다.

기본적으로 1940년대 북한의 군수산업은 낮은 수준이었다. 조선인민군에서 실제로 근무했던 사람들의 이야기도 1946년 말까지는 소총 지급이 3명당 1정 정도였고, 중대당 1정의 경기관총이 갖춰졌을 뿐이었다는 것이다. 1946년 말부터 소련 무기가 지급되기 시작하고, 1947년 초 소련의 박격포와 중기관총, 기관단총이 대규모로 지원되면서 무장 상황이 크게 나아졌다. 이처럼 소련에 대한 의존도가 높았지만, 북한 나름의 무기 생산을 위한 노력도 계속한 것이다.

★

국내파의 몰락과
소련파의 득세

김일성의 국내파 비판

1948년 3월 27~30일 북조선노동당 제2차 전당대회가 열렸다. 남한의 단독선거에 대한 대응 방안, 최고 입법기관의 구성, 통일적 중앙정부 등 굵직한 사안들이 논의 대상이었다. 하지만 이러한 논의는 당의 소수 수뇌부가 수시로 모여서 논의를 하고 있었을 것이고, 실제로는 국내파 공산 세력에 대한 비판과 그를 통한 세력 약화가 전당대회의 주요 목적이었다. 아니나 다를까 김일성은 중앙위원회 사업결산 보고를 하면서 오기섭을 맹비난했다.

당내 일부 동지들은 아무런 당 생활도 해보지 못하고 과거 협소한 지방 그룹에서 자기 이상은 아무것도 없다는 천상천하 유아독존의 생활을 해내려오던, 마치 우물 안의 개구리들이 조그마한 우물 범위의 하늘만 보듯 그룹 영수 노릇을 한 개인 영웅주의 사상에 물들어 있는 종파주의자로 남아 있다.……그러한 종파주의자들은 한 지방씩 할거하여 오랫동안 케케묵은 종파적 생활을 연장시키려고 시도하고 있다. 예컨대 오기섭 동무는 대표적인 존재이다.[6]

종파주의자, 정실주의자, 자유주의자라는 비난이었다. 이렇게 실명을 거론하며 맹공격을 퍼부은 김일성은 오기섭이 북한에 독립적인 공산당 중앙을 창설하는 것도 반대하고, 토지개혁 당시에는 평안북도에 대한 지도를 제대로 하지 못했다는 것도 거론하며 공세를 강화했다. 김일성은 오기섭과 같은 종파주의자들이 당내에 여전히 있다면서 국내파 전반으로 전선을 확대했다. 오기섭과 가까운 정달헌, 최용달, 리강국, 리봉수, 리순근 등이 비난의 대상이 되었다.

국내파였지만 해방 직후 김일성 세력에 가담한 북조선노동당 중앙위원회 부위원장 주영하와 소련파인 조선노동당 조직부장 허가이, 함경남도 당위원장 김열, 강원도 당위원장 한일무 등이 김일성의 공격에 합세했다. 김열과 한일무도 소련파였다. 전향한 국내파와 소련파를 동원해 국내파를 공격한 것이다. 특히 한일무는 오기섭, 정달헌, 최용달, 리강국의 과오를 하나하나 거론하면서 비난의 강도를 더했다. 오기섭을 두고는 원산 지역의 당 간부를 상대로 교육하면서 당의 노선과 다른 종파적인 내용을 강조했다고 지적했다. 정달헌은 함경남도 당위원장을 맡고 있으면서 가까운 사람을 중심으로 조직을 운영했다고 비난했다. 최용달에 대해서는 사법기관에 "좋지 못한 분자들"을 채용했다면서, 리강국은 "파당쟁이"를 비호했다고 공격했다.[7]

최용달과 리강국은 김일성 세력의 공세에 위축되어 자아비판을 했다. 하지만 오기섭은 반성하면서도 한편으로는 항변하고 억울함을 호소했다. 황해도에서 '위대한 아버지'라고까지 불린 무정이 더 비판받아야 한다고 강조했다. 여기에 다시 소련파의 거두 허가이가 나서서 "자기 위신을 위하여는 무엇이든지 한다는 사상이며 가장 위험한 것입니다"라며 재차 공격했다.[8]

이렇게 파상 공격을 받은 국내파는 북조선노동당 제2차 전당대회를 계기로 세력을 크게 잃었다. 오기섭과 리순근만 당 중앙위원 67명에 겨우 포함되는 정도였다. 오기섭은 서열 42위, 리순근은 45위였다. 정달헌과 최용달, 리봉수는 중앙위원 명단에서 빠졌다.

사전에 중앙정치위원과 각 도 당위원장들이 모여 중앙위원 후보자를 추천해놓고는 전당대회에서 한 사람씩 이름을 호명하고 그에 대해서 대의원들이 거수로 결정하는 방식으로 중앙위원을 선출했다. 이때 대의원들이 약력을 소개하라고 하면 일어나서 약력을 소개했다. 제2차 전당대회에서 선출된 67명 가운데 66명은 대의원 990명의 만장일치로 선출되었다. 오기섭 한 사람에게만 5개의 반대표가 나왔다. 오기섭만 일어나 약력을 소개하기도 했다. 그는 김일성의 비판에 대해 항변하려 했지만, 대의원들이 "약력만 소개하시오"라고 소리치는 바람에 못했다. 국내파는 그렇게 권력을 잃어갔다.

제4장 **조선민주주의인민공화국 수립**

오기섭은 중앙위원이 되긴 했지만 중앙위원회 상무위원회에 들어가지 못했다. 대신 북한 정권 초기의 대표적인 테크노크라트technocrat 정준택과 정일룡이 포함되었다. 그나마 오기섭과 리순근을 중앙위원에 포함시킨 것은 국내파를 한꺼번에 내치는 것은 최고 지도부에 부담이 될 수 있었기 때문이다. 더욱이 국내파와 연계되어 있는 남조선노동당이 남한에 여전히 남아 있었다. 국내파에 대한 지나친 압박은 김일성 세력이 남조선노동당과의 관계를 원만하게 유지하는 데 장애가 될 수 있었다. 그래서 약간의 안배가 있기는 했지만, 제2차 전당대회는 국내파가 몰락하는 결정적 기로에 서는 계기가 되었고, 이후 국내파는 활력을 찾지 못했다.

'당박사' 허가이의 권력

해방 직후 북한의 국가 건설 과정에서 활동하는 여러 그룹 가운데 소련파는 소련군 진주 당시 소련에서 건너온 한인들을 가리킨다. 소련파는 크게 네 갈래로 나눌 수 있는데, 첫째는 소련에서 당이나 학교 등에서 일하던 민간인들이다. 허가이, 김열, 박영빈, 박의완, 박길룡, 리달진, 기석복 등이다. 이들은 북한에 들어와 당과 행정기관, 교육기관, 언론기관 등에 배치되었다.

둘째는 김일성이 속해 있던 소련군 제88특별정찰여단에 있다가 소련군이 북한에 진주할 당시 함께 온 이들이다. 유성철, 박길남, 김봉률,

전학준 등이다. 셋째는 정규 소련군에서 군인으로 복무하다가 소련군이 북한에 진주할 당시 함께 온 이들이다. 최종학, 리춘백, 장학봉 등이다. 둘째와 셋째 갈래는 주로 조선인민군에서 활동했다. 넷째는 소련공산당의 공작원 출신들이다. 박정애, 박창옥, 한일무, 방학세 등이다.

이들 소련파는 각 분야에서 소련군을 도와 북한의 국가 건설 작업 과정에서 중요한 역할을 수행했다. 하지만 국내파와 연안파의 주요 인물들이 숙청된 이후에는 이들도 주요 직위에서 밀려났다. 이들 가운데 많은 사람이 6·25 전쟁과 1956년 반反김일성파 숙청 회오리인 '8월 종파사건' 이후 숙청되어 소련으로 돌아갔다.

허가이는 소련파의 핵심이었다. 본래 소련 연해주 포시에트Pos'et 지역에서 소련공산당의 지방 간부로 있다가 우즈베크공화국 타슈켄트주 하치르치크 구역의 당비서로 일했다. 1940년대 소련에 있던 한인들 가운데에서는 가장 높은 직위였다. 1945년 12월에 입북하자 소련군은 공산당 간부를 지낸 허가이에게 북한 지역의 공산당 조직을 맡겼다. 그래서 김일성을 도와 당을 건설하고 조직화하는 데 중요한 역할을 했다.

1946년 8월 북조선공산당과 조선신민당이 합쳐져 북조선노동당이 창당될 당시에는 중앙위원과 상무위원이 되었다. 그러다가 당의 2인자가 된 것은 1948년 3월 북조선노동당 제2차 전당대회에서다. 이 대회의 중요한 의제는 오기섭, 정달헌, 최용달, 리강국 등을 대상으로 한 종파주의 척결이었다.

이렇게 종파주의에 대해 비판한 북조선노동당은 이후 조직을 추스르고 조직 규율을 강화할 필요가 있었다. 조직전문가 허가이의 역할이 더

허가이는 소련군에서 공산당 간부를 지낸 경험으로 북한 지역의 공산당 조직을 담당했으며, 김일성을 도와 당을 건설하고 조직화하는 데 중요한 역할을 했다. 1948년 8월 30일 북조선노동당 결성 후 당 고위 간부들이 기념촬영을 했다. 앞줄 왼쪽부터 허가이, 김일성, 레베데프, 김두봉, 이그나티예프, 김책.

필요해진 것이다. 그래서 제2차 전당대회 다음 날 열린 중앙위원 전원회의에서 정치위원 7명이 선출되었는데, 허가이도 여기에 이름을 올렸다. 만주파의 김일성과 김책, 연안파의 김두봉와 박일우와 최창익, 국내파의 주영하가 함께 정치위원이 되었다. 곧이어 당중앙위원회 위원장과 부위원장 선출이 있었는데, 위원장에는 김두봉이 다시 선출되었고, 부위원장에 김일성과 허가이가 선출되었다. 주영하가 부위원장이었는데, 주영하를 밀어내고 그 자리를 허가이가 차지한 것이다.

허가이는 이제 당의 2인자가 되었다. 당시에도 당의 실권자는 김일성이었다. 다만 조선신민당과 통합한 지 얼마 안 되는 시점이어서 김두봉에게 위원장을 맡긴 것이다. 김두봉은 당의 외형상 리더였고, 실질적인 힘은 김일성에게 있었다. 허가이는 김일성과 함께 부위원장을 맡으면서 2인자가 된 것이다.

입북 당시부터 조직 문제를 담당해온 허가이는 북조선노동당 창당 당시 당 조직부장을 맡아 당을 실질적으로 통합해왔다. 1946년 말에는 당원에 대한 검열을 강화해 심사 대상 당원의 5퍼센트를 출당시키기도 했다. 그는 소련식으로 노동자가 당의 중심이 되어야 한다고 보았다. 농민과 지주, 기업가 출신들이 너무 많이 들어와 있는 점에 대해 불만스럽게 생각하고 검열을 강화한 것이다. 이러한 검열 사업을 통해 허가이는 약해진 당원의 규율을 강화하고, 사회주의 혁명정신이 투철한 당을 건설하고자 했다. 이렇게 당무의 핵심 분야인 조직 문제를 다루면서 능숙한 수완을 발휘해 '당박사黨博士'로 불리기도 했다. 그런 그가 제2차 전당대회에서 부위원장 자리까지 얻게 되면서 그의 권력은 일인지하만인지상一人之下萬人之上이 된 것이다.

허가이는 1949년 6월 북조선노동당과 남조선노동당이 합당해서 조선노동당이 만들어졌을 때도 부위원장을 맡았다. 김일성이 위원장이 되고, 부위원장은 박헌영이 차지했다. 김일성 바로 아래에 박헌영과 나란히 선 모양새였다. 1951년 1월 김책이 사망하자 내각 부수상에도 임명되었다. 하지만 박헌영과 가까워지면서 김일성의 견제를 받게 되어 1953년에 숙청되었다.

통일정부를 향한 마지막 몸부림 [★]

성시백의 활약

1947년 10월 미소공동위원회가 결렬되면서 남북의 지도자 간 회담을 통한 문제 해결이 시도되었다. 김일성은 남한 내 단독정부 반대 세력, 즉 중도파나 우익 세력과 연대할 필요가 있다고 보았다. 하지만 박헌영은 김구, 김규식, 홍명희 등 단독정부 반대 세력도 우익적 반동 세력에 불과하다고 판단해 연대를 반대했다. 또, 남한에서는 남조선노동당의 세력이 강하기 때문에 이들 세력의 도움 없이도 유엔 한국임시위원단의 활동과 단독정부를 막을 수 있다고 생각했다. 1947년 말과 1948년 초 남북노동당 연석회의가 열려 이 문제를 논의했지만, 의견이 하나로 통일되지 않았다. 결국 남조선노동당은 남한에서 독자적인 단독정부 반대투쟁을 전개하고, 남북 합작 문제는 북조선노동당이 맡기로 했다.

북조선노동당은 남한의 정당·사회단체와 연대하기 위한 활동을 1947년 10월쯤부터 본격화했다. 김구의 한국독립당, 김규식의 민족자주연맹, 홍명희의 민주독립당, 김원봉의 인민공화당, 이용의 신진당 등과 접촉한 것이다. 민족자주연맹은 좌우 합작이 결렬되고 난 뒤 다시 합작을 추진하기 위해 1947년 12월 15개 정당과 25개 사회단체가 모여서 구성한 단체였다. 이용은 구한말 고종의 밀사로 네덜란드 헤이그에 파견되었다가 순국한 이준의 장남이다.

남북의 연대에 중요한 역할을 한 인물이 성시백이다. 1905년 황해도 평산에서 출생해 서울에서 중학교 재학 중 3·1 운동에 참가하고, 1920년대 고려공산청년회에서 활동하다가 중국 상하이로 망명했다. 1932년 중국공산당에 입당해 활동하다가 체포되어 수감생활을 하기도 했다. 1937년 제2차 국공합작 이후 중국공산당 충칭重慶 지부에서 활동하면서 대한민국 임시정부 인물들과 교류했다. 당시 중국공산당 충칭 지부를 책임지고 있던 저우언라이와도 친분이 깊었다. 해방 후 1946년 2월 월북해서 조선공산당 북조선분국 사회부(통일전선부의 전신) 부부장을 맡았다. 3월부터 김일성의 지시를 받아 서울의 박헌영과 연락하고 남한 정세 파악 등의 업무를 맡았다. 1946년 12월부터는 서울에 와서 남한 내 우익과 중도파 정당·사회단체, 미 군정청, 경찰, 군 등을 상대로 정보 수집과 공작 활동을 했다.

성시백은 평양에서 김일성의 지시를 직접 받아 38선을 부지런히 오갔다. 김구를 만나 김일성과의 회담을 제안하고, 김규식과 홍명희를 만나기도 했다. 김구의 측근 엄항섭과 안우생, 김규식의 비서 권태양, 민족자주연맹의 박건웅, 조소앙의 비서 김홍권, 근로인민당의 최백근, 민주독립당의 강병찬 등을 빈번하게 만났다. 미 군정의 사찰을 피해가며 해야 하는 일이었다. 게다가 남조선노동당까지 은근히 방해를 하고 있는 상황이었다.

성시백을 위시한 북조선노동당의 활동과 남한 단독정부 반대 세력 나름의 정세 판단이 서로 연결되면서 1948년 초 남북 사이의 회담 분위기는 무르익게 되었다. 북조선노동당은 남북한의 합작을 적극 추진하게 되면 성공 여부에 관계없이 큰 명분을 얻을 수 있었다. 통일임시정부는 이루어지지 않더라도 '노력은 충분히 했다'는 명분을 갖고 북한의 단독정부 수립으로 나갈 수 있었다. 남한의 단독정부 반대 세력은 북한과 연계해서 단독정부를 막는 것이 큰 목표였겠지만, 성공 여부와 관계없이 통일정부를 추구하는 것을 당위로 여기고 있었다.

이렇게 대화 분위기가 조성되자, 1948년 2월 중순 김구와 김규식은 김일성과 김두봉에게 편지를 보냈다. 북한의 주요 세력들은 서신의 진의를 놓고 왈가왈부했다. 허가이와 김열 등 소련파는 김규식이 미 군정과 가깝다며 미국의 음모를 경계해야 한다고 주장했다. 김두봉과 최창익 등 연안파는 김구와 김규식의 진정성을 믿어보자고 주장했다. 주영하와 최경덕 등 국내파, 김일성과 김책 등 만주파도 연안파와 같은 의견이었다. 정치 공작원을 파견해 서울에서 활동하는 성시백을 만나 상황을 알아보도록 했다. 당 대남연락부장 림해까지 파견해 이들의 진의를 알아보았다.

림해는 서울로 내려와 성시백을 만나고 그를 통해 홍명희, 백남운, 김원봉, 엄항섭, 안우생, 박건웅, 권태양과 면담했다. 평양으로 돌아간 림해는 북조선노동당 정치위원회 확대회의에서 보고했다. 김구와 김규식의 회담 제의가 진정성이 있다는 내용이었다. 더불어 김구와 김규식이 남북 회담을 제의한 데에는 그들 주변에 있는 성시백과 연결된 인물들이 적지 않게 영향을 끼쳤다는 것도 보고했다. 림해가 성시백의 서울 활동을 매우 효과적인 것으로 평가한 것이다. 결국 북한은 회담을 하기로 하고, 3월 25일 평양방송을 통해 이를 발표했다. 하지만 그 형태는 요인 회담이 아니라 정당·사회단체 연석회의를 하자고 제안했다. 김구, 김규식, 조소앙, 박헌영, 허헌, 홍명희, 백남운, 김원봉, 김붕준 등의 주요 지도자들과 민족자주연맹, 한국독립당 등 17개 정당들을 초청 대상으로 했다.

김구와 김규식에게는 김일성·김두봉의 서한을 따로 보냈다. 성시백이 백남운에게 전하고 백남운이 직접 전달했다. 그 외 주요 지도자와 정당들에도 초청장을 전달했다. 성시백이 만들어놓은 네트워크를 통해 전달되었다. 김구, 김규식 등이 수용 의사를 밝혀 '전조선 제정당사회단체대표자 연석회의', 즉 남북연석회의가 열리게 되었다.

김구의 방북

평양에서는 갑자기 벽보 제거 작업이 대대적으로 벌어졌다. 1946년 5월 제1차 미소공동위원회가 성과 없이 끝난 뒤 평양 시내에는 '살인 강도단 두목 김구·이승만 타도하자!'라는 벽보, 특히 '삼천만이 다 죽더라도 숙망이던 황제 노릇 해보고야 말겠다'라는 내용의 김구를 비방하는 포스터 등이 곳곳에 붙어 있었다. 김규식을 비난하는 내용도 많았다. 김구와 김규식이 평양에 올라온다는 소식이 전해지자, 이들을 비난하는 벽보를 대대적으로 제거하기 시작한 것이다.

남북연석회의는 4월 19일 모란봉극장에서 시작되었다. 이 극장은 일제강점기 평양 신사가 있던 언덕 위에 새로 지은 단층건물이었다. 회의장에는 '통일적 민주주의 자주독립국가 건설을 위하여 전조선 인민은 단결하라'는 구호가 걸려 있었다. 한반도 지도가 그려진 깃발도 내걸렸다. 북측에서는 북조선노동당 60명, 조선민주당 60명 등 15개 정당·사회단체 대표 300명이, 남측에서는 남조선노동당 39명, 사회민주당 7명 등 31개 정당·사회단체 대표 245명이 참석했다. 남한의 민족주의자들과 북한의 공산주의자들이 한데 모여 통일정부 구성의 방안을 놓고 토론했다. 첫날 이후 도착한 사람도 있어서 남북연석회의에 참가한 인원은 56개 정당·사회단체 대표 695명에 이르렀다.

김구는 4월 19일 오전 서울을 출발하려고 경교장을 나섰다. 하지만 수많은 인파가 그의 평양행을 막았다. 이승만과 미 군정의 영향력 아래 있는 단체들이었을 것이다. 오후 2시쯤 겨우 경교장을 출발했다. 아들

남북연석회의는 4월 19일 모란봉극장에서 시작되었다. 김구는 19일 오전 서울을 출발하려고 경교장을 나섰지만, 수많은 인파가 그의 평양행을 막았다. 황해도 여현의 38선 푯말 앞에 비서 선우진(왼쪽), 아들 김신(오른쪽)과 함께 선 김구.

김신, 비서 선우진 둘만 대동했다. 오후 6시 4분 38선을 넘었다. 황해도 남천읍에서 1박을 하고 20일 오후 4시쯤 평양에 도착했다. 김규식은 망설임 끝에 22일 평양에 도착했다.

고위급 인사들은 당시 미 군정의 허가를 얻어 방북했다. 하지만 이미 38선의 경계는 강화되어 일반인의 방북은 자유롭지 못했다. 남북연석회의에 참석한 많은 사람이 실제로는 미 군정의 공식 허가를 받지 못해 몰래 송악산을 넘어 평양으로 갔다. 김정일의 아내 성혜림의 어머니 김원주는 당시 서울에서 좌익여성단체인 조선부녀총동맹에서 문교부장으로 활동하고 있었다. 김원주는 동료 3명과 함께 개성까지 기차를 타고 가서 밤에 송악산을 넘어 북한으로 들어가 남북연석회의에 참석했다.

김구는 19일 도착 직후 상수리 초대소에 짐을 풀고 북조선인민위원장실로 찾아가 김일성을 만났다. 김일성은 독립운동에 헌신한 점과 민족의 앞날을 위해 평양까지 방문한 점에 경의를 표했다. 김구는 "38선을 베고 죽는 한이 있더라도 통일을 위해 마지막까지 노력하겠다"는 평소의 생각을 새삼 이야기했다. 김구는 22일 오전 회의에 참석해 축사를 했다.

> 조국이 분열될 위기에 직면해 있는 엄혹한 시기에 남북의 열렬한 애국적 인사들과 정당 대표들이 이 자리에 모여 앉아서 조국의 자주적 통일독립을 쟁취하려는 계획을 짜는 것은 큰 의의가 있다. 조국이 없으면 민족도 없고 민족이 없으면 무슨 정당, 주의가 무슨 소용이 있겠는가. 그러므로 현 단계에서는 우리 전 민족의 과업이 통일독립을 쟁취하는 것이다. 통일독립의 최대 장애는 어느 한쪽이라도 단독선거를 실시하는 것이다. 따라서 우리의 최대 투쟁 목표는 어느 쪽이든 단선 단정을 막는 일이다.[9]

이런 내용의 축사였다. 박수도 여러 차례 나왔다. 회의 마지막 날인 24일에는 남한의 단독선거 반대와 미군·소련군 철수를 요구하는 결정서를 채택했다. 소련군이 회의에 참석하지 않아서 외국군 철수를 요구하는 내용이 채택될 수 있었다. 소련군도 당초 회의에 참석하려 했지만, 김두봉이 반대해 참석하지 못했다.[10]

25일 오전에는 남북연석회의를 축하하는 평양시민대회가 열렸다. 30만 명의 군중이 모이는 대규모 대회였다. 참가 시민들은 가두행진까지 하면서 대회의 결정을 지지했다. 스탈린의 초상을 들고 행진하는 사람들도 있었다. 김구가 여기에 대해 문제를 제기했다. "서울에서 시민대회를 하면서 미국 대통령 트루먼의 초상을 들고 행진하는 일은 없는데, 평양에선 어째서 스탈린의 초상을 들고 만세를 외치며 행진하는가. 친소적인 인상이 들어 기분이 언짢다"고 말한 것이다.[11] 민족주의자 김구의 면모를 여실히 볼 수 있는 대목이다.

당시 평양의 분위기는 남북의 통일에 대한 기대가 한껏 부풀어 올라 있는 상태였다고 한다. "이제 통일이 될지도 모르겠다"는 이야기를 주고받았다. 통일 군중대회에는 군인들도 대거 동원되었다. 당시 소좌로 조선인민군 총참모부에서 역사부장을 하고 있던 최태환도 부하들을 데리고 대회에 참가했다. 참가자들은 남북의 지도자들이 한자리에 모여 있는 것을 지켜보면서 가슴 벅찼다. 대열이 시가행진을 할 때는 시내 곳곳에서 우레같은 박수가 터져나오고 꽃다발을 전해주는 사람도 많았다. 최태환은 대회에 참가한 날 일기장에 이렇게 썼다.

동북(만주)으로부터 조국으로 돌아와 눈코 뜰새 없이 혁명 과업을 위해 몸부림쳐 왔다. 때로는 지치기도 했고 좌절감을 맛보기도 했다. 그리고 혁명투쟁이 치열한 양쯔강 전선을 동경하기도 했다. 그러나 이제는 조국이 무엇인가, 조국에서 무엇을 해야 할 것인가라는 답을 찾은 것 같다. 조국의 따뜻한 품은 나에게 혁명투사가 되기를 원한다. 이제 통일이 되고 인민의 날이 오면 우리 모두 힘차게 팔을 벌리고 환호할 것이다.[12]

26일부터 30일까지는 '남북조선 정당·사회단체 지도자협의회(제1차 지도자협의회)'가 열렸다. 남측의 김구, 김규식, 홍명희, 조소앙, 조완구, 최동오, 이극로, 엄항섭, 남측 좌익을 대표하는 박헌영, 허헌, 백남운, 북측의 김일성, 김두봉, 최용건, 주영하 등 15명이 참석하는 회의였다. 30일에는 회의 결과를 '남북조선 정당·사회단체 공동성명서'로 발표했다.

첫째, 소련이 제의한 바와 같이 우리 강토로부터 외국 군대를 즉시 동시에 철거하는 것은 우리 조국에 조성된 현 정세하에서 조선 문제를 해결하는 가장 정당하고 유일한 방법이다. 미국은 정당한 제의를 수락하여 자기 군대를 남조선으로부터 철퇴시킴으로써 조선 독립을 허여 하여야 할 것이다.

둘째, 남북 제정당·사회단체 지도자는 우리 강토에서 외국 군대가 철거한 이후 내전이 발생될 수 없다는 것을 확인하며, 또한 그들은 통일에 대한 조선 인민의 지망志望에 배치되는 어떠한 무질서의 발생도 용허하지 않을 것이다.

셋째, 외국 군대가 철거한 한 후 하기下記 제정당들의 공동명의로 전조선 정치회의를 소집하여 조선 인민의 각계각층을 대표하는 민주주의 임시정부가 즉시 수립될 것이며, 국가의 일체 정당과 정치, 경제, 문화, 생활의 일체 책임을 지게 될 것이다. 이 정부는 그 첫 과업으로 일반적 · 직접적 · 평등적 비밀투표에 의하여 통일적 조선 입법기관 선거를 실시할 것이며, 선거된 입법기관은 조선 헌법을 제정하며 통일적 민주정부를 수립할 것이다.

넷째, 천만여 명 이상을 망라한 남조선 제정당 · 사회단체들이 남조선 단독선거를 반대하느니만큼 유권자수의 절대다수가 반대하는 남조선 단독선거는 설사 실시된다 하여도 절대로 우리 민족의 의사를 표현하지 못할 것이며 다만 기만에 불과한 선거가 될 뿐이다.[13]

미소의 군대 철수, 내전 방지, 통일임시정부 수립, 단독정부 반대 등 당시 남북의 지도자들이 논의해왔던 주요 사안을 모두 담고 있었다. 김구는 5월 3일 김일성과 단독회담을 했는데, 여기서 김일성은 통일정부 수립 방안을 논의하는 과정에서 보여준 김구의 지도적 역할에 감사를 표했다. 김구는 이남뿐만 아니라 이북에서도 단독정부를 세우면 안 된다고 강조했다. 또, 김구가 "미국이 나를 탄압한다면 북한에서 나에게 정치적 피난처를 제공할 수 있는가" 하고 물었는데, 김일성이 긍정 답변을 하기도 했다.[14]

다음 날에는 김일성, 김두봉, 김구, 김규식, 홍명희 등이 대동강 쑥섬에서 어죽잔치를 벌였다. 이 자리에서는 그동안 논의했던 것을 다시 확인하고, 김구와 김규식은 남한에 대한 송전, 조만식의 월남 문제 등도

김구는 김일성과 단독회담을 했는데, 김일성은 통일정부 수립 방안을 논의하는 과정에서 보여준 김구의 지도적 역할에 감사를 표했고, 김구는 이북에서도 단독정부를 세우면 안 된다고 강조했다. 남북연석회의에 참가한 김일성과 김구.

요구했다. 김구와 김규식은 5월 5일 서울로 돌아왔다. 민주독립당 당수 홍명희, 근로인민당 부위원장 백남운 등은 북한에 남았다.

　김구를 비판하는 세력은 김구가 남북연석회의에 참가한 것은 북한에 이용당한 것이라고 평가해왔다. 하지만 그런가? '남북조선 정당·사회단체 공동성명서' 내용을 자세히 보자. 첫째 항을 보면, 좌익 측이 '미 제국주의'라는 용어를 쓰던 상황에서 '미국'으로 표현하고 있고, 미국과 소련 공히 군대를 철수할 것을 제의하는 내용이다. 또, 북한의 민주개혁을 찬양하는 내용이 북한 측 초안에 들어 있었지만, 남측에서 요구해 빠졌다. 둘째 항은 남침 우려를 표명한 남측의 요구에 의해 들어간 것이다. 셋째 항은 북한이 마련한 통일헌법을 인정하지 않는다는 내용이다. 넷째 항은 남측 정당·사회단체들이 지속적으로 주장해온 내용이다.[15] 김구가 이용당했다고 할 수 있을까?

물론 남북연석회의와 김구의 방북이 남북의 흐름을 바꾸지는 못했다. 김일성은 김구를 평양으로 불러 '남한 단독선거 반대'를 함께 외치는 데에만 진력했다. 남한이 단독선거를 한다고 비난했지만, 김일성은 이미 1947년 2월 북조선인민위원회라는 중앙행정기구를 출범시키고 위원장을 맡았다. 사실상 정부를 세운 것이다. 1948년 2월에는 조선인민군도 창설했다. 그런 상황에서 김구와 함께 '남한 단독선거 반대'를 주장한 것이다.

김구가 이런 상황을 몰랐을 리 없다. 김구는 이승만과 미 군정이 남한 단독정부 구성을 일사천리로 추진하는 상황에서 다른 묘안이 없었다. 미 군정의 단독정부 추진에 동의하지 않는 한 남한 내에서 힘을 얻기는 어려웠다. 단독선거 반대를 외쳤지만 메아리는 적었다. 한반도의 북쪽 절반을 이미 통치하고 있는 김일성을 만나 단독정부 반대의 목소리를 높이며 통일정부로 갈 수 있는 일말의 가능성이라도 남아 있는지 타진해보고 싶었을 것이다. 그래서 '김구가 김일성에게 일방적으로 이용당했다'라는 평가는 옳지 않다. 미소공동위원회는 무산되고, 북한은 북한대로, 남한은 남한대로 '따로따로 정부'의 길을 가는데, 남과 북이 만나서 통일정부를 모색하는 자리도 없었다면 그것이 더 비정상적인 것 아닌가?

홍명희와 허헌의 월북

남북연석회의 참석을 위해 북한을 방문했다가 남한으로 내려오지 않고 그대로 남은 사람은 70여 명 된다. 민주독립당 당수 홍명희, 남조선 노동당 위원장 허헌, 근로인민당 부위원장 백남운, 건민회健民會 위원장 이극로 등이 잔류했다.

홍명희는 일제강점기 이광수 · 최남선과 함께 조선의 3대 천재로 불리던 인물이다. 이광수 · 최남선은 친일 활동을 했지만, 홍명희는 그런 전력이 없다. 그를 유명하게 한 건 대하소설 『임꺽정』이었다. 1928년부터 1940년까지 『조선일보』에 연재된 「임꺽정」은 조선 중기 명종 때의 의적 임꺽정을 내세워 봉건제도와 양반계급에 대한 비판적 의식을 담아냈다. 또, 풍부한 토속어로 조선시대의 사회상과 풍속을 잘 재현했다는 평가도 받았다.

그는 『시대일보』 사장으로 재직하면서 1927년 신간회가 창립될 때 부회장을 맡기도 했다. 신간회가 주최한 민중대회의 주모자로 체포되어 감옥생활도 했다. 경찰의 체포로 연재가 중단되자 독자 항의가 폭주했고, 『조선일보』가 경찰과 교섭해 유치장 안에 책상과 원고지를 넣어주었다는 일화도 있다.

해방 직후에는 조선문학가동맹 중앙집행위원장을 맡았다. 1945년 말 모스크바삼상회의에서 신탁통치가 결정되자 반탁 진영에 가담했다가 박헌영이 지도하는 좌익 세력이 찬탁으로 돌아서자 반탁 진영에서 탈퇴했다. 1947년에는 중도 좌파인 민주독립당을 창당해 당수가 되었다. 미소공동위원회가 결렬되고 남한 단독정부가 추진되는 와중에 김규식과 함께 중도파를 결집해 단독정부를 반대하는 운동을 전개했다.

남북연석회의가 성사되는 데에도 상당히 중요한 역할을 했다. 김구와 김규식이 주저할 때 그들을 독려하기도 했다. 남북한 사이에 서신이 오가던 중 1948년 2월 26일 유엔 한국임시위원단의 보고를 받은 유엔 소총회가 "유엔 한국임시위원단 접근이 가능한 지역만이라도 선거가 실시되어야 한다"고 결정했다. 김구와 김규식 등 남북 협상파는 난관에 봉착했다. 3월 2일부터 4일까지 홍명희는 김구·김규식과 함께 극비 회동을 했고, 12일에는 김구·김규식·김창숙·조소앙·조성환·조완구·홍명희 7인의 '7거두 성명'이 나오게 되었다. 성명은 '반쪽 강토에 중앙정부를 수립하려는 '가능한 지역 선거'에는 참가하지 않는다. 그리고 통일 독립을 위하여 여생을 바칠 것을 동포 앞에 굳게 맹세한다"고 밝혔다. 이 성명은 남북연석회의로 가는 중요한 촉진제가 되었다.

1948년 4월 남북연석회의에 참석했다가 잔류했는데, 그의 월북 이유로는 2가지가 거론된다. 하나는 미 군정과 이승만의 친일파 중용에 실망한 점이다. 월북 전 문중에 인사를 하면서 "이승만이 김일성 절반만되어도 안 가겠습니다"라고 했다고 한다. 또 하나는 그 자신의 권력욕이다. 해방 정국에서 여러 문인이 월북했는데, 이유도 다양했다. 이기영과 한설야는 이념적인 이유로 사회주의 체제를 선호해 북한으로 갔다. 이태준은 친구를 구하겠다는 생각으로 38선을 넘어갔다. 홍명희는 정치적 야심이 월북에 많이 작용한 것으로 전해진다.[16] 단독정부로 대

홍명희가 월북한 이유는 미 군정과 이승만의 친일파 중용에 실망한 점과 자신의 권력욕 때문이었다. 뱃놀이를 즐기고 있는 홍명희와 김일성.

세가 기울어진 이남에서 단독정부를 반대해온 그는 더는 자신이 설 자리가 없다고 판단했을 것이다. 그 상황에서 새로운 정치 활동을 북한에서 시작해보겠다는 생각으로 잔류했을 가능성이 있다.

북한에 남은 홍명희는 7월 초 제2차 지도자협의회에 참가해 조선민주주의인민공화국 수립에 적극 찬성하는 입장을 밝혔다. 김구와 김규식을 회의에 참여시키기 위해 서울까지 내려올 계획을 세우기도 했다. 하지만 미 군정과 남한 우익 세력의 공격 때문에 취소되었다. 1948년 최고인민회의 초대 대의원이 되었고, 정부 수립 당시 박헌영 · 김책과 함께 부수상을 맡았다. 그 무렵 김일성과 둘이서 강에서 보트를 타고 있는 모습이 지금도 사진으로 남아 있다.

전쟁 중 북한으로 후퇴하던 길에 이광수를 만났다. 이광수는 심한 동상과 폐결핵을 앓고 있었다. 홍명희는 이광수를 숙소로 데려가서 치료하다가 조선인민군 병원으로 옮겨 치료를 해주었다. 하지만 이광수는 폐결핵을 이기지 못하고 1950년 12월 초 58세 나이로 사망했다. 1957년까지 부수상을 하다가 1960년대 들어 주요 공직에서 물러난 것으로 보인다. 소련에서 넘어와 문화선전성 제1부상을 맡았던 정상진이 홍명희와 최승희를 옹호하는 이야기를 했다가 고위층의 눈밖에 나서 소련으로 돌아가기도 했다. 1968년 노환으로 사망했다.

남조선노동당 위원장 허헌도 홍명희와 함께 북한에 남았다. 허헌은 함경북도 명천 출신으로 보성전문학교와 일본 메이지대학 법학과를 나와 변호사가 되었다. 일제강점기 좌파 독립운동가들을 변호하면서 이들과 가까워졌고, 1927년에는 신간회 중앙집행위원장을 맡았다.

해방 후 조선건국준비위원회 부위원장, 조선인민공화국 국무총리로 활동하고, 1946년 2월 좌익단체들의 연합체인 남조선민주주의민족전선 수석의장, 11월에는 남조선노동당 위원장에 올랐다. 일제강점기 무료 변론으로 그에 대한 대중의 신망이 두터웠기 때문에 위원장에 오를 수 있었다. 부위원장은 박헌영이었다. 하지만 허헌과 박헌영 사이에는 거리가 있었다. 둘 다 좌익이었지만 해방 후 조선공산당 재건운동 당시부터 허헌은 박헌영과 거리를 두고 활동했다.

남북연석회의 참석차 평양을 방문했다가 북한에 남은 것은 미 군정의 검속이 강화되었기 때문이다. 좌파 검거 선풍과 테러의 위협을 피하기 위해 북한에 남은 것이다. 하지만 북한에서 활동하면서도 좌우합작운동과 남북협상이 지속되지 못한 부분에 대해서는 늘 아쉬워했다고 한다. 월북 이후에도 이런 남북협상 등을 추진해보려 했지만 마음대로 되지 않았고, 이를 두고 고민을 많이 한 것으로 보인다. 6 · 25 전쟁 전까지 평양에서 함께 생활했던 그의 셋째 딸 허근욱은 그런 모습을 직접 옆에서 지켜보았다.

월북 직후 어느 날 평양의 우리 집에서 나는 매우 흥분이 된 아버님의 모습을 내 생전 처음으로 목격했던 기억이 있습니다. 약주에 취하신 모습을 나는 그때 처음 보았어요. 아버님은 비통한 표정을 지으시며 눈물 어린 눈으로 나를 바라보며, "애야, 근욱아, 이제 너희들만이 이 아버지의 희망이다. 네가 공부를 잘해야 네 동생들이 따라서 공부를 잘하지. 아버지가 지금 이렇게 사는 것은 다 너희를 위해서다. 그러니 공부 잘해서 훌륭한 사람이 되어야지" 하고 말씀하셨어요.[17]

월북 이후에도 박헌영과 손을 잡기보다는 김일성을 지지하는 입장에서 활동했다. 1948년 8월 최고인민회의 초대 의장을 맡았고, 10월에는 김일성종합대학 총장이 되었다. 1949년 6월에는 조국통일민주주의전선 중앙위원회 의장에 선임되었다. 6 · 25 전쟁 당시인 1951년 8월 홍수로 범람한 청천강을 건너다가 사고로 사망했다. 북한의 초대 문화선전상 허정숙은 그의 차녀다.

★
정부 수립의 예비 단계

북한의 송전 중단 조치

일제는 압록강에 여러 개의 발전소를 건설했다. 북한과 만주와 남한까지 전기를 공급하기 위해서였다. 소련군이 진주하면서 이를 인수하고, 발전기를 뜯어가기도 했다. 1946년 2월 북조선임시인민위원회가 설립되고 북한의 행정 체계가 어느 정도 갖춰지자, 소련은 발전소들을 북한에 인계했다. 북한은 여기서 생산되는 전기를 만주와 남한에도 공급했다.

그런데 문제는 전기료였다. 만주 지역에서는 전기료를 냈지만, 남한은 내지 않았다. 북한이 지급을 요청했는데, 발전소를 수리하는 데 쓰는 전기 장비로 지급해달라고 요구했다. 북한에서도 전력 수요가 증가하고 있어서 발전소를 제대로 정비하고 운행하지 않으면 남한으로 보낼 전기가 생산되기 어려운 형편이었다. 미 군정은 거절하고, 달러로 주겠다고 했다. 달러는 북한에 별 소용이 없었다. 주로 소련과 거래를 하고 있었는데, 소련은 미국의 경제제재를 받고 있어서 달러 수요가 별로 없었다. 미국은 다시 양말과 담배, 영화 등 소비재를 제공하겠다고 했다. 북한은 이를 거절하고 계속 발전 장비를 요구했다.

전기료 문제가 해결되지 않은 것은 표면적으로는 이런 기술적인 이유 때문이었다. 지불 수단에 대한 합의가 안 되었다는 것이다. 하지만 그 이면에 있는 정치적인 이유가 사실은 더 중대한 이유였다. 미 군정은 협상과 지불의 대상을 소련군으로 상정했다. 소련군을 상대로만 이야기했다. 소련군은 북한과 대화하라고 했지만, 미 군정은 북한과 직접 대화를 거부하고 있었기 때문에 진전이 없었다.

미 군정이 소련을 상대로 말을 하면서 북한과 대화하지 않은 것은 북조선임시인민위원회나 북조선인민위원회를 인정하고 싶지 않아서였다. 이들과 협상하고 이들에게 지불을 하게 되면 이들의 법적 실체를 인정하는 것이 된다. 당시 미 군정의 명확한 입장은 남한에도 정부가 없고, 북한에도 아직 정부가 없다는 것이었다. 그래서 소련군을 상대로 이야기한 것이다. 반면에 소련군은 행정권을 이미 북한에 넘겨주었다고 주장했다. 실제로 소련군은 진주 초기부터 행정권을 지역의 인민위원회에 맡겼고, 중앙행정도 5도 행정국, 북조선임시인민위원회, 북조선인민위원회가 맡도록 하고 간접적으로 개입하고 관여하는 형태를 취했다. 그래서 소련군은 행정권이 북한에 있다고 주장한 것이다.

협상은 진전이 안 되는 사이 전기료 연체는 계속 쌓여 1947년 8월에 이미 7억 킬로와트시kwh 상당이 되었다. 1948년 4월이 되자 북한은 라디오 방송을 통해 남한 측의 책임 있는 인물들이 북한으로 넘어와 전기료 협상을 하지 않으면 송전을 중단하겠다고 밝혔다. 미 군정은 역시 이를 소련군의 발표가 아니라며 무시했다. 결국 북한은 남한의 5·10 선거가 끝나고 5월 14일 정오 남한으로 가는 전기를 끊었다. 당시 북한이 보내주는 전기는 남한 전기 수요의 절반이 넘었다.

이후에도 주한미군 사령관 존 하지는 "미군 당국은 아직까지도 소련 측 대표와 회담하여 전기 요금 문제에 대해 타협할 용의가 있다"고 말했다. 여전히 북한은 상대하지 않고 소련을 상대로 협상하겠다는 태도였다. 발전 시설이 부족한 상황에서 단전이 되자 미 군정은 비상 수단을 동원했다. 발전함을 긴급 배치한 것이다. 인천항에 6,900킬로와트급 일렉트라함을, 부산항에는 2만 킬로와트급 자코나함을 정박시켜 주요 지역에 전기를 공급했다. 그래도 수요의 3분의 1 정도밖에 공급하지 못했다. 남한은 낮 시간 전기 공급 중단, 전기 난방기구 사용 금지 등의 조치를 취하면서 발전시설 보강에도 매달렸다. 발전량이 늘어나면서 1년 후에는 북한에서 오던 전기를 벌충할 수 있었다.

당시 남쪽의 협상 주체는 미 군정이었다. 그들에게는 정치적인 문제가 더 중요했다. 단전으로 인한 피해는 그것만큼 중요한 것이 아니었다. 그래서 단전 문제는 단순한 송전 중단 문제가 아니라 한반도의 주인이 누구인지의 문제를 상기시켜주는 문제였다. 또한 남북의 분단을 남한 사람들이 절실하게 체감하게 해주는 조치였다. 아울러 남북이 각

각의 길을 가고 있음을 그야말로 가시적인 형태로 보여주는 사건이기
도 했다.

임시통일헌법 제정

1947년 9월 미소공동위원회가 결렬될 즈음 미국은 한반도 문제를
유엔에 넘겼다. 11월 14일 유엔총회는 한국임시위원단 설치안을 통과
시켰다. 북한은 미국 주도의 유엔을 신뢰하지 못했다. 미소공동위원회
가 재개되지 않는 한 통일정부 논의는 어려운 상황이었다. 북한은 이런
상황에 적극 대응하고 나섰다. 11월 16~17일 북조선노동당 중앙위원
회 제10차 전원회의가 열렸다. '유엔 감시하 총선거'에 대한 대응 방안
을 논의해 4개항을 결정했다. ① 임시통일헌법 제정, ② 유엔 감시하 총
선거 반대, ③ 미소 양군 철수 후 남북 총선거, ④ 남북의 통일 세력 조직
화 등이었다.

유엔의 결정에 반대하면서 통일헌법을 만드는 작업에 나서고, 이를
바탕으로 남북 총선거를 남쪽에 주장한다는 내용이었다. 곧 헌법 제정
에 착수했다. 18일 제3차 북조선인민회의를 열어 헌법제정기구를 만들
고 여기서 헌법 초안을 작성하기로 결정했다.

헌법제정위원장에 김두봉, 부위원장에 김책과 주영하와 홍기주가 선
임되었다. 김일성, 최용건, 박정애, 강진건 등 30명의 위원도 선출되었
다. 법전작성위원회를 따로 두었는데, 위원장은 김택영이었다. 소련에

서 법학 공부를 하고 1945년 12월에 입북해 북조선인민회의 상임위원회 법정부장을 맡고 있던 인물이다. 작성위원은 모두 25명이었는데, 김책, 김창만, 최창익, 오기섭, 최용달 등이었다. 최용달은 경성제국대학 법학과 출신으로 일제강점기 치하에서 사회주의 운동을 하다가 건국준비위원회에 참여하고 월북한 후 북조선인민위원회 사법국장을 맡고 있었다.

초안 작성 과정은 논쟁의 연속이었다. 소련과 국내에서 각각 법학 교육을 받은 사람들이 견해를 달리했다. 김택영을 중심으로 한 소련파는 스탈린 헌법 체제를 주장했고, 최용달을 비롯한 국내파는 국내 실정에 맞는 헌법 제정을 강조했다. 핵심 이슈는 국가 체제의 성격이었다. 소련파는 농촌의 부농과 도시의 중소상공업자의 존재 기반을 없애는 혁명적 헌법을 제정하자고 했다. 반면에 국내파는 소련은 이미 사회주의 혁명의 단계에 진입했기 때문에 그런 헌법이 가능하겠지만, 한국의 현실은 일단 봉건 유제遺制와 일제 잔재를 청산하면서 인민민주주의를 실현하는 것이 중요하다고 강조했다. 신앙의 자유도 논란거리였는데, 소련파는 종교 금지를, 국내파는 종교 허용을 주장했다.

초안은 12월 중순 만들어졌다. 이후에는 직장과 단체별로 초안에 대한 의견을 수렴하는 토론 모임이 이어졌다. 1948년 2월 북조선노동당 중앙위원회 전원회의에서 최종적으로 토의 정리되고, 4월 28~29일 북조선인민회의에서 초안을 가결시켰다. 이로써 조선민주주의인민공화국 헌법이 완성되었다. 모두 10장으로 구성되어 있는데, 근본 원칙, 공민의 기본적 권리와 의무, 최고 주권기관, 국가중앙집행기관, 지방주권기관, 재판소와 검찰소, 국가예산, 민족보위, 국장·국기·수도, 헌법 수정의 절차 등이 그것이었다. 헌법의 기본적인 성격은 일제 잔재와 봉건 유제를 타파하고 민주주의 국가의 정치·경제·사회 구조를 규정하는 것이었다.

공민의 기본적 권리·의무와 관련해서는 중소산업과 상업을 자유롭게 경영할 수 있도록 했다. 토지 소유는 토지개혁 당시와 마찬가지로 개인은 5정보까지만 허용되었다. 다만, 학교나 병원 등의 단체는 20정보까지도 소유할 수 있게 되었다. 생산수단의 소유 형태로는 국가 소유뿐만 아니라 개인 소유도 인정되었다. 신앙의 자유와 종교의 자유도 허용되었다.

최고 주권기관은 직접 선거로 구성되는 최고인민회의였다. 중앙의 실질 행정집행 기능은 최고인민회의에서 구성하는 내각에 맡겨졌다. 지방의 행정기관은 인민위원회였다. 인민위원회는 내각의 지휘를 받게 되어 있었다. 수도는 서울로 했다. 조선왕조 시작 이래 600년 동안 서울은 수도였다. 한국 전체의 중앙을 오랫동안 상징한 서울을 수도로 정해 남북한을 통합하겠다는 의지를 담았다. 평양은 어디까지나 임시 수도였다. 평양이 수도가 되는 것은 1972년 사회주의 헌법에서부터다. 국기로 태극기를 주장하는 세력들이 일부 있었지만, 인공기로 결정되어 역시 헌법에 포함되었다. 북한은 이 임시통일헌법을 기반으로 입법기관과 행정기관을 구성했다.

최고인민회의 대의원 선거

1948년 4월 조선민주주의인민공화국 헌법을 마련한 북한은 8월에는 최고인민회의 대의원 선거를 실시했다. 이를 위해 7월 10일 중앙선거위원회가 구성되었다. 그 아래로 각 정당과 사회단체 대표들로 지역선거위원회가 조직되었다. 1946년 11월 인민위원 선거 당시와 마찬가지로 선거 참여를 위한 대대적인 선전 사업이 진행되었다. 40여 만 명의 선전원이 동원되어 강연회와 보고대회, 좌담회, 호별 방문, 음악회와 각종 공연 등을 벌이며 선거의 내용과 의미를 홍보했다.

조선노동당을 중심으로 구성된 '북조선민주주의민족통일전선' 소속 후보에 대한 찬성 투표, 남한의 단독선거 반대, 미국의 식민지 정책 비판 등이 선거 홍보의 주요 내용이었다. 북민전이나 북조선노동당에 대한 비판, 민주개혁의 내용에 대한 비판 등은 있을 수 없었다. 최고입법기관을 구성하는 대의원을 선출하는 선거였지만, 야당이란 것이 없고, 반대라는 것이 존재하지 않는 정치 과정이 북한에 이미 형성되어 있었다.

북한 전 지역에 212개의 선거구가 마련되었고, 여기에 주요 인물들이 대의원 후보로 등록되었다. 김일성은 평안남도 강동군 승호선거구에 후보로 등록했다. 이 지역의 탄광 노동자와 농민들이 군중대회를 개최해 김일성을 후보로 추천하는 형식을 취했다. 김일성, 최용건, 김책, 허가이 등 주요 인물이 모두 후보로 등록했다. 등록 후보는 모두 227명이었다. 선거구가 212개였기 때문에 15개 선거구에서는 후보가 복수였다. 15명은 떨어지도록 한 것이다.

북한은 1948년 8월 최고인민회의 대의원 선거를 실시했다. 북조선노동당에 대한 비판과 민주개혁의 내용에 대한 비판은 없었고, 반대라는 것도 존재하지 않았다. 1948년 열린 초대 최고인민회의 제1차 회의.

실제 선거는 춤을 추고 꽹과리를 두드리는 잔치 분위기 속에서 8월 25일 실시되었다. 찬성표는 흰색 투표함에, 반대표는 검정색 투표함에 투표하는 형태였다. 아침 6시에 시작해 낮 12시에 완료되었다. 유권자는 모두 450여 만 명, 투표 참여율을 99.97퍼센트였다. 북조선노동당이 포함된 북민전 소속 후보에 대한 찬성률이 98.49퍼센트였다. 212명의 최고인민회의 초대 대의원 가운데 북조선노동당이 102명, 조선민주당이 35명, 천도교청우당이 35명, 무소속이 40명이었다.

초대 최고인민회의 대의원 선거는 북한뿐만 아니라 남한 지역의 대표도 뽑았다. 한반도 전체를 대표하는 최고입법기관의 형식을 취하려는 것이었다. 그 결과 남한 지역을 대표하는 대의원 360명이 선출되었다. 그래서 전체 대의원 572명으로 최고인민회의가 구성되었다.

남조선인민대표자대회 개최

북한에서는 주민들이 후보에 직접 투표를 하는 직접선거로 대의원을 선출했지만, 남한에서는 그럴 수 없었다. 그래서 간접선거 방식으로 진행했다. 각 시·군에서 대표를 뽑아 해주로 보내고 여기서 최고인민회의 대의원을 선출하는 방식이었다. 우선 시·군의 대표 5~7명을 선출하는 선거가 비밀리에 실시되었다. 좌익 정당·사회단체들이 지역별로 후보를 내세우고 이에 대해 주민들이 투표하는 형식이었다.

남조선노동당 조직이 대거 동원되었다. 7만 8,000여 명의 행동대원(전권위원)들이 남한 지역을 돌면서 남조선노동당 지하당원들의 도움을 받아 마을회의를 소집했다. 여기서 투표용지를 나눠주고 투표를 하도록 했다. 경남북과 전남, 강원 등 주로 행정력이 미치지 못하는 지역에서 주로 이 방법이 동원되었다. 집회를 열기 어려운 지역에서는 행동대원들이 행상이나 세탁인, 승려 등으로 가장해 직장이나 거리를 돌면서 연판장을 돌리고 여기에 서명을 받는 방식으로 투표를 진행했다. 이 지하선거는 남조선노동당의 조직력을 평가할 수 있는 중요한 계기였기 때문에 박헌영은 간부들에게 격문을 보내 독려했다.

남조선 유권자 800만 중 적어도 700만을 획득해야 하며, 이번의 지하총선거운동은 우리 당의 활동을 시험하는 좋은 바로미터다. 마르크스레닌주의를 옹호하는 스탈린 깃발 밑에서 우리 민족이 운명을 해결하는 데 우리는 반드시 승리할 것이 틀림없다. 일꾼들은 용감히 전진하자.[18]

이런 취지의 격문이었다. 박헌영이 월북 이후 대남요원 양성을 위해 세운 강동정치학원 출신도 많이 동원되었는데, 선거지도위원으로 170명, 행동대원으로 450명이 파견되었다. 그 결과 남한 총유권자의 77.52퍼센트가 투표했다고 북한은 주장한다.[19] 800여 만 명의 유권자 가운데 620여 만 명이 투표를 했다는 주장인데, 이는 과장된 것으로 보인다. 미 군정이 강력 단속을 하고 있는 상황이어서 비밀선거로 그 정도의 투표율을 기록하기는 어려웠다.

이렇게 비밀스럽게 선출된 1,080명의 각 지역 대표들은 7월 말에서 8월 초 사이 개성과 동두천 등의 월북로를 통해 북한으로 넘어가 해주에 집결했다. 1,080명의 선출 대표 가운데 1,002명이 모였다. 이들이 8월 21~26일 '남조선인민대표자대회(해주대회)'를 열고, 대의원을 뽑았다. 그렇게 해서 남한 지역을 대표하는 360명의 최고인민회의 대의원이 선출되었고, 최고인민회의는 남북한 전체를 대표하는 모양새를 갖추었다.

전체 572명의 대의원 가운데 북조선노동당은 102명, 조선민주당 · 천도교청우당은 70명, 남조선노동당은 55명이었고, 나머지는 남한의 26개 정당 · 사회단체와 무소속이었다. 남한의 정당과 사회단체도 북조선노동당과 연대를 형성하고 있는 경우가 많았고, 무소속 가운데에도 북조선노동당 비밀당원이 많았다. 결국 전체의 절반 이상이 북조선노동당 출신이었다. 김일성 세력이 공작을 통해 그런 구도를 만들어놓은 것이다.[20] 그래야 정부를 구성할 때 주도권을 행사할 수 있기 때문이었다. 북조선노동당의 조직력과 실행력이 높아지고, 반대로 남조선노동당 조직은 제대로 가동되지 않았다는 것도 남한의 지하선거를 통해 여실히 드러났다. 남한 지역의 대의원을 장악해 새로 생기는 정부의 주도권을 쥐려던 박헌영의 계획은 수포가 돌아갔다.

조선민주주의인민공화국 수립

공식 정부 출범

최고인민회의 제1차 회의는 9월 2일에 열려 10일까지 계속되었다. 처음 며칠은 의장단 선출과 대의원 자격 심의 등을 진행했다. 의장단은 남조선노동당에 많이 할애되었다. 의장에는 남조선노동당 출신의 허헌, 부의장에는 남조선노동당의 이영과 천도교청우당의 김달현이 선출되었다. 4월에 제정한 헌법을 '조선민주주의인민공화국 헌법'으로 공식 채택하는 절차를 밟았다. 국기와 국장도 정했다. 국호는 8월에 열린 당중앙위원회 상무위원회에서 김일성의 제안으로 '조선민주주의인민공화국'이라고 정해놓은 상태였다.

중요한 정부 구성 논의는 8일에 이루어졌다. 수상과 부수상, 각 성의 상(장관)을 정하고 정부를 출범시키는 절차가 핵심이었다. 김두봉이 "김일성을 수상으로 선임하고 내각 구성은 그에게 일임하자"고 제안하자 만장일치로 가결되었다. 부수상은 박헌영이 임명되었다. 문제는 조각이었다. 북조선노동당과 남조선노동당은 사활을 걸고 지분 싸움을 했다. 외무상을 어느 쪽이 차지할지가 첫 번째 문제였다. 북조선노동당은 주영하를 내세웠다. 남조선노동당은 리강국을 추천했다. 리강국은 이미 북조선인민위원회에서 외무국장을 지냈다. 북조선노동당은 반대했다. 북조선노동당은 6개월 전 제2차 전당대회에서 파벌을 조성한다는 이유로 리강국을 비판했다. 북조선노동당으로서는 그런 인물을 초대 외무상으로 앉힐 수는 없었다. 남조선노동당은 박헌영이 외무상을 겸직하는 안을 제시해 통과시켰다. 주영하는 교통상이 되었다. 리강국은 초대 내각에서 자리를 얻지 못했다.

최용달과 리승엽의 자리도 논란이었다. 박헌영은 최용달을 사법상으로 밀었다. 최용달은 경성제국대학 법학과를 나온 법률 전문가였다. 북조선노동당은 비중 있는 자리를 남조선노동당에 빼앗길 수 없어 반대했다. 최용달 또한 리강국과 마찬가지로 6개월 전에 비판받은 인물이었다. 북조선노동당의 반대가 심해 그 또한 내각에서 빠졌다. 리승엽에 대해 북측은 대남 관계 일을 많이 해야 하기 때문에 무임소상無任所相이 적당하다고 주장했다. 하지만 남측은 남조선노동당의 현지 지도를 책임지고 있는 만큼 더 무게 있는 자리를 줘야 한다고 맞섰다. 그래서 리승엽이 사법상을 맡는 것으로 조정이 이루어졌다. 그런 논란 끝에 각 부문 각료는 다음과 같이 정리되었다.

수상 김일성

부수상 박헌영, 홍명희, 김책

국가계획위원장 정준택, 민족보위상 최용건, 국가검열상 김원봉, 내무상 박일우, 외무상 박헌영, 산업상 김책, 농림상 박문규, 상업상 장시우, 교통상 주영하, 재정상 최창익, 교육상 백남운, 체신상 김정주, 사법상 리승엽, 문화선전상 허정숙, 노동상 허성택, 보건상 리병남, 도시경영상 리용, 무임소상 이극로

박헌영, 홍명희, 김원봉, 박문규, 백남운, 리승엽, 허성택, 리병남, 리용, 이극로 등이 남조선노동당이고 나머지는 대부분 북조선노동당 소속이었다. 북조선노동당이 훨씬 많았다. 북조선노동당이 내각을, 남조선노동당이 최고인민회의를 맡는 형국이었다. 소련파가 내각에 포함되지 않은 점에 대해 불만이 나왔지만, 정부 수립 단계에서 소련 출신을 각료로 임명하는 것은 모양새가 좋지 않다는 점을 들어 김일성이 소련군과 소련파를 설득했다. 대신 소련파는 각 성의 부상(차관)에 많이 기용되었다.

이렇게 정리를 해놓고 1948년 9월 9일 10시 모란봉극장에서 김일성 수상이 최고인민회의 대의원들 앞에서 조선민주주의인민공화국의 수립을 공식 선포했다. 우레와 같은 박수소리가 울려 퍼졌다. 북한 각지에서는 경축행사가 이어졌다. 평양을 비롯한 북한 전 지역에서 열린 군중대회에 500여 만 명이 참가해 북한 정부 수립을 축하했다.

김일성은 정부 수립과 함께 중점 추진 사안을 담은 정부정강을 발표

김일성은 1948년 9월 9일 10시 모란봉극장에서 최고인민회의 대의원들 앞에서 조선민주주의인민공화국의 수립을 공식 선포했다. 이때 김일성은 8개 정부정강을 발표했다. 1948년 9월 8일 초대 최고인민회의 제1차 회의.

했는데, 모두 8가지였다. 첫째, 국토완정과 민족통일의 선결 요건이 되는 미소 양국 군대의 철수를 위해 최선을 다한다. 둘째, 조선 인민의 이익을 배반하고 일본 제국주의자들에게 적극 협력한 친일파와 민족 반역자들을 처벌한다. 셋째, 토지개혁과 산업국유화, 노동법, 남녀평등법 등 민주개혁을 더욱 공고화할 것이다. 넷째, 경제의 식민지 예속성을 청산하고 조선 인민의 복리를 향상시키기 위해 자주적 민족경제를 건설할 것이다. 다섯째, 교육과 문화와 보건 분야의 발전을 위해 힘을 쓸 것이다. 여섯째, 인민정권기관(지방인민위원회)을 더욱 발전시킬 것이다. 일곱째, 여러 자유애호국가들과 친선 관계를 맺도록 노력할 것이다. 여덟째, 외래 침략 세력에서 국토를 보위하고 민주개혁의 성과를 보호하기 위해 인민군대를 더욱 강화할 것이다.

이와 같이 정치, 경제, 사회, 문화, 외교를 망라한 다양한 분야에서 정부가 역점 수행할 정책의 방향을 제시했는데, 그 첫 번째로 국토완정을 강조해 조선민주주의인민공화국이 북한에 머물러 있지 않을 것임을 분명히 했다.

정부 수립과 함께 민족보위성이 설치됨에 따라 조선인민군도 체계화되었다. 민족보위상 최용건(대장) 아래 더 조직적인 직제를 갖추었다. 민족보위성 부상 겸 문화부 사령관은 김일金一(중장)이 맡았다. 포병부 사령관 무정(중장), 총참모장 강건(중장), 부총참모장 최인(소장), 전투훈련국장 김웅(소장), 총후방국장 최홍극(소장), 문화부국장 김일金日(소장), 작전국장 유성철(대좌), 정찰국장 최원(대좌), 통신국장 박영순(대좌), 공병국장 박길남(대좌), 간부국장 리림(대좌), 군의국장 리동화(대좌), 포병부국장 김봉률(대좌), 전투경험연구부장 유신(대좌), 정치보위부처장 석산(대좌) 등이 그 아래 위치하는 체계를 마련했다.

북한 정부 수립 후 소련과 중국공산당이 축하 전문을 보냈고, 10월 들어서는 소련, 몽골, 폴란드, 체코슬로바키아, 루마니아, 유고슬라비아와 차례로 외교 관계를 맺었다. 11월에는 헝가리, 불가리아, 알바니아와 수교했다. 이런 과정을 통해 대외적으로도 조선민주주의인민공화국 수립은 공식화되었다.

국토완정론과 북진통일론의 대립

조선민주주의인민공화국의 정부정강에 처음 등장한 국토완정은 사회주의 이념으로 한반도를 통일한다는 의미다. 1948년 9월 9일 정부수립과 함께 내세움으로써 북한의 통일 방안이 국토완정임을 대내외에 공표했다. 1949년과 1950년 신년사에서도 이를 강조함으로써 통일론으로서 입지가 굳어졌다.

북한이 국토완정의 명분으로 내세우는 것은 2가지였다. 하나는 남한이 친일파의 세상이라는 것이다. 북한이 보기에 남한은 친일파가 그대로 남아 정권에서 중요한 역할까지 하고 있고, 북한에서 넘어간 친일파까지 가세해 가히 친일파의 나라였다. 그래서 이를 인정할 수 없다는 것이다. 또 하나는 남한이 미제의 주구走狗라는 것이었다. 친미정권이 미제의 꼭두각시를 벗어나지 못하고 있으니 북한이 해방시켜야 한다는 명분을 내세웠다.

이와 같은 명분을 표방했지만 북한이 국토완정론을 내세운 실질적 이유는 따로 있었다. 첫째는 무엇보다도 북한에서 이룬 사회주의 체제를 남한에도 이식해 한반도 전체를 사회주의화하겠다는 의도였다. 민주기지론에 따라 북한을 사회주의화했으니 이제 다음 단계로 이를 남한으로 확산시키겠다는 것이다. 둘째는 분단의 책임을 남한에 떠넘기려는 것이었다. 국토완정론과 이에 대한 명분들을 내세우면서 이를 통해 '자격 없는 이승만이 부당하게 단독정부를 세웠다'는 것을 대내외에 선전하려고 했다.

셋째는 북한 체제의 내부 결속을 노렸다. 남한 정부를 친일파 정부 혹은 미제의 주구로 규정하고, 남한 사회를 친일파들의 세상으로 선전함으로써 자신들의 정당성과 정통성을 부각하려고 했다. 또한 남한을 통일의 대상으로 간주함으로써 이를 위한 역량 강화와 내부적 단결의 필요성을 강조할 수 있었다. 이런 여러 가지 목적을 지닌 채 국토완정론은 북한의 통일론으로 강조되었다.

이승만 정권은 북진통일론을 내세웠다. 북한으로 진격해서 통일을 이루겠다는 내용이다. 북진통일은 정부 수립 직후부터 줄곧 이승만 정권의 통일론 역할을 했다. 무력을 통해서라도 북한에 진주해 통일을 이루겠다는 것이다. 하지만 당시 이승만 정권은 그럴 만한 군사적 능력을 갖추고 있지는 못했다. 병력, 무기, 전투 경험 등 모든 면에서 북한군을 따라가지 못했다. 미군도 1949년 6월부로 철수하고 군사고문단 500명만 남은 상태였다.

그럼에도 이승만 정부가 북진통일론을 내세운 것은 대내외에 메시지를 던지기 위해서였다. 첫째는 김구 세력을 향한 메시지였다. 이승만의 최대 라이벌 김구는 좌파와도 협상을 해서 통일정부를 이루자는 주장을 하고 있었다. 그런 김구와 그의 추종자들에게 공산주의자와 협상하자는 것은 몽상에 불과하고 이들은 무력 점령의 대상에 불과하다는 주장을 하고 있었던 것이다.

둘째는 이승만 정권 지지자들에 대한 메시지였다. 이승만 정권을 받치고 있던 우익 세력은 철저한 반공·반북 세력이었다. 정서적으로나 이해관계의 측면에서나 북한에 대해 심한 적의를 갖고 있는 세력이었다. 이들에게 북한은 타협 불가의 적이었다. 북진통일론은 이들에게 '똘똘 뭉쳐 북한을 쳐부수자'는 속 시원한 구호를 외쳐주는 것이었다.

셋째는 북한을 향한 메시지였다. '무력을 언제든 동원할 수 있다'는 공격적인 메시지일 뿐만 아니라, '충분히 경계하고 있으니 침략할 생각은 하지 마라'는 방어적 메시지이기도 했다. 경제적·군사적으로 모자라고, 정치적으로 혼란을 거듭하고 있는 상황이지만, 북한에 대해서만은 경계와 강경한 자세를 견지하고 있음을 표방한 것이다.

넷째는 미국에 대한 메시지였다. 이승만 정부는 미국의 지원을 기반으로 경제를 운용하고 있었다. 미국의 원조를 되도록 많이 받아야 하는 형편이었다. 이런 상황에서 '지원을 제대로 해주지 않으면 북한으로 진격할 수도 있다'는 메시지를 던진 것이다. 미국은 이승만 정부가 독자적으로 행동해서 문제를 야기하는 것을 염려하고 있었다. 이를 알고 있던 이승만은 충분한 원조를 끌어내는 방안으로 북진통일론을 내세운 것이다. 국제정치에서 이런 외교 방식은 왕왕 활용된다. 약자들이 강한 힘을 발휘한다고 해서 '약자의 독재tyranny of weakness'라고 한다. 이승만은 대미외교에서 이 방식을 주로 이용했다.

이렇게 다목적 포석을 가진 북진통일론은 정권 초기 정립되어 북한의 국토완정론과 첨예한 대립 관계를 형성해 남북 간의 긴장을 고조시켰다. 6·25 전쟁 당시에는 미국으로 하여금 한미상호방위조약에 사인하도록 하는 압박 수단으로도 활용되었다. 이후에도 북진통일론은 이승만 정부 내내 통일정책의 핵심 요소를 형성하다가 이승만 정권이 무너지고 1961년 장면 정권이 출범하면서 폐기되었다.

자율성의 확장

2개년 경제계획 수립

국가자율성national autonomy은 주권이 충분히 확보된 상태에서 국가의 정책을 자신의 판단으로 수립하고 자신의 능력으로 실행하는 것을 말한다. 정책의 핵심 영역은 경제와 국방이다. 저개발의 단계에서는 경제와 국방 영역의 비중이 훨씬 크다. 북한도 정부를 세우고 행정 체계를 갖춘 이후에는 경제 영역에 더 관심을 집중했다. 경제계획을 세워 체계적인 발전을 추진하는 데 주목했다. 1947~1948년에 1년 단위의 경제계획을 세워서 시행했다. 하지만 중장기 계획은 해보지 못했다. 장기 계획을 수립한 것은 경제 운영을 임시조치와 단기적 처방에 그치지 않고 더 체계화한 기반 위에서 하려는 취지였다. 하지만 장기 계획을 세울 만한 여건은 갖춰지지 않아 우선 1949~1950년 2개년 계획을 세웠다. 1948년 11월 제10차 전원회의에서 '2개년 인민경제계획의 중심 과업에 대하여'라는 결론을 내면서 경제계획 수립 작업이 시작되었다.

기본 방향은 경제의 식민지적 낙후성을 일소하고 자립경제의 토대를 닦는 것이었다. 이를 위해 공업과 농업을 재건해 국가의 물질적 토대를 공고히 한다는 방향을 갖고 있었다. 구체적으로는 일제와 소련군에 의해 파괴된 경제 기반을 조기에 복구하고 새로운 설비들을 갖춰 1944년의 생산 수준을 넘어서는 것을 목표로 세워놓고 있었다.

우선은 복구 작업이었다. 일제는 북한에서 물러가면서 수풍발전소와 청진제철소, 평양화학공장 등 47개 주요 기업과 공장, 472개의 광산과 탄광을 파괴했다. 복구 작업을 해왔지만 1948년 정부 수립 당시까지도 미복구 상태로 남아 있는 것이 많았다. 이런 것들을 살려 다시 가동하는 것이 급선무였다. 전력 공급을 확대하기 위해 수풍발전소와 독로강발전소 등 발전시설을 복구하고, 화학공장과 시멘트공장과 제철소도 조기에 복구하겠다는 계획을 세웠다. 개천광산 등 19개의 광산도 복구·개발하기로 했다. 전선공장, 조강공장, 아연제련공장, 착암기공장, 농기구공장 등을 신설해 공업 발전을 촉진하겠다는 계획도 포함되었다.

1948년을 기준으로 국영산업 부문에서 1949년에 143.2퍼센트, 1950년에는 194.1퍼센트를 생산한다는 계획이었다. 1949년과 1950년에 전력 생산을 65억 킬로와트시, 68억 킬로와트시로 늘리고, 무연탄은 209만 톤, 299만 톤으로, 철광석은 40만 톤, 82만 톤으로, 화학비료는 37만 톤, 42만 톤으로 생산량을 늘려가기로 했다.

중화학공업뿐만 아니라 주민생활과 직접 관련되는 경공업 발전도 도모하기로 했다. 입는 문제를 해결하기 위해 면직기와 견직기를 각각 1,000대 더 설치하는 등 관련 설비를 대폭 늘리기로 했다. 곡물 생산도 1949년에는 285만 톤, 1950년에는 302만 톤으로 확대할 계획을 세웠다.

노동생산성 측면에서는 1948년에 비해 1949년에는 20.2퍼센트, 1950년에는 38.2퍼센트 높이고, 지방산업을 64.8퍼센트, 112퍼센트 성장시키기로 했다. 반면에 원가는 9.3퍼센트, 18.3퍼센트 낮추기로 했다. 남아 있는 개인 기업들의 생산성을 높이기 위해 서로 합쳐서 생산합작사를 형성하는 것을 적극적으로 독려한다는 내용도 2개년 계획에 들어 있었다.

이와 같은 경제적 성장을 기반으로 1950년부터는 초등의무교육을 실시하고, 1950년 말까지는 전 지역에 의사가 없는 면을 없애 보건 부문의 발전도 꾀하기로 했다. 이러한 계획과 의미를 널리 선전하기 위해 240여 명의 선전원을 파견했다. 이들이 진행한 강연이 3,060회, 여기에 참가한 사람이 17만여 명에 이르렀다. 북한은 이 계획이 우선 경제와 복지의 발전을 이룩할 것이고, 이는 조국통일을 위한 물질적 담보가 될 것이라면서, 경제발전계획에 내재된 국토완정과 통일에 대한 의도도 숨기지 않고 공공연하게 밝혔다. 이 계획에 따라 경제를 운용한 결과 북한은 1949년 공업 생산액이 1946년에 비해 3.37배 증가했다. 이는 1944년의 95.5퍼센트에 이르러 해방 이전 수준을 거의 회복하게 되었다.[21]

소련군 철수

정부 수립이 완료되자 소련군 철수가 구체적으로 협의되어 1948년 10월부터 철수가 시작되었다. 소련군 부대가 떠나갈 때마다 시민들이 나와 환송했다. 장비는 대부분 북한에 남겨두었다. IL-10 전폭기와 YAK-9 전투기, T-34 전차와 76미리 자주포, 모터사이클, 각종 차량 등 많은 무기와 군수물자를 그대로 두고 떠났다.

철수가 완료된 것은 12월 26일이었다. 미군은 이보다 6개월 뒤인 1949년 6월 남한에서 철수했다. 소련군 병력 철수 후에도 군사고문단은 남았다. 중대급까지 파견하던 것을 대대급까지만 파견하는 것으로 수정해 숫자를 줄여서 유지했다. 그 숫자는 3,000명 정도였다. 미군의 군사고문단 500명보다는 훨씬 많은 규모였다. 이들은 주로 조선인민군의 훈련을 지도했다.

당초 소련은 "우리도 철수할 테니 미군도 철수하라"고 요구했다. 하지만 미군 철수가 보장되지 않은 상황에서 철수를 시작했다. 김일성 정권이 충분히 친소정권이라고 판단했고, 북한에 정규군을 세웠기 때문에 철수해도 북한에 영향력을 행사하는 데에는 문제가 없다고 보았기 때문이다.

소련군이 철수함에 따라 조선인민군은 확대·개편되었다. 소련군이 철수한 만큼 자체 군사력을 확장할 필요가 있었다. 남겨진 무기를 충분히 활용할 필요도 있었다. 기존 2개 사단에 더해 제3사단이 편성되고 제4혼성여단이 신설되었다. 소련이 남긴 항공기로 항공연대를 창설하

1948년 10월부터 소련군은 북한에서 철수하기 시작해 그해 12월 26일 완전하게 철수했다. 하지만, 3,000명 정도의 군사고문단은 남게 되었다. 평양 시민들의 환송을 받으며 철수하는 소련 군대.

고, 폭격기대대와 추격기대대 등을 갖추게 되었다. 전차대대는 전차연대로 확대되었다. 이후 군을 강화하는 작업은 적극적으로 추진되어 1949년에는 징병제가 실시되고, 중국에 있던 조선인 부대도 입북하게 되었다.

조선인민군과 소련군 고문의 갈등

소련군이 해방 직후 진주해 3년 남짓 만에 철수했지만, 북한은 군 창설 작업을 시작하는 단계에서부터 소련군의 도움을 많이 받았다. 1946년

12월 소련군의 무기가 보안간부훈련대대부의 각급 부대에 전달되고, 소련군 고문도 배치되었다. 이들 소련군 고문은 군의 체계 확립, 부대 운용, 훈련, 작전 등 모든 분야에서 간섭하고 지휘했다. 중대 단위까지 고문이 파견되어 있었으니 하나부터 열까지 이들이 관여하지 않는 것이 없었다. 군 체계가 잡혀 있지 않은 상황에서 훈련을 제대로 시키고 작전 능력을 길러주는 것은 무엇보다 중요한 일이었다. 그런 주요 부문에서 소련군 고문이 기여한 바가 크기도 했다.

그런데 이들은 점령군의 권위를 내세워 횡포를 부리는 경우도 많았다. 그래서 조선인민군과 소련군 고문 사이에는 갈등과 분쟁이 끊이질 않았다. 리청송과 관련된 에피소드가 이를 잘 보여준다.[22] 리청송은 최표덕, 김봉률 등과 함께 소련파 고위급 장교의 대표적 인물이다. 소련군 통신학교를 졸업하고 소련군 특무장(상사급)을 지내다 조선인민군에 들어가 통신부 부부장, 조선인민군 제2사단장까지 지냈다.

1948년 초였다. 리청송은 자신의 전공 분야를 살려 북조선인민집단군 사령부에서 통신부 부부장을 맡고 있었다. 털털하면서도 한 번 성질을 내면 불같았다. 소련 군복을 벗고 조선인민군 건설에 참여했는데, 민족주의적 성향도 갖고 있었다. 하루는 그가 사령부 당직표를 짜는 조직편제참모실에 씩씩거리면서 들이닥쳤다.

"내가 왜 이번 일요일에 당직사령으로 계획되었음메?"

2주 전에 당직사령을 했는데 왜 또 해야 하느냐는 것이었다. 조직편제참모는 솔직히 말할 수밖에 없었다.

"근무자 한 사람이 소련 고문단과 시찰을 나가게 되어 있습니다."

그러자 리청송은 버럭 소리를 질렀다.

"로스께 동무들은 왜 남의 땅에 와서 그 디랄들이야!"

소련군 특무장 출신이면서도 소련군을 욕했다.

"이 땅에서 양키들과 로스께드르 다 내쫓아야 되는 것임메. 나는 다 알고 있다카이, 일본 데국두의 놈드르 쫓아내고 해방을 찾고 나니 로스께가 몰려와서 또다시 상전 노릇을 하고 있단 말입네다. 이번 일요일 당직사령이 소련 고문관과 야유회를 간다는 소문을 듣고 찾아와보니 틀림없는 일이구먼. 당장 일요일 당직사령을 원위치로 돌려 놓으라우. 난 로스께들의 길잡이를 위해 동행하는 당직사령의 빈 자리를 메꿀 수 없음메."

소련군이 북한에 들어와 제맘대로 행동하는 것, 여기에 빌붙어 뭔가를 얻어보려 하는 이들을 모두 비난하는 것이었다. 하지만 사령부의 당직표는 민족보위상에게까지 올라간 것이어서 바꿀 수가 없다는 것이 조직편제참모의 답이었다. 이에 리청송은 책상을 내리치며 화를 냈다.

"남에는 양키 원쑤들이 북에는 로스께들이 판을 치고 있는 판국에 신탁이다 아니다, 좌니 우니 하며 동족 간에 가댁질을 하고 있는 모습은 수치들임메. 우리들의 원쑤들은 일본 제국주의자들이었음메다. 이제 그놈드르 내쫓고 해방을 맞이했으니 자주적인 조국으로 바뀌어져야 할 때임메다. 기렇티 아니하고, 동무?"

화풀이를 했을 뿐 당직표를 바꿀 수는 없었다. 하지만 화를 내면서 하는 그의 이야기 속에는 해방이 되어서도 진정한 해방을 맞지 못하고 있는 당시 상황에 대한 한탄이 들어 있었다. 그의 이러한 민족주의적 고민은 또 한 번의 사건으로 연결되었다.

1948년 봄 무렵이었다. 김구와 김규식이 평양으로 올라가 김일성과 김두봉을 만나고 남북연석회의가 열리던 시기였다. 당시 주요 이슈는 남한의 단독정부 수립 반대, 통일임시정부 수립, 외국 군대 철수였다. 그런데 그 무렵 어느 일요일에 평양사동비행장에서 군간부들의 야유회가 있었다. 소련군도 참가했다. 흥을 돋우기 위해 협주단과 무용단도 동원되었다. 그런데 소련군 하나가 무용수를 강간했다. 소문은 조선인민군 내에 퍼졌고, 리청송의 귀에까지 들어왔다.

"이제야 해방이 되었다고 생각했는데 이게 또 무슨 꼬라지임메. 놈들이 말하길 왜놈들이 조선의 풍속과 문화를 모욕했지만 이제 노예적인 과거는 돌아오지 않는다고 큰소리를 탕탕 치지 않음메. 또 붉은 군대는 조선 인민이 자유롭고 자립적으로 일할 수 있도록 모든 조건을 만들어 놓았다는 포고문을 발표해놓고 어떻게 그런 파렴치한 행위를 저지를 수 있단 말임메까. 나는 참을 수가 없다카이. 미 제국주의자들과 소련군은 즉각 이 땅에서 물러가야 한단 말임메다!"

그러고는 사동비행장으로 향했다. 강간범 소련군을 찾아냈다. 권총을 빼들고 호통쳤다. 대판 싸움이 되었다. 하지만 이 일로 피해를 본 것은 리청송이었다. 한직으로 물러나 잠시 대기해야 했다. 이후에도 소련군 통신고문과 싸우기도 했다. 하지만 크게 바뀌는 것은 없었다. 김일성의 권력이 소련의 지지에서 나온 것이니 그 구조를 리청송 혼자서 바꿀 수는 없는 것이었다. 소련군은 1948년 10월 철수할 때도 고문단을 남겨두었다. 6·25 전쟁까지도 이들은 많은 영향력을 행사했다. 한국인의 손으로 남북한을 해방시키지 못한 까닭에 북한은 소련군의 영향에서, 남한은 미군의 영향에서 벗어나지 못한 것이다.

리청송은 1948년 2월 조선인민군 출범 당시 제2사단장이 되어 6·25 전쟁 당시에는 제2사단장을 계속하다가 남해여단장을 맡았다. 인천상륙작전 이후 대대적으로 조선인민군이 후퇴할 때 뒤처져 퇴로가 막혔다. 투항을 하든지 빨치산투쟁을 하든지 해야 하는 상황이었다. 하지만 그는 어느 것도 하지 않았다. 수수께끼처럼 사라졌다. 민족이 완전 독립하긴 어려운 상황에서 어느 쪽으로 가든 서로 싸워야 한다는 현실이 싫어서였을까?

평안북도

농민의

1948년

1948년 김기재라는 농민은 평안북도 강계군 시중면 안찬리에서 농사를 짓고 있었다.[23] 부모와 아내, 자녀 2명 등 모두 여섯 식구가 함께 살았다. 토지개혁 이후 형편이 좀 나아졌지만 여전히 어려웠다. 손님이라도 오는 날이면 밥 한 끼 대접하기가 여간 어렵지가 않았다. 이부자리나 입을 것 모두 모자랐다. 방은 2개였다. 손님이 오는 경우 아이들은 바깥으로 나가거나 부엌에서 손님이 가기를 기다려야 했다. 땔감은 나무였다.

이 지역은 산간벽지여서 꿩이 많았다. 김기재의 부친은 겨울이면 매사냥을 했다. 매를 훈련시켜 꿩을 잡는 것이다. 그렇게 잡은 꿩으로 영양 보충을 했다. 대부분의 집들에 배나무 한두 그루가 있었다. 남을 접대할 때는 늘 배를 내놓았다. 워낙 추운 지방이어서 겨울에는 배가 꽁꽁 얼었다. 언 배를 따뜻한 데 놓아 얼음기만 가시게 한 뒤 겨울에도 손님 접대에 사용했다. 배를 더 많이 생산해 소비조합을 통해 출하하면 농가 소득에 크게 보탬이 될 수 있었겠지만, 안찬리 농민들은 거기까지 생각을 못했다.

산간벽지라서 부족한 게 많았지만 특히 소금이 달렸다. 반찬이 주로 김치와 산나물 종류였는데, 소금이 없으면 이것마저 만들기 어려워 애를 먹었다. 해방과 함께 물러가던 일제가 염전마저 파괴했기 때문에 소금 부족은 1948년을 지나 1949년까지 계속되었다. 1949년 1월 9일자 『로동신문』 2면에는 평안남도 평원군의 남양염전이 생산을 증대시키기 위해 노력하는 모습이 생생하게 나온다. 여기서도 우선 하는 작업이 일본이 부수고 간 염전을 복구하는 것이다. 1949년까지 염전 복구가 완료되지 않았다는 이야기다. 그런 상황이니, 가뜩이나 교통이 좋지 않은 산간마을 안찬리까지 소금이 가기는 어려웠을 것이다.

김기재는 농사를 지으면서 마을의 당 세포 비서를 하고 있었다. 당 세포는 5~30명까지의 단위를 대상으로 조직되었는데, 이 마을에도 당 세포 조직이 있었다. 당 세포 비서는 당원 중에서 선거로 뽑았는데, 당원들의 당생활과 교육을 담당하면서 당원들이 해야 할 일을 정해주고 이를 점검하는 일도 했다. 부비서도 있고, 학습강사도 따로 있었다. 부비서는 비서를 돕는 일을 하고, 학습강사는 당의 사업을 이해하기 쉽게 당원들에게 설명해주는 역할을 했다. 이를 위해 당에서는 '학습제강'이라는 교본을 내려 보내주었다. 당 세포는 주요 사안을 총회를 통해 결정하도록 되어 있는데, 총회는 월 1회 이상 소집해야 했다.

이 마을에서도 세포총회를 통해 농사철에는 어떤 일을 중점적으로 할 것인지, 겨울철에는 부업으로 무엇을 할 것인지 등의 주요 사항을 결정했다. 회의를 하면 회의록을 모두 손으로 써서 정리를 해놓아야 했다. 결산보고서도 정리해야 했다. 당에서는 낮에는 농사일을 하고 당 사업과 관련된 일은 모두 밤에 하라고 했지만, 김기재는 서류 작업에 익숙하지 않아 저녁시간만으로는 이런 일을 정리할 수가 없었다. 한문까지 섞어서 썼기 때문에 시간이 많이 걸릴 수밖에 없었다.

농사일에 신경쓰다 보니 때로는 형식적으로 회의를 하고 형식적인 내용을 적어놓는 경우도 있었다. 실현가능한 결정을 내고, 결정을 내렸으면 반드시 실천하는 것이 중요하다고 상부기관에서 강조했지만, 한 달에 한 번 회의를 정기적으로 하다 보니 형식적인 결정을 할 때가 있었다.

1948년 1월 12일 당시 북조선인민위원장 김일성이 이 마을을 방문했다. 세포총회 회의록을 훑어본 김일성은 문제를 지적했다.

"당 세포에서 1월 말까지 동기 부업으로 화목(땔나무)을 수천 단 해서 다 팔 것을 계획하고 사업을 포치하였는데, 이것은 물론 좋은 일이라고 생각합니다.

왜냐하면 화목을 해다 팔면 농민들의 수입을 높일 수 있고 또 노동자, 사무원들의 화목 문제도 해결할 수 있기 때문입니다. 그런데 우리가 오면서 보아도 그렇고 마을에 와서 보아도 그렇고 화목을 해놓은 것이 얼마 없습니다. 1월 말까지 이제 20일밖에 남지 않았는데 이 기간에 동무들이 과연 계획대로 수천단의 화목을 해다 팔 수 있겠습니까?"

'회의 따로 실행 따로'의 형식주의를 이야기한 것이다. 북한이 1946년 말부터 건국사상총동원운동을 벌이면서 낡은 관습을 버리는 운동을 전개했는데, 농촌 지역에는 아직도 많이 남아 있었다. 안찬리도 마찬가지였다. 살림이 넉넉하지 않으면서도 생일잔치를 요란하게 차리는 경우가 있었고, 관혼상제에 돈과 시간을 많이 쓰는 경우가 흔했다. 이 마을만의 문제는 아니었지만, 이 마을을 방문한 자리에서 김일성은 이 문제도 지적했다.

"농민들의 생활에서 아직 낭비가 많습니다. 낭비 현상을 철저히 없애고 절약하는 기풍을 확립하지 않는다면 아무리 애써 농사를 잘 지어도 소용이 없습니다. 그러므로 낭비 현상을 반대하여 적극 투쟁하여야 하겠습니다. 생일잔치를 요란하게 차리거나 관혼상제 등으로 지나치게 낭비하는 일이 없도록 하여야 합니다."

농촌에 더 깊이 자리 잡고 있는 전통적 체면의식 때문에 쉽게 고쳐지지 않는 것이었다. 이런 문제를 개선해나가는 일도 당 세포 비서 김기재의 일이었다.

당시 북한에서 '가난은 타고난 것' 또는 '나라도 가난은 구제 못한다'는 등의 패배주의적 의식은 많이 사라진 편이었다. 하지만 아직도 겨울 농한기에는 게으르게 지내는 농민이 많았다. 겨울을 봄철 농사를 위한 철저한 준비 기간으로 간주해 부지런히 거름을 만들고 농기구도 수리하고 종자도 준비하도록 하는 것도 당 세포 비서가 해야 할 중요한 업무였다.

안찬리는 산간벽지였지만 거기까지 신문이 배달되었다. 하지만 1948년까지만 해도 한자를 섞어 쓰는 신문들이 있어서 농민들이 읽는 데 애로를 겪었다. 농민들은 기회 있을 때 한글로만 신문을 만들도록 건의했다. 1949년 3월에는 한자 사용이 금지되고 한글로만 만든 신문이 배달되었다.

요컨대 1948년 북한의 산간벽지는 사는 게 녹록지 않았다. 먹는 것, 입는 것, 자는 것, 어느 것 하나 수월하지 않았다. 그렇다고 체념하고 낙담하는 분위기는 아니었다. 낡은 풍습은 차츰 고쳐가는 중이었다. 그런 가운데에도 당 조직은 작은 마을에까지 철저하게 체계화되어 있었다. 주요 사안은 당 조직을 통해 결정되고 실행되었다. 그렇게 조직화되어 있으면서도 때로는 회의를 위한 회의를 하는 형식주의도 나타나기도 했다.

1949년

제5장

×××

전쟁으로 가는 길

★
높아지는 자신감

북한과 남한의 유엔 가입 신청

 1948년 9월 정부를 수립하고 경제 운용에 상당한 성과를 낸 북한은 1949년 들어서 이전과는 달라지는 모습을 보인다. 외교적으로, 경제적으로, 문화적으로 자신감을 표현하는 모습을 보이는 것이다. 1949년 2월 10일에는 북한이 처음으로 유엔에 가입 신청서를 냈다. 그동안 유엔의 조치에 극도의 부정적 태도를 보이던 북한이 태도를 바꿔 가입 신청까지 하게 된 것이다. 이는 1991년 유엔에 가입할 때까지 부침을 거듭하는 오랜 대對유엔, 대對서방사회 외교의 시작이기도 했다.

 북한과 유엔의 관계를 이해하기 위해서는 그 이전 상황을 좀 볼 필요가 있다. 1947년 9월 미국은 한반도 문제를 유엔으로 넘겼다. 북한은 이를 비난하고 유엔의 결정에 따르지 않겠다는 의사를 분명하게 밝혔다. 미국은 유엔의 감시하에 남북한 총선거를 실시해 중앙정부를 수립하자는 결의안을 제출했다. 이에 대해 소련은 남북의 대표를 유엔에 초청해 토의에 참여시키고, 미군과 소련군은 동시에 철수하며, 한국인들이 정부 수립을 할 수 있도록 맡기자는 안을 내놓았다. 북한의 의견이기도 했다. '유엔이 감시할 필요 없이 한국이 독자적으로 정부를 구성해내도록 놔두라'는 이야기였다. 유엔총회는 미국의 안을 받아들였다. 11월 14일 '유엔 한국임시위원단 설치와 한국의 총선거에 관한 결의'를 채택했다. 당시 유엔은 미국의 영향권 안에 있었다.

유엔총회는 호주, 캐나다, 중국, 엘살바도르, 인도, 필리핀, 시리아, 우크라이나 등 8개국으로 한국임시위원단을 구성했다. 우크라이나는 대표 파견을 거부해 프랑스로 바뀌었다. 한국임시위원단은 1948년 1월 남한에 들어와 활동에 들어갔다. 북한은 이를 받아들일 수 없다며 반대했다. 이는 소련의 의견이기도 했다. 소련은 이즈음 남한의 대표 300명을 포함해 전조선인민위원회 대표자대회를 3월에 열겠다는 생각을 하고 있었다.[1] 전조선인민위원회 대표자대회를 통해 남북한을 아우르는 인민회의를 구성해서 여기서 임시통일헌법을 통과시키겠다는 계획이었다. 이후에 이 헌법을 바탕으로 통일정부 구성을 시도할 수 있었다. 하지만 남한보다 헌법을 먼저 제정하면 단독정부 수립을 시도한다는 비난을 받을 것을 우려했다. 그래서 소련은 이 계획을 취소했다.

그러면서도 유엔에는 협조하지 않았다. 한국임시위원단은 선거 관련 조사 활동을 위해 북한 지역에 들어가고자 했지만 소련 측이 거부했다.

1947년 11월 14일 유엔총회는 유엔 한국임시위원단 설치와 한국의 총선거에 관한 결의를 채택했다. 1948년 3월 8일 유엔 한국임시위원단 첫 회의 모습.

이렇게 되자 한국임시위원단 내에서 남한 단독선거에 대해 논의했으나 의견이 갈렸다. 결정은 유엔 소총회에 맡겨졌다. 유엔 소총회는 2월 "위원단 접근이 가능한 지역만이라도 선거가 실시되어야 한다"고 결의했다. 한국임시위원단은 늦어도 5월 10일까지는 선거를 실시하겠다는 성명을 내놓았고, 미 군정청은 5월 10일 총선거를 결정했다.

선거 후 정부가 수립되자 유엔총회는 12월 12일 "유엔 한국임시위원단이 감시할 수 있었고 또한 대부분의 한국인이 살고 있는 지역에 대하여 유효한 지배와 관할권을 가진 합법적 정부가 수립되었음을 선언하며, 이 정부는 한국에 있어서의 유일한 정부임을 승인한다"고 결의했다. 이에 대해 북한은 '남한은 미 제국주의자의 앞잡이들과 조선민족반역자들이 세운 반동정권'이라는 주장을 내세우면서 유엔총회의 결의 안은 이러한 반동정권을 합법화하려는 시도라고 주장했다.

1949년 새해가 된 지 얼마 안 된 1월 19일 한국은 정식 유엔회원국이 되기 위해 가입 신청서를 제출했다. 그러자 북한도 2월 10일 가입 신청을 했다. 북한은 신청서에서 "국제평화와 국제안전을 옹호하는 데 평화애호국가들과 협조할 용의가 있다"고 밝혔다(『로동신문』, 1949년 2월 23일). 남한의 신청에 대응하기 위한 신청이었지만, 국제평화를 언급하면서 유엔에 신청서를 제출하는 모습은 이전의 북한과는 달랐다.

북한이 가입을 신청한 데에는 그들 나름의 전략이 작용했다. 북한은 조선민주주의인민공화국의 정당성을 국제사회에 설명하려고 했다. 실제로 안전보장이사회에서 북한의 입장을 대변한 소련 대표 야코프 말리크Yakov Malik는 1949년 8월 최고인민회의 대의원 선거가 남북한 전체에 걸쳐 실시되었다면서 북한 정권이 남북한 전체를 대표하는 정권이라고 주장했다. 북한은 이런 주장을 하면서 동시에 남한이 유엔회원국이 되는 것을 방해하기 위해 가입 신청서를 낸 것이다.

한국의 유엔 가입 신청은 신회원국가입위원회를 통과했지만, 안전보장이사회 전체회의에서 소련의 거부권 행사로 부결되었다. 북한의 유엔 가입 신청은 미국 등의 반대로 신회원국가입위원회에 회부조차 되지 못했다. 이후 남북한은 여러 차례 시도 끝에 1991년 9월 동시에 가입하게 되었다. 동서의 냉전이 끝나고서야 가입할 수 있었다. 어쨌든 1949년 초 북한의 유엔 가입 신청은 그들 나름의 속셈이 있는 것이었지만, 유엔을 '국제평화와 국제안전을 옹호하는' 기관으로 인정하면서,

그 회원국이 되려는 시도였다는 점에서 북한의 유엔과 서방에 대한 변화된 태도를 보여주는 사례였다.

선거를 증산의 기회로

북한은 1948년 9월 정부를 수립하면서 정부정강을 통해 인민정권기관, 즉 지방인민위원회를 발전시키겠다고 밝혔는데, 이를 실현하기 위해 1949년 3월 도·시·군의 인민위원회 대의원 선거를 실시했다. 해방 직후 자생적 자치기구로 출발해 소련군의 인정을 받아 지방행정을 맡아온 인민위원회가 공식적인 정부 산하의 공식 지방행정기관으로 자리 잡기 위해 선거를 실시한 것이다.

우선 2월 초 중앙선거지도위원회가 구성되고, 1만 7,654개의 각급 지역선거지도위원회가 마련되었다. 각계각층을 대표하는 9만 140명이 선거위원으로 참여했다. 이후 선거구가 정리되고, 공장의 종업원회의, 농민회의, 군인 모임들이 후보를 추천했다. 이 선거도 역시 한 사람의 후보를 정한 뒤 이에 대해 찬반을 묻는 형태였다.

김일성은 평안남도 강동군 흑령탄광의 종업원회의 등의 추대를 받아 제37호 선거구에서 평안남도 인민위원회 대의원 후보로 등록했다. 선거는 하나의 축제로 여기는 정치문화가 이미 형성되어 이전의 선거에서처럼 각종 연예 활동과 함께 강연회와 설명회, 호별 방문 등을 통해 선거가 홍보되었다.

1949년 2월 23일자 『로동신문』 3면에는 선거를 준비하는 평양시의 모습이 잘 묘사되어 있다. 선거를 홍보하는 플래카드와 벽보가 곳곳에 붙어 있었다. 스탈린거리 등 요소요소에는 스피커가 설치되어 방송을 통해서도 선거의 의미가 설명되고 있었다. 중구 제3호분구의 선거선전실 정면에는 국기와 국장 등이 걸려 있고, 경제 성과와 계획에 대한 각종 도표와 그림이 장식되어 있었다. 이런 선전실이 곳곳에 마련되어 그동안의 정부 성과를 홍보하고 선거 참여를 독려하고 있었다.

1946년 11월 선거 이래 이런 모습은 비슷하게 진행되어왔다. 그런데 달라진 것은 1949년 3월 선거부터는 선거 캠페인이 증산운동으로 활용되기 시작했다는 것이다. 공장과 농촌에서 선거를 계기로 생산장려운동이 대대적으로 벌어졌다. 말하자면 '목표를 앞당겨 달성하고 즐겁게 선거축제를 즐기자'는 운동을 벌인 것이다. 그 결과 함경북도 명간화학공장은 1분기 생산목표를 3월 10일에 조기 달성했고, 황해도 공산광산은 3월 17일에, 원산철도공장은 3월 18일에 책임량을 수행하는 등 많은 공장과 기업소가 목표량을 조기에 완료했다.

농촌도 황해도 재령군 삼강면 농민들이 3월 20일에, 인백군 화성면 농민들이 3월 29일에 봄보리 씨붙임(파종)을 끝내는 등 작업을 서둘렀다. 이처럼 정부 수립 직후 북한은 선거선전 사업을 경제 건설과 연계시켜 정치적 안정성 확립과 경제적 성장을 동시에 추구하는 전략을 구사했다.

선거는 3월 30일 실시되어 5,853명의 도·시·군 인민위원회 대의원이 뽑혔다. 다른 선거와 마찬가지로 높은 투표율과 찬성률을 보였다.

투표율은 99.98퍼센트, 찬성률은 98퍼센트를 기록했다. 노동자와 농민 등 다양한 계층에서 대의원이 선출되었는데, 노동자 출신은 이전보다 훨씬 비중이 높아졌다. 1945년 11월 첫 선거 당시 14.5퍼센트였는데, 26.5퍼센트로 늘었다. 지방정부에서 노동자들의 영향력과 역할이 훨씬 높아졌음을 알 수 있다.

이렇게 도·시·군 인민위원회가 구성된 이후 리 인민위원회 대의원 선거는 11월, 면 인민위원회 대의원 선거는 12월에 실시되었다. 이로써 정부 출범 이후 새로운 지방인민위원회 구성이 기초 단위까지 마무리되었다.

한자 전면 폐지

북한에서 한자를 줄이는 작업은 1945년부터 진행되었다. 꽤 오랫동안 축소 작업을 하다가 결국 한자를 일반 출판물 전체에서 못쓰게 한 것은 1949년 3월이다. "한자 폐지는 수천 년 역사에서 처음으로 글자생활의 대중화를 실현하고 민족글자의 지위를 결정적으로 높여 사회의 언어생활을 근본적으로 개선하고 빨리 발전시켜나가는 데서 거대한 의의를 가졌다"라고 북한은 한자 폐지와 한글 전용의 의미를 설명한다.[2] 한글만 씀으로 해서 글자를 쓰고 활용할 수 있는 사람이 늘었고, 한글의 지위를 격상시켰다는 것이다.

지금도 북한은 이 당시의 한글 전용 정책이 유지되어 한자를 쓰지 않고 있는데, 해방 이후 한자를 폐지하기 위해 단계적인 조치를 취해 충격과 반발을 줄이는 방식으로 한글 전용을 실현했다. 출발점은 어려운 한자를 계속 쓰게 되면 대중이 읽고 쓰는 데 어려움을 겪게 된다는 생각이었다. 누구나 다 읽고 쓰기 위해서는 쉬운 한글만을 사용하는 체제로 가야 한다는 것이었다. 하지만 한자말이 생활 속에 깊이 들어가 있고, 한자를 써온 역사도 깊기 때문에 한꺼번에 한자 사용을 금지할 수는 없었다. 그래서 단계적으로 한자를 줄여 사용하는 방식을 취한 것이다.

먼저 1945년 말 학교 교과서에서 한자를 없앴다. 한글만으로 교과서를 만들어 보급한 것이다. 이를 통해 대중들의 반응을 살피고 한자 폐지의 실현 가능성을 가늠해보았다. 대중의 반응이 부정적이지 않음을 확인했다. 1946년 하반기에는 국가 공문서에서 한자를 없앴다. 한글 전용은 국가기관에서 발행하는 출판물로 확대되었다. 1946년 말에는 『로동신문』과 『근로자』 등 신문과 잡지들도 대부분 순한글로 발행했다. 1947년 2월에는 조선어문연구회가 설립되어 한글을 더 깊이 연구하는 작업을 진행했다. 정부 기관지인 『민주조선』 등 일부 신문이 1948년 초까지 한자를 사용했지만 이후 크게 줄었다. 그런 과정을 통해 1949년 3월 모든 일반 출판물에서 한자 사용을 금지함으로써 전면 한글 전용이 실현되었다.

한글 전용과 함께 일본말과 일본식 표현도 쓰지 않게 되었다. '게다(일본식 나막신)', '하오리(방한 목적으로 입는 기장이 짧은 옷)', '~상', '~군' 등이 이제 문서나 출판물에서 보이지 않았다. 외래어는 한글로 바뀌었다. 스크린은 영사막, 아나운서는 방송원, 레인코트는 비옷이 되었다.

북한은 1949년 3월 학교 교과서, 국가 공문서, 『로동신문』과 『근로자』 등 신문과 잡지 등에서 한자를 폐지하고 한글 전용 원칙을 실현했다. 북한의 교과서들.

또 어려운 한자말 대신 순우리말이 사용되었다. 엄친은 '자기 아버지', 훤당은 '남의 어머니', 춘추는 '윗사람의 나이', 초숙은 '첫잠', 상실은 '오디'로 고쳐썼다. 수답은 '물논', 송엽은 '솔잎', 전광은 '전기불빛'으로 바꿔 썼다.

또 한자를 사용한 동사들은 같은 의미의 우리말 동사로 대체해서 사용했다. '종하다'는 '따르다', '발하다'는 '떠나다', '재하다'는 '있다', '상하다'는 '오르다', '다하다'는 '많다'로 대체했다. 이렇게 되자 종래 글 속에 들어 있던 어려운 표현들이 쉬운 것으로 바뀌었다. '범凡 농민과 같이……'라고 쓰던 것을 '무릇 농민과 같이'라고 쓰고, '제일 약한 환環은……'이라고 쓰던 것을 '제일 약한 고리는'이라고 쓰게 되었다. 교육을 많이 받지 못한 대중이 문장을 읽을 때 막히는 부분이 많이 줄어들게 된 것이다.

북한에서 공산당이 중심 세력이 되면서 이들이 사용하는 용어로 인해 1949년 즈음 단어의 의미가 추가되는 경우도 있었다. '성분'은 본래 '물체를 구성하는 바탕이 되는 원소나 물질' 또는 '어떤 전체를 이루는 것의 한 부분'이라는 의미였다. 하지만 여기에 '계급적 관계에 의해 구분된 사회의 계층'이라는 의미가 추가되어 북한에서는 이런 의미로 사용되는 경우가 더 많게 되었다. '가정부인'이란 단어는 의미가 축소된 경우다. 원래는 '가정을 가진 부인'이라는 의미였지만, 북한에서는 주로 '직장에 나가지 않고 집에서 살림만 하는 부인'이라는 의미로 사용하게 되었다.

지금의 남북한 언어는 많이 달라져 있다. 어떤 탈북자가 '화장실'이라고 쓰여 있는 곳을 보고 '화장을 하는 곳'이라 생각하고 못 들어갔다는 이야기가 있을 정도다. 1945년 말 시작되어 1949년 3월에 정리된 한글 전용 정책은 북한의 언어생활에 많은 영향을 주면서 지금의 북한 언어가 정착하게 된 중요한 계기였다. 그렇게 보면 지금 남북한의 언어가 많이 달라진 중요한 원인이 1949년 3월 한글 전용 조치라고 할 수 있겠다.

　오랜 한자 문화를 갖고 있는 상황에서 한자를 폐기하고 한글만 사용하는 것이 전적으로 옳은 일이라고 보기는 어렵다. 북한이 주장하는 대로 배우지 못한 사람들이 글에 접근하는 데에는 한글 전용이 유리할 것이다. 하지만 대부분의 용어들이 한자어로 이루어져 있는데, 한자를 사용하지 않는 것은 말의 깊은 의미를 이해하지 못하게 하는 면도 있다. 그런 장단점에 대한 평가는 차치하고, 한글 전용을 정책 방향으로 정해 꾸준히 실행하고 일정한 시점에 한자 폐지를 과감하게 실행한 것은 정권의 자신감이 문화정책 부문에서 표현된 것이라고 할 수 있다.

★
김일성의 남침 계획

스탈린 대원수 만세

　김일성에게 소련은 은혜의 나라였다. 국내에 넓은 지지 기반을 갖고 있던 국내파 공산주의자들을 넘어서서 정권을 잡을 수 있게 해준 나라였다. 1948년 정부를 세우는 작업을 마무리한 뒤 1949년이 되자 김일성은 소련 방문길에 나선다. 2월 22일 평양을 출발했다. 비행기를 타고 보로실로프에 도착에 거기부터는 기차를 타고 시베리아를 횡단했다. 고소공포증이 있는 김일성이 비행기 여행을 되도록 적게 하고 기차를 원했기 때문일 것이다. 3월 3일 모스크바에 도착했다. 부수상 박헌영·홍명희, 국가계획위원장 정준택, 상업상 장시우, 교육상 백남운, 체신상 김정주, 재정성 부상 김찬 등이 함께 갔다.

부수상 아나스타시 미코얀Anastas Mikoyan과 외무차관 안드레이 그로미코Andrei Gromyko 등이 모스크바역에 나와 김일성을 맞았다. 김일성은 15일 동안 모스크바에 머물렀는데, 스탈린과의 회담은 3월 5일 오후 8시였다. 북한 측에서는 김일성, 박헌영, 홍명희, 백남운 등이, 소련 측에서는 스탈린과 부수상 뱌체슬라프 몰로토프와 미코얀, 외무상 안드레이 비신스키Andrey Vyshinskii, 북한 주재 대사 스티코프 등이 참석했다. 회담장에는 마르크스와 엥겔스와 레닌의 사진이 걸려 있었고, 스탈린은 카키색 군복을 입고 있었다.

니키타 흐루쇼프Nikita Khrushchyov의 자서전에 따르면, 스탈린을 만난 김일성은 남침 계획을 밝히면서 소련의 지원을 강력하게 요청했다. 정부를 세우면서 국토완정을 내세운 김일성은 군사적으로 남한을 공격·점령하는 방안을 구상하고 스탈린에게 자문을 한 것이다.

러시아 문서들은 좀더 자세하게 관련 내용을 밝히고 있다. 김일성은 3월 5일 회담에서 남한에 대한 무력 침공에 대해 의중을 물었는데, 이에 대해 스탈린은 부정적인 답을 했다. 그러면서 3가지 이유를 댔다. 첫째는 조선인민군이 남한군에 대해 절대적인 우위를 확보하지 못하고 있다. 둘째는 미군이 아직 철수하지 않고 있다. 실제로 소련군은 1948년 12월에 철수했지만, 미군은 1949년 6월에야 철수했다. 셋째는 소련과 미국 사이의 38선 분할 합의에 따르면 남한이 북한을 침략했을 경우만 북한이 남한을 공격할 수 있다는 것이었다.[3]

이때까지만 해도 김일성의 남침에 대해 스탈린은 분명히 부정적으로 생각했다. 하지만 3월 17일 조소경제문화협정을 체결해 북한에 대한

1949년 3월 3일 모스크바에 도착한 김일성 일행은 스탈린에게 남침 계획을 밝히면서 소련의 지원을 강력하게 요청했다. 모스크바에 도착해 성명서를 읽고 있는 김일성. 앞줄 왼쪽에서 첫 번째가 홍명희, 두 번째가 박헌영.

경제적·문화적인 지원을 약속했다. 이 협정으로 북한과 소련 사이에 무역과 차관, 기술원조, 문화교류 등에 관한 세밀한 합의가 이루어졌다. 무역과 관련해서는 기계와 기계부품, 원유, 콕스탄 등의 수입, 금속과 화학제품 등의 수출에 관한 내용이 규정되었다. 소련 기술자들의 북한 파견과 대우에 관한 문제, 유학생 소련 파견도 포함했다. 또, 아오지–크라스키노 간 철도 부설, 북–소 간 항공노선 개설도 합의했다. 소련은 북한에 2억 1,000만 루블(약 4,000만 달러)의 차관도 제공하기로 했다. 3년에 걸쳐 차관을 제공하고 이후 3년 동안 상환하기로 했으며, 이자는 1퍼센트였다. 이로써 북한은 1949~1950년의 2개년 인민경제계획을 적극 추진할 수 있는 재원을 마련할 수 있게 되었다. 이런 지원 때문인지 김일성은 모스크바를 떠나면서 발표한 성명에서 다음과 같이 말하면서 '스탈린 대원수 만세'를 외쳤다.

> 조선민주주의인민공화국 정부 대표단은 우리에게 준 뜨거운 환영과 만족한 교섭 결과에 대하여 소련 정부와 스탈린 대원수에게 진심으로 감사를 드립니다. 모스크바를 떠나면서 우리는 소련 인민에게 창조적 사업에서 앞으로 더욱 거대한 성과가 있기를 바라마지 않습니다. 위대한 소련 인민과 조선 인민과의 영구 불멸한 친선 만세! 영웅적 소련 인민의 위대한 수령이시며 조선 인민의 친근한 벗인 스탈린 대원수 만세![6]

4월 7일 평양에 돌아온 김일성은 22일 최고인민회의에서 소련 방문 결과를 보고하면서 조소경제문화협정으로 '국토완정의 투쟁에 거대한 힘을 얻었다'고 강조했다. 스탈린에게서 국토완정 실행에 대한 승인은 얻지 못했지만, 국토완정으로 갈 수 있는 경제적 지원을 확보할 수 있게 되었다는 의미다.

스탈린의 반대

1949년 3월 김일성이 모스크바를 방문했을 때 스탈린은 남침을 반대했다. 그 대화 내용이 담긴 소련 외교 문서가 1990년대에 공개되었다.

김일성 스탈린 동지. 이제 상황이 무르익어 전 국토를 무력으로 해방할 수 있게 되었습니다. 남조선의 반동 세력들은 절대로 평화통일에 동의하지 않을 것입니다. 그들은 자신들이 북침을 하기에 충분한 힘을 확보할 때까지 분단을 고착화하려고 합니다. 이제 우리가 공세를 취할 절호의 기회가 왔습니다. 우리의 군대는 강하고 남조선에는 강력한 빨치산 부대의 지원이 있습니다.

스탈린 남침은 불가합니다. 첫째 북조선 인민군은 남조선군에 대해 확실한 우위를 확보하지 못하고 있습니다. 수적으로도 열세이고, 둘째 남조선에는 아직 미군이 있습니다. 전쟁이 나면 그들이 개입할 것입니다. 셋째 소련과 미국 사이에 아직도 38도선 분할 협정이 유효함을 기억해야 합니다. 이를 우리가 먼저 위반하면 미국의 개입을 막을 명분이 없습니다.

김일성 그렇다면 가까운 장래에 조선의 통일 기회는 없다는 말씀인가요. 남조선 인민들은 하루빨리 통일을 해 반동정부와 미 제국주의자들의 속박을 벗어나고 싶어합니다.

스탈린 적들이 만약 침략의 의도가 있다면 조만간 먼저 공격해올 것이오. 그러면 절호의 반격 기회가 생깁니다. 그때는 모든 사람이 동지의 행동을 이해하고 지원할 것이오.[5]

김일성의 남침 계획을 들었을 때 스탈린은 미국의 개입을 우려했다. 한반도를 사회주의화하는 것이 사회주의의 국제적 확산을 위해 바람직하겠지만, 그렇다고 해서 미국과의 전쟁까지 감수할 생각은 없었다. 미국과의 충돌을 원치 않은 것이다.

김일성과의 회담 과정에서 스탈린은 "미군은 남조선에 몇 명이 주둔하고 있습니까?"라고 직접 묻기도 했다. 또, 38선의 충돌 상황을 물으면서 "38도선은 평화로워야 합니다. 이것은 매우 중요합니다"라고 말하기도 했다. 미군이 남한에 있는 상황에서 38선 충돌이 확대되어 미군이 개입하고 이어 소련군이 개입하는 상황을 걱정한 것이다.

소련은 제2차 세계대전의 피해를 극복하고 국가 재건에 힘을 쏟고 있었다. 소련은 제2차 세계대전으로 가장 큰 피해를 입은 국가였다. 군인과 민간인을 합쳐 2,000만 명 정도가 사망했고, 독일의 맹폭으로 주요 산업시설이 대부분 파괴되었다. 1940년대 후반의 소련은 이러한 피해를 복구해가는 데 진력하고 있었다. 미국과 충돌하는 상황은 소련으로서는 생각하기 싫은 시나리오였다. 지금의 중국이 경제적으로 미국을 앞서기 전까지는 동북아시아에서 어떤 일도 발생하지 않는 '현상 유지status quo'가 계속되기를 바라는 것과 같았다.

군사적으로도 미국은 다른 어떤 무기도 대적하기 어려운 비대칭 전력인 핵무기를 보유하고 있었다. 소련이 첫 핵실험을 한 것이 1949년 8월이고, 김일성과의 회담은 이보다 5개월 전이었다. 미국은 제2차 세계대전을 치르면서 군사적으로나 경제적으로나 세계 제1의 국가가 되어 있었다. 나중에 공개된 것이긴 하지만 미국의 합동참모본부는 소련이 핵무기를 갖기 전에 예방전쟁 차원에서 소련을 공격해야 한다는 제안까지 하고 있었다. 1949년 4월에는 유럽 국가들과 북대서양조약기구NATO를 만드는 협정도 체결했다. NATO는 미국과 유럽이 소련을 적으로 간주하고 만들어낸 집단 방위 체제였다.

소련이 처한 이러한 환경 때문에 스탈린은 김일성의 남침 계획에 찬성할 수 없었다. 1950년 4월 김일성이 다시 모스크바를 방문해 동의를 요청할 때에도 동의를 해주면서도 '중국 지도부가 승인하는 경우에 한해 남침을 할 수 있다'는 단서를 붙였다. 중국의 지원을 받아서 남침 계획을 실행하라는 이야기였다. 중국은 혁명에 성공해 한숨 돌린 상황이었다. 추후 공군이 약한 중국과 북한이 소련 공군의 지원을 지속적으로 요구할 때에도 소련은 미군과의 전쟁을 걱정하며 지원을 미루다가 뒤늦게 소규모 항공부대를 파견했다. 소련군 조종사들은 중국군 군복을 입고, 한국어로 교신했다. MIG 전투기에는 북한 공군기 마크를 붙이고 있었다. 어떻게든 미국과 직접 맞붙어 제3차 세계대전의 뇌관을 건드리는 경우는 피하겠다는 것이 스탈린의 일관된 생각이었다.

마오쩌둥의 반대

소련에서 돌아온 김일성은 4월 말 민족보위성 부상 김일을 중국에 보냈다. 김일은 마오쩌둥, 저우언라이, 주더朱德 등을 만나 협의했다. 마오쩌둥을 만난 것은 5월 초였다. 김일성의 대리인 김일은 여기서 2가지 중요한 요청을 했다. 남침에 동의해달라는 것과 조선인으로 이루어진 2개 사단을 북한으로 귀국시켜달라는 것이었다.[6]

첫 번째 요청에 대해 마오쩌둥은 북한 지도부가 언제든지 전쟁할 수 있도록 준비해야 한다고 강조했다. 그러면서 남한에 대한 공격은 삼가 도록 권했다. 중국공산당이 국민당에 대해 완전한 승리를 거두고 중국을 완전히 지배할 때까지는 남침 결정을 유보할 것을 권고했다. 당시 마오쩌둥의 관심은 타이완으로 건너간 국민당을 공격해 완전한 중국 해방을 이루는 것이었다. 이것을 이루기 전까지는 김일성이 남침을 해도 도와주기 어렵다는 이야기였다. 마오쩌둥은 남한에 대한 공격을 '다음 해'라면 시도할 수 있을 것이라고 말했는데, 이는 그가 1950년 초쯤에는 타이완 점령에 성공할 수 있을 것으로 생각했음을 말해주는 것이다. 결국 '1950년에는 타이완 점령까지 끝내고 북한을 도와줄 테니 그때까지는 남침을 하지 마라'고 한 것이다.

두 번째 요청에 대해서는 바로 동의해주었다. 그래서 1949년 여름 1만 명 규모의 조선인 사단 2개가 북한으로 넘어가게 되었다. 중국은 국민당군을 타이완으로 몰아낸 상태여서 차츰 군을 줄일 필요가 있었다. 새로운 국가를 세우는 단계에서 지나치게 비대해진 군은 경제적으로 부담이었다. 또한 만주에서 수세에 몰려 있을 당시 북한의 전폭적인 지원에 대해 보답도 해야 했다. 그래서 마오쩌둥은 김일성의 요구에 선뜻 조선인 부대의 귀국을 승인했다.

마오쩌둥이 남침에 반대한 것은 타이완 해방이라는 그의 남은 과제 때문이었다. 그래서 1950년에는 타이완을 해방한 뒤 지원할 수 있다고 이야기한 것이다. "전쟁은 신속히 끝날 수도 있고 장기전이 될 수도 있다. 장기전은 귀측에 불리하다. 왜냐하면 그럴 경우 일본이 전쟁에 개입해 남조선을 도울 수 있기 때문이다"라면서 구체적인 전략에 대한 훈

스탈린과 마오쩌둥은 김일성의 남침 계획을 처음에는 반대했다. 스탈린은 미국과의 충돌을 원치 않았고, 마오쩌둥은 타이완 해방이 먼저라고 생각했다. 1949년 12월 29일 스탈린 생일 기념공연을 함께 관람하는 마오쩌둥과 스탈린.

수도 했다. 그러면서 조선인 부대의 귀국까지 비교적 쉽게 승인했다. 이런 점은 마오쩌둥이 김일성의 남침 계획에 대해 완강한 반대 입장은 아니었음을 보여준다. 원칙적으로는 찬성이지만 시기가 문제라는 이야기였다.

이렇게 스탈린뿐만 아니라 마오쩌둥도 찬성하지 않았지만, 김일성의 남침 의지는 점점 강해졌다. 1949년 8월 12~14일 박헌영과 함께 평양 주재 소련 대사 스티코프를 만나 무력 통일 의지를 밝혔다. 스탈린의 반대 의견을 이미 확인한 김일성은 이때 전면전이 아니라 우선 옹진반도만을 점령한 뒤 상황을 살펴보는 옹진작전을 인정해달라고 말했다. 9월 3일에는 자신의 비서 문일을 평양 주재 러시아 대사관 공사 그리고리 툰킨Grigory I. Tunkin에게 보내 옹진작전을 자세히 설명해주도록 했다. 툰킨은 9월 12~13일 김일성과 박헌영을 찾아가 두 사람의 의견을 확인했다. 두 사람은 역시 무력 통일을 해야 한다고 강조했다.

9월 15일 스티코프는 김일성과 박헌영의 남침 의지에도 반대 의견을 정리해서 모스크바에 보냈다. 이유는 2가지다. 첫째, 남북한의 군사력이 비슷하다는 것이다. 김일성과 박헌영은 북한의 병력이 월등해 전쟁을 쉽게 끝낼 수 있다고 생각하지만, 실제로는 그렇지 않다는 것이다. 북한은 보병 5개 사단과 1개 여단, 1개 기계화여단으로 총 8만 명, 남한은 보병 7개 사단, 5개 특별연대 · 대대로 모두 8만 5,000명의 병력을 갖고 있다고 분석했다. 반면에 김일성은 1949년 3월 스탈린과 회담을 하면서 남한의 군대가 6만 명 정도라고 말했다. 소련과 북한의 남한 군사력에 대한 정보가 크게 달랐던 것이다.

둘째, 미국의 개입을 배제할 수 없다는 것이다. 미군이 철수했지만 군사고문단 500명이 남아 있고, 여전히 미국은 남한에 경제적 · 군사적으로 지원을 계속하고 있기 때문에 전쟁이 발발하면 개입할 가능성이 있다는 것이다. 스티코프는 이런 이유로 전면 남침은 반대하면서도 옹진작전은 고려할 수 있을 것이라고 보고했다.

보고를 받은 소련공산당 중앙위원회 정치국은 9월 24일 남침 반대를 결정했다. 북한이 남한을 공격하기에 군사적 · 정치적으로 준비가 되어 있지 않다는 것이었다. 옹진작전도 전쟁 개시와 같은 것이기 때문에 불가하다고 했다. 대신 그동안 해오던 남한 내 빨치산투쟁을 강화하는 것이 좋겠다고 권고했다. 김일성과 박헌영이 1949년 초부터 모스크바와 베이징에 남침 의사를 적극 개진했지만, 스탈린이나 마오쩌둥도 쉽게 동의하지 않는 상황이었다.

김일성과 소련 측이 남침 문제로 논쟁을 하고 있을 때, 1949년 들어서 북진통일론을 본격 제기한 이승만도 북침 문제를 구체적으로 고민했다. 9월 30일 자신의 정치고문 로버트 올리버Robert Oliver에게 보낸 편지에서 "나는 우리가 공격적 방책을 취하고, 북에 있는, 우리에게 충실한 공산군과 합류하여, 평양에 있는 나머지 공산군을 일소하는 데 지금이 가장 좋은 심리적 기회라는 것을 절실히 느낍니다"라고 밝혔다. 이에 대해 로버트 올리버는 "그와 같은 공격, 혹은 공격을 이야기하는 것조차 미국의 관과 공의 지지를 잃게 한다"며 반대했다. 그러면서 로버트 올리버는 침략과 유사한 행위도 피해야 하고 비난이 러시아 쪽으로 가도록 해야 한다고 조언했다.[7]

북진통일을 주장한 이승만은 북침을 주장하면서 내심으로도 실제 북침을 고민했다고 보아야 할 것이다. 그만큼 그의 공산주의와 김일성에 대한 적의는 강했다. 하지만 이를 위한 실제적인 준비는 없었다. 반면에 김일성은 치밀하게 준비했다. 소련과 중국을 다시 설득하고 군사적 준비도 해나갔다.

통일은 멀어졌다

김구 암살

　김구는 1948년 4월 남북연석회의에 참가한 뒤 남한 단독선거를 거부하고 외국군 철수와 남북협상 등을 주장하며 통일운동에 앞장섰다. 그러다 1949년 6월 26일 경교장에서 포병 소위 안두희가 쏜 권총을 맞고 사망했다. 수사에 나선 군 당국은 "한국독립당이 정부를 전복하려 하고, 소련의 주장에 따라 미군 완전철수 추진에 주력하자 안두희가 '의거'를 일으켰다"고 발표했다. 배후도 없이 혼자 한 것이라고 했다. 하지만 당시의 수사 진행 과정, 군과 정부의 대응을 종합적으로 보면 이승만 정권이 암살의 배후일 가능성은 매우 높다.

　사건 당시 경교장에 도착한 서울지검장 최대교는 헌병들의 저지로 현장에 접근할 수 없었다. 수사를 제대로 해보려고 했지만 사건은 군에 맡겨졌고, 정부 핵심 세력들은 공교롭게 '부재중'이었다. 현장 접근을 못한 최대교는 법무장관 권승렬에게 연락해 함께 국무총리 이범석을 찾아갔다. 하지만 '수렵 중'이라는 표시만 남기고 자리에 없었다. 두 사람은 다시 국방장관 신성모를 찾아갔다. 몸이 아파서 면회가 안 된다고 했지만, 겨우 병실로 들어갔다. 신성모는 병색이 없었다. 김구 암살 이야기를 듣고는 "이제는 민주주의가 됐지"라고 했다.[8] 김구를 민주주의의 걸림돌로 여겼다는 이야기다. 최대교와 권승렬은 신성모를 데리고 경무대로 갔다. 그런데 대통령은 아침부터 낚시를 하러 나가고 역시 부재중이었다.

군사재판으로 안두희는 종신형을 선고받았다. 하지만 이후 15년형으로 감형되었다. 6·25 전쟁이 발발하자 남은 형에 대한 집행이 정지되고 장교로 다시 군에 들어갔다. 1951년 12월 소령으로 진급하고, 1953년에 전역했다. 전역 후 군납 사업으로 큰돈을 벌기도 했다. 배후를 밝히지 않고 은신해 있다가 1996년 집에서 버스기사 박기서에게 맞아죽었다.

안두희를 사주하고 범행 후 보호한 군의 주요 인물들은 대부분 김구와는 대척점에 있던 친일 세력이었다. 안두희에게 김구 가까이 접근할 것을 지시하고 한국독립당 입당에도 관여한 정보장교 김창룡은 관동군 헌병 오장(하사) 출신이었다. 김구 살해를 직접 지시한 포병부 사령관 장은산은 만주군관학교 출신이고, 당시 육군참모총장 채병덕은 일본군 중좌 경력을 갖고 있었다.

이승만은 김구가 주장한 친일파 청산, 미군 철수, 남북협상은 모두 안 된다고 했다. 따라서 이승만 정권이 김구 암살의 배후일 가능성이 매우 높다.

안두희를 조종하던 친일파 군인들 때문에 배후 세력에 대한 수사가 제대로 이루어지지 않았지만, 김구 계열의 당시 헌병사령관 장흥은 사후 공개된 회고록에서 암살의 주범은 신성모라고 주장했다.[9] 김구는 1949년 초부터 한국독립당계의 동인회와 진보 이론 그룹인 성인회 등 국회의 개혁 세력과 손잡고 친일파 청산과 외국군 철수, 남북협상을 주장했다. 반민족행위특별조사위원회(반민특위)의 활동도 지지했다.

이에 대해 이승만과 민주국민당(한국민주당의 후신)은 친일파 청산, 미군 철수, 남북협상 모두 안 된다고 했다. 김구-개혁 세력 대 이승만-민주국민당의 대결 구도가 형성되어 있었던 것이다. 이승만 정부는 반민특위에서 적극적으로 활동하던 소장파 의원들을 공산 세력의 프락치로 몰아가기 위해 1948년 11월 국가보안법을 제정했다. 1949년에는 이 법을 근거로 소장파 의원 15명을 구속했다. 남북협상과 미군 철수 주장은 북한과 공산주의를 인정하거나 이롭게 하는 것으로 볼 수 있기 때문에 김구도 국가보안법으로 걸면 걸리는 것이었다. 하지만 김구를 그렇게 다루면 엄청난 역풍이 불 수밖에 없었다. 이승만 정부로서는 김구가 눈엣가시였지만, 어떻게 해볼 수가 없었다.

이런 상황에서 김구는 1950년 국회의원 선거에 김규식 등과 함께 참여할 생각을 하고 있었다. 그렇게 되면 정치 지형은 크게 달라지고 이승만의 권력은 흔들릴 가능성이 높았다. 김구를 지지하는 세력은 국회 안에도 있었고, 일반 대중들 사이에서 김구의 지지도는 매우 높았다. 실제로 사망 후 장례식까지 10일간 124만 명이 조문했다. 장례식 당시 인파는 40~50만 명에 달해 한국 역사상 최대 인파를 기록했다. 1956년 정부통령 선거 당시 신익희의 연설을 듣기 위해 한강 백사장에 몰려든 인원이 20~30만 명에 이르렀지만, 김구 장례식 인파는 넘어서지 못했다.[10]

명분 싸움에서도 김구는 이승만을 두렵게 했다. 당시 김구가 주장하던 친일파 청산은 일제의 식민지에 대한 증오를 여전히 갖고 있던 대중들에게 호소력을 지니고 있었다. 또한 일제의 잔재를 일소하고 새로운 나라로 갈 수 있다는 희망도 주었다. 그의 남북협상론은 한민족이 식민지배 탈출을 넘어서 융성하는 단계로 넘어갈 수 있다는 기대를 갖게 했다. 이렇게 현실정치의 힘과 명분 모두에서 김구가 무서운 존재였기 때문에 이승만 세력이 김구 암살에 조직적으로 개입했을 가능성이 제기되어온 것이다. 하지만 안두희가 입을 열지 않고 사망했기 때문에 사건의 전모는 여전히 드러나지 않고 있다.

그의 죽음으로 친일파 청산은 저 멀리 물 건너가게 되었다. 남북 모두 단독정부를 넘어 통일로 가야 한다는 남북협상−평화통일 운동도 사실상 종말을 고하게 되었다. 이승만에겐 둘 다 불가한 것이었다. 친일파 청산은 정권의 기반을 허물어뜨리는 것이었다. 남북한의 통일을 추구하는 것은 과거 단선단정單選單政의 과오를 인정하는 것이고 정권을 내놓고 해야 하는 일이었다. 김구의 사망은 그런 큰 짐을 더는 것이었다. 여하튼 김구의 사망을 계기로 이승만 정부는 남북의 대화에 대한 고민은 뒷전으로 하고 북진통일론에 매달릴 수 있게 되었다. 김구라는 완충지대가 사라지면서 국토완정론을 내세우는 북한과 북진통일론을 앞세우는 남한이 정면으로 맞서는 상황이 된 것이다.

38선의 무력 충돌

각각의 정부를 세운 남북한은 북진통일과 국토완정이라는 양립할 수 없는 통일론을 내세우면서 군대를 양성하고 서로를 적으로 인식해갔다. 적대감은 감정에 머무르지 않고 물리적인 충돌로 이어졌다.[11]

1949년 1월부터 그런 현상이 나타나기 시작했고, 5~8월 사이 충돌은 대규모화되었다. 9월에는 소강 상태가 되었다가 10월에는 다시 격화되고 11월부터는 소강 상태로 변했다. 1950년 봄에 다시 충돌이 시작되었다가 시들해진 뒤 6월에는 전쟁이 발발했다. 무력 충돌이 자연스럽게 발전해 전쟁으로 간 것은 아니었다. 6·25 전쟁은 김일성 정권이 치밀한 준비 끝에 남침을 감행하면서 시작된 것이기 때문에 38선 무력 충돌과 직접 연결시킬 수는 없다. 하지만 잦은 무력 충돌은 남북 간의 적대감, 양립 가능성의 부재 등을 잘 표현해주는 현상이었다.

1948년 말까지는 38선 경비를 미군과 소련군이 담당하고 있었다. 이때까지는 직접적인 군사적 충돌은 일어나지 않았다. 소련군은 1947년 7월 38선 경계 임무를 북한의 38경비대에 인계하는 작업을 시작해 1948년 말 북한에서 철수하면서 완전히 인계했다. 미군도 1949년 1월 38선 경비를 남한에 넘겨주었다.

38선에서 남북한이 직접 맞닥뜨리게 되자 충돌이 발생하기 시작했다. 그 시작은 1월 19일이었다. 3월이 되면서 좀더 잦아졌고, 5월부터는 규모가 커졌다. 5월 4일 충돌은 양측에서 대대급이 동원되어 일주일 동안이나 계속되었다. 5월 6일에는 남한군이 개성에서 북측으로 4킬로미터 지점까지 침입해 들어갔다.

개성 지역에서 주로 발생하던 충돌은 5월 중순 의정부와 옹진, 춘천, 강릉 등으로 확대되었다. 6월 7일 조선인민군으로 가장한 남한군이 38선 북방 2킬로미터 지점에 있는 고지를 점령하고, 북방 8킬로미터 지점에 있는 황해남도 태탄을 공격했다. 18일에는 은파산을 점령했다. 이러한 공격에는 소총뿐만 아니라 포까지 사용되었고, 서북청년단까지 동원되었다. 1949년 1월부터 6·25 전쟁이 시작될 때까지 874회 충돌이 일어났으니 하루 한 번 이상의 충돌이 발생한 것이다. 군사적 충돌은 현장의 전투부대 차원에서 결정되고 시행된 것이 아니었다. 군의 최고 수뇌부까지 보고되었고, 때로는 상대의 공격에 대한 대응 차원에서 상부의 명령에 따라 이루어진 경우도 있었다.

이렇게 군사적 충돌이 빈발한 첫 번째 원인은 남북한 정부가 서로를 인정하지 않은 채 정통성 경쟁을 하고 있었기 때문이다. 북한은 남한을 친일·친미파 정부로, 남한은 북한을 소련이 만든 정권으로 보고, 상대에게 '총질을 해도 된다'고 여겼다. 1949년 6월 하순 남한군 고위급회의가 열렸다. 채병덕 육군참모총장, 백선엽 육군정보국장, 김석원 제1사단장, 유승렬 제2사단장 등이 참석했다. 김석원은 "북괴가 38선을 넘어 침범해오면 그것을 상회하는 무력과 빈도로 보복하여 다시는 넘보지 못하게 해야 한다"며 강력 대응을 강조했다. 한 달 후인 7월 29일 김일성은 군부대를 찾아가 연설했다. 거기서 김석원에 대한 적의를 적나라하게 표현했다.

1937년 여름 간삼봉전투 때에 있은 일입니다. 보천보전투에서 녹아난 일제는 중국 동북 지방에 있는 무력만으로는 도저히 조선인민혁명군에 맞설 수 없다는 것을 깨닫고 이른바 정예사단이라고 자랑하던 나남 제19사단 소속에서도 가장 악질인 함흥의 김석원 연대까지 끌어다가 간삼봉전투에 들이밀었습니다.……무공을 떨치겠다고 장담하면서 덤벼들었던 김석원이란 놈은 그때 치명상을 입고 간신히 살아서 도망쳤습니다. 그런데 그놈이 오늘은 미국놈의 앞잡이가 되어 38분계선 이남에서 공화국 북반부를 반대하는 불장난질을 하고 있습니다. 지난날 백두 밀림에서 그놈과 싸우던 우리 동무들이 오늘은 38분계선에서 또 그놈과 맞서 싸우고 있습니다.[12]

잦은 군사적 충돌의 두 번째 원인은 남북의 전략적 계산이었다. 북한은 이승만 정부의 군사적 능력을 시험해보고 싶어 했다. 또, 남한에서 발생하고 있던 항일빨치산투쟁을 지원하기 위해 38선 분쟁을 격화시킬 필요가 있었다. 이승만 정부로서는 미국의 원조를 확대하기 위해 '한반도는 위험한 지역'임을 직접적으로 보여줄 필요가 있었다. 이러한 양측의 상대에 대한 인식과 전략 때문에 군사적 충돌이 발생할 수밖에 없었다.

38선 충돌과 함께 상대에 대한 침투 사건도 많이 일어났다. 1949년 6월 호림부대 240명이 북한으로 침투했고, 8월에는 남한 해군 특수부대가 황해도 몽금포를 공격했다. 북한은 남한보다 자주 남한 지역에 침투했다. 군인들의 월북·월남 사건도 빈발했다. 38선이 분계선으로 역할을 제대로 하고 있는지 의심스러울 정도로 무력 충돌, 침투, 월경 사건이 발생했다.

남조선노동당이 주도한 남한의 빨치산투쟁도 38선 충돌이 심했던 1949년 6~9월에 격화되었다. 북한은 강동정치학원 출신의 정치 공작원과 빨치산 요원들을 지속적으로 남파해 곳곳에서 게릴라전을 벌였다. 경찰과 군대, 행정관서, 법원 등을 집중적으로 공격했다. 강원도와 경상도, 전라도 산간 지역에서는 빨치산의 위세가 등등해 '낮에는 대한민국, 밤에는 인민공화국'이라는 말이 있을 정도였다.

이에 대해 남한군은 대규모 토벌작전을 전개했다. 1949년 9월 군경 수뇌부회의를 열고 지리산지구와 오대산지구, 태백산지구를 중심으로 동계 대공세에 들어갔다. 빨치산의 근거지를 초토화하기 위해 마을을 불사르고 주민들을 이주시키는 소진-소개 전략을 활용했다. 그 과정에서 경남 하동과 산청, 경북 문경 등지의 무고한 민간인들이 학살되는 참극도 벌어졌다. 결국은 1949년 겨울을 지나면서 빨치산은 대부분 토벌되었다.

38선에서 남북한의 군이 직접 충돌하고, 북한과 연계된 빨치산이 남한에서 주요 시설을 공격하는 상황은 전면전은 아니었지만 상대에 대한 완전한 불인정과 깊은 적대감 속에서 나온 것이었다. 이런 충돌이 6 · 25 전쟁으로 연결된 것은 아니었지만, 남북이 얼마나 멀어져 있었고, 남북 사이에 얼마나 강한 원심력이 작용하고 있었는지는 충분히 보여주었다.

★
김일성을 고무하는 것들

조선노동당 창당

　박헌영의 월북 이후에도 남조선노동당은 서울을 중심으로 계속 활동했지만, 사회주의 세력의 활동 영역이 평양으로 집중되면서 북조선노동당과의 통합이 필요해졌다. 이는 북한에 단독 정권이 수립 단계로 접어들면서 그 필요성은 더욱 높아졌다. 정권 수립 직전인 1948년 8월 남·북조선노동당의 연합중앙위원회가 구성되었다.

　정부를 수립하고 2개년 경제계획까지 정리해놓은 북한은 정치 역량을 최대화하는 데 한층 관심을 확대했고, 1949년 들어서 통합 논의는 본격화되었다. 한편 북조선노동당은 남로당원을 개별적으로 설득해 북로당원으로 가입시키는 작업도 전개했다. 남조선노동당을 약화시켜 흡수하려는 것이었다. 1947년에는 37만 명의 당원을 가질 정도의 당세를 확장했던 남조선노동당은 1948년 상반기에 이르러서는 사실상 붕괴 상태였다. 1948년 4월 남북연석회의 당시 간부 대부분이 월북하고 남한에는 소수만 남아 극렬한 투쟁을 조직하는 임무를 수행하고 있었다.

이런 상황에서 박헌영도 남조선노동당을 그대로 둘 수는 없었다. 하지만 박헌영은 남조선노동당이 흡수되는 인상은 피하기 위해 양측이 동등한 자격으로 통합할 것을 주장했다. 북조선노동당은 자신들이 우위에 있기 때문에 정비 작업은 추후에 해도 된다고 보고 남조선노동당의 입장을 많이 수용하면서 통합하기로 했다.[13]

6월 30일 남 · 북조선노동당 연합중앙위원회가 열려 통합하기로 하고 당명은 조선노동당으로 결정했다. 1945년 10월 조선공산당 북조선 분국으로 시작해 1946년 4월 북조선공산당으로 개칭되고, 8월 조선신민당과 합당해 북조선노동당이 된 뒤 남조선노동당과 통합해서 지금도 북한을 통치하고 있는 조선노동당이 탄생하게 된 것이다. 양당의 합당으로 사회주의 세력의 정치 역량은 하나로 통합되었다. 다른 측면에서 보면, 남한에서 해방 직후 대세였던 사회주의 세력은 미군 진주 이후 미군정의 압박으로 점차 약화되어 핵심 세력들이 월북한 뒤 지하 세력으로 쇠락한 뒤 남조선노동당까지 없어지면서 몰락하게 되었다.

남한에서 거의 궤멸 상태에 있던 남조선노동당을 북조선노동당이 흡수 · 통합해 조선노동당이 창당되었지만, 출범 당시 김일성의 지배력이 절대적인 것은 아니었다. 당중앙위원회 위원장에는 김일성이 선출되고, 부위원장은 박헌영이 맡았다. 조선노동당 출범과 함께 신설된 제

1비서는 허가이, 제2비서는 리승엽, 제3비서는 김삼룡이었다. 9명의 정치위원에는 김일성, 박헌영, 김책, 박일우, 허가이, 리승엽, 김삼룡, 김두봉, 허헌이 선출되었다. 조직위원회는 9명의 정치위원에 최창익과 김열을 추가해 구성했다. 당의 요직에 만주파와 연안파, 소련파, 남조선노동당 세력이 적절히 배합된 양상이었다.

하지만 김일성이 북한의 수상을 맡고 있었다는 점을 감안하면, 그의 세력은 당에 적은 편이었다. 정치위원에 김책이 선출된 정도였다. 조직위원 11명을 계파별로 보면, 남조선노동당 세력이 4명(박헌영, 리승엽, 김삼룡, 허헌)으로 가장 많았고, 연안파 3명(박일우, 김두봉, 최창익), 만주파 2명(김일성, 김책), 소련파 2명(허가이, 김열)이었다. 이러한 구성은 정부를 김일성과 만주파가 관장하는 대신 당에서는 남조선노동당과 연안파, 소련파가 자신들의 몫을 찾아가려고 했기 때문에 가능했다. 통합 당시 박헌영이 주장한 동등 자격 통합을 반영하는 측면도 있었다.

당시까지만 해도 김일성이 모든 것을 좌지우지할 수 있는 구조는 아니었다. 여러 세력이 나름의 입지를 갖고 둥지를 틀고 있어 이후 다양한 형태의 권력투쟁의 가능성도 내재되어 있었다. 그럼에도 김일성의 위치는 정부와 당의 명실상부한 1인자로 공식화되었다. 정부 수립과 함께 수상의 위치를 확보한 데 이어 김두봉에게 양보했던 당중앙위원회 위원장 자리도 차지했다. 그것도 남·북조선노동당이 하나가 되어 정치적 역량이 확대된 순간 위원장을 맡아 북한 사회 전체에 대한 장악력은 훨씬 높아졌다.

북조선노동당과 남조선노동당의 통합 직전에는 남북한의 좌익 계열

정당·사회단체 연합체 사이의 통합이 이루어졌다. 6월 26일 북한의 북조선민주주의민족통일전선과 남한의 남조선민주주의민족전선이 통합되어 조국통일민주주의전선(조국전선)이 된 것이다. 이로써 남북한의 70여 개 정당·사회단체가 하나의 연합체를 형성하게 되었다. 조국전선은 6월 말 남북한 총선거에 의한 평화통일을 주장하는 등 남한에 대해 평화통일 공세를 취할 때 그 창구로 주로 활용되었다.

주한미군 철수

해방 후 미군은 1945년 9월 8일 인천을 통해 남한에 들어왔다. 소련군보다 한 달이 늦은 것이었다. 곧 군정에 들어갔다. 군부와 국가안전보장회의NSC는 중국 국민당에 대한 지원정책이 실패한 상황에서 남한 주둔을 오래 할 필요가 없다고 생각했다. 그래서 1947년 5월부터 미군 철수를 거론하고 있었다. 해리 트루먼Harry Truman 대통령의 특사로 1947년 8월 한국과 중국, 일본을 방문한 앨버트 웨드마이어Albert Wedemeyer 육군 중장은 미국이 한반도에서 취할 수 있는 최선의 방책은 소련과 협상해 동시에 철군하는 것이라고 보고하기도 했다. 1948년 남한 단독정부가 기정사실화되자 철수 계획을 세웠다. 1948년 4월 백악관 국가안전보장회의는 1948년 12월 31일까지 철수를 완료하겠다는 계획을 세우고 트루먼 대통령의 승인을 받았다.

군부와 국가안전보장회의의 이와 같은 입장은 당시 미군의 내부 상황을 반영한 것이기도 했다. 미국은 제2차 세계대전 이후 감군과 국방 예산 감축으로 본토의 군이 많이 줄어 보강이 필요한 상황이었다. 1948년 2월 8일 북한이 조선인민군을 공식 출범시킨 상태였기 때문에 조선 경비대를 5만 명 규모로 확대하고, 미군의 무기와 장비도 점차 이양한다는 계획과 함께 미군을 철수하기로 했다. 이 계획에 따라 9월 15일부터 일부 철수가 시작되었다.

군부와 국가안전보장회의와 달리 미 국무부는 남한 상황이 안정된 다음에 철수하자는 의견이었다. 그런 와중에 1948년 10월 군인들에 의한 여순 반란사건이 발생했다. 당시 대통령의 특사로 남한에 와 있던 존 무초John Muccio는 '미군이 계속 주둔해야 한국 상황을 호전시킬 수 있다'고 주장했다. 미군이 철수하면 한국에서 내전이 발생할 수도 있다고 경고했다. 1948년 4월 제주에서 4·3 사건이 발생하고 10월에 여순 반란사건이 일어나자, 미군 철수는 시기 상조라고 판단했다. 이승만은 무초를 통해 미국 정부에 철수 연기를 강력하게 요청했다.

미국은 12월 초까지 고민했다. 12월 중순 미 국무부 동북아시아과가 철수 연기를 공식 제안하고 대통령이 승인해 철수는 연기되었다. 미국이 이렇게 미군 철수를 연기한 것은 철저하게 미국의 국익 때문이었다. 미군이 조기에 철수하면 한국의 생존이 위험해지고, 이는 일본에 대한 위협이며, 일본에서 얻을 수 있는 미국의 국가 이익이 손상된다는 것이었다.[14] 세계산업의 중심지 가운데 하나가 될 일본이 공산 세력에 넘어가는 것을 막고, 일본에서 미국의 국가 이익을 온전히 확보하려는 것이 미군 철수 연기를 결정한 핵심 요인이었다.

그런 연유에서 미군 철수는 1948년 12월 31일에서 1949년 6월 30일로 연기되었다. 실제 1948년 9월 15일부터 철수가 시작되어 1949년 6월 말 철수가 완료되었다. 1949년 1월 주한미군사령부 역할을 했던 미군 제24군단을 해체하고 7,500명의 연대전투단과 군사고문단만 남게 되었다. 이후에도 이승만 정부는 철수 연기를 재차 요구했다. 5월 19일 외무장관과 국방장관이 합동성명을 냈다.

> 미국은 소련과 공동으로 38도선을 만들어냈다. 미국은 도덕적 · 정치적 견지에서 책임을 느낄 것이다. 극동 정세에 비추어 미국은 한국으로부터 병력 철수에 앞서 적절한 한국 방위를 보장해야 할 것이다. 미국은 이 의무가 수행되기까지는 미군 철수를 고려해서는 안 된다.[15]

이승만은 미군을 철수할 것 같으면 원조를 대폭 늘리든지 한국 방위를 위한 조약을 맺어줄 것을 요청했는데,[16] 합동성명은 그런 내용을 전한 것이다. 성명이 나오자 주한 미국 대사가 된 무초는 그날 바로 이승만을 찾아갔다. 이런 성명으로 북한이 한미 사이가 나쁜 것으로 오해할 가능성이 있다고 지적했다. 이승만은 외무부와 국방부에 "내 허락 없이 공보자료를 발표하지 마라"고 퉁명스럽게 지시했다. 이 이야기를 듣고 외무장관 임병직은 "중국(타이완)을 강 속으로 처넣은 미국이 이젠 한국에 대해서도 똑같은 길을 좇고 있다"고 소리를 질렀다.[17]

미국은 한국의 요구를 무시하고 6월 29일 연대전투단마저 철수해 미군 철수를 마무리지었다. 4만 5,000명에 이르던 미군이 군사고문단

미군은 1948년 9월 15일부터 철수가 시작되어 1949년 6월 말 철수가 완료되었다. 군사고문단 500명만 남고 모두 철수한 것이다. 1949년 인천항을 통해 철군하는 미 제24군단.

500명만 남고 모두 철수한 것이다. 소련군은 1948년 12월 말 철수하면서 2,000명의 군사고문단과 1,000명의 보안요원을 남겨둔 상태였다.

이는 사실상 남한에서 힘의 공백 상태를 의미했다. 1948년 9월 5일 조선경비대가 국군으로 공식 출범했지만, 그 규모는 얼마 되지 않았다. 그동안 남한 정부를 받쳐주던 미군의 철수는 북한에는 중요한 장애물이 제거된 것과 같았다. 1949년 3월 김일성을 만난 스탈린도 "남한에는 미군이 있다"며 남침을 만류했다. 게다가 1950년 1월 미 국무장관이던 애치슨Dean Acheson이 "미국의 방위선은 알류산 열도-일본-필리핀으로 되어 있고, 한반도는 제외되어 있다"고 발언함으로써 남한은 미군의 즉각적 보호 대상이 아님이 분명해졌다. 이렇게 미국에서 멀어져가는 남한은 김일성에게 국토완정의 기대를 높여주었다.

중화인민공화국 수립

중국공산당이 오랜 투쟁 끝에 혁명에 성공해 1949년 10월 1일 중화인민공화국을 수립했다. 무기도 병력도 열세였던 중국공산당이 강대했던 국민당군을 무찌르고 정권을 세운 것이다. 특히 열세에 몰리던 중국공산당은 1934년부터 1년간 장시성江西省 루이진瑞金에서 산시성陝西省 옌안延安에 이르는 1만 2,500킬로미터를 걸어서 가는 '대장정'으로 위기를 모면했다. 8만 6,000명으로 출발해 겨우 8,000여 명만 살아남았다. 하지만 중국공산당군은 농민들에게 절대 피해를 주지 않는 원칙으로 농민들의 신뢰를 얻었다. 그런 농민 속에 숨어 있다가 기습전을 펼치는 방법으로 국민당군에 맞섰다.

대장정 이후 국공합작으로 일본군과 싸우면서도 농촌 속으로 들어가 토지개혁을 이루고 농민들의 민심을 얻는 작업을 계속했다. 반면에 국민당은 독재와 부패로 중국인들의 신뢰를 잃었다. 일본이 패망하고 물러가면서 중국공산당군은 국민당군과 정면으로 충돌했다. 국민당은 초반 기세가 대단했다. 미국도 적극 지원했다. 1947년에는 중국공산당의 해방구 옌안까지 점령했다. 하지만 중국공산당군은 농민들의 지지를 바탕으로 반격에 나섰다. 만주 지역에 내몰려 있던 중국공산당군은 1948년 11월 만주 전역을 점령하고, 1949년 4월 난징南京을 차지한 뒤 국민당군을 타이완으로 몰아내는 데 성공했다. 10월 1일 중화인민공화국이 공식 선포되어 중국의 새로운 역사가 시작되었다.

혁명이 성공하기 전부터 중국의 내전 상황은 북한에 다른 어떤 사안보다 초미의 관심사였다. 『로동신문』을 비롯해 『근로자』, 『인민』 등 북한의 모든 관영 매체가 중국 내전의 추이를 상세하게 보도했다. 중국공산당군과 국민당군의 병력 배치, 전황, 중국공산당군 해방구의 모습, 미국의 국민당에 대한 원조 등을 자세히 전한 것이다. 김일성을 비롯한 북한 지도부가 여기에 그만큼 관심을 많이 쏟고 있었다.

혁명 성공의 소식이 전해진 이후에는 김일성이 한반도 전체의 사회주의화에 대해서 큰 자신감을 갖게 되었다. 많은 요인이 6·25 전쟁을 일으키는 데 작용했지만, 중국의 혁명 성공은 김일성에게 한반도에서 사회주의 혁명과 국토완정에 대한 기대를 갖게 하는 데 큰 역할을 했다. 1949년 3월 말에서 4월 초에 걸쳐 소련을 방문한 김일성은 스탈린에게서 남침 반대 의견을 듣고 왔다. 4월 말 김일성은 김일을 보내 마오쩌둥의 의사를 물었다. 마오쩌둥은 '지금 진행 중인 중국의 통일이 완성된 후에는 군사적으로 조선을 돕겠다'는 내용과 함께 조급하게 서두르지 말라달라는 메시지를 보냈다. 이를 기억하고 있는 김일성은 중국 혁명이 성공했기 때문에 중국의 지원을 받을 수 있을 것으로 믿었다.

중국 혁명은 6·25 전쟁을 일으킨 스탈린, 마오쩌둥, 김일성의 마인드와 전략을 크게 변화시킨 역사의 큰 변곡점이었다. 톈안먼에서 중화인민공화국 정부 수립을 선포하는 마오쩌둥.

　실제로 김일성은 1950년 1월 평양 주재 소련 대사 스티코프에게 "중국 혁명이 성공한 이상 더이상 해방전쟁을 연기할 수 없다"고 말했다. 비슷한 시점에 평양 주재 소련 대사관의 참사관 이그나티예프와 대화하면서 "중국 해방이 이루어진 현재 남조선 해방 차례가 되었다. 빨치산이 사태를 해결하진 못한다"고 밝히고, 남한 인민들이 자신을 신임하고 있고 통일을 원하고 있다고 말했다. 또 "인민의 열망을 저버리지 않아야 된다는 것을 생각하면 잠이 안 온다" 면서 "통일이 늦어지면 남한 인민은 이에 대해 대단히 실망할 것" 이라고 말하기도 했다.[18] 중국 혁명의 성공 이후 김일성의 마음이 그만큼 조급해진 것이다

중국 혁명의 성공은 스탈린이 마음을 바꾸는 데에도 결정적인 역할을 했다. 스탈린은 1949년 3월 김일성의 남침에 반대했지만, 1950년 4월 다시 김일성과 박헌영이 모스크바를 방문했을 때에는 남침에 동의해주었다. 그 사이에 동아시아의 대변혁 중국 혁명이 있었다. 혁명에 성공한 중국이 김일성을 도울 것으로 생각하고 동의해준 것이다. 중국 혁명은 마오쩌둥으로 하여금 북한을 도울 수 있는 여유를 갖도록 하고, 스탈린은 중국에 기대게 만들고, 김일성은 혁명 성공의 희망에 부풀게 했다. 한마디로 중국 혁명은 6 · 25 전쟁을 일으킨 핵심 인물 3인의 마인드와 전략을 크게 변화시킨 역사의 큰 변곡점이라고 할 수 있겠다.

강대해지는 조선인민군 [*]

징병제와 군 통제 강화

1949년이 되면서 군을 강화하는 작업이 가속화되었다. 첫째는 징병제가 실시되었고, 둘째는 각급 학교에 군사교관이 배치되었다.[19] 셋째는 문화 부중대장제도를 실시했다. 징병제는 1949년 초부터 시행되었다. 그때까지 자원 입대로 병력을 모집했는데, 강제 징집제가 실시된 것이다. 징병제 실시는 2가지 측면에서 의미가 있다. 하나는 특별한 사유가 없는 한 모든 사람이 군대를 가도록 의무화한다는 것은 그만큼 북한 정권이 사회에 대해 자신감을 갖게 되었음을 의미한다. 그렇게 요구해도 될 만큼 정권의 정당성, 행정 능력, 경제적 성과 등의 측면에서 내세울 것이 많다는 의미다. 또 하나는 군 병력을 안정적으로 충원할 수 있게 되었음을 의미한다. 이는 국가 운영에서 가장 중요한 부분이 경제와 안보라는 점에서 보면, 김일성 정권이 안보 능력 면에서 이전보다 훨씬 향상된 힘을 갖게 되었음을 의미했다.

북한은 이렇게 징병제를 실시한 이후에도 자신의 요청으로 입대하는 형식, 즉 청원 입대 형식을 유지했다. '조선인민군 입대청원서'를 써서 입대하도록 한 것이다. 청원서에는 성명, 본적, 주소, 직업, 갖고 있는 기술 등을 기록하게 하고, '나는 조국의 통일독립과 자유를 위한 투쟁에서 헌신분투하기 위하여 인민군대에 입대시켜줄 것을 청원함'이라고 적혀 있었다. 이처럼 징병제를 숨기기 위해 청원 입대 형식을 유지했을 것이다.

1949년 초부터 시작된 군사교관 배치는 전체 학생에 대한 군사교육의 강화를 의미하는 것이다. 병영국가의 특징 가운데 하나다. 군사교육과 훈련이 군에서 끝나지 않고, 예비군을 확대하고 일반사회·학교에 대한 군사훈련을 강화하는 것은 병영국가의 특성이다. 북한은 이때 학교에 교관을 배치하고 1949년 7월에는 사회의 군에 대한 지원과 사회의 군사훈련을 맡아서 하는 조국보위후원회를 설립해 병영국가로서 특징을 더욱 강화했다.

조선인민군의 특징은 이원적 구조를 갖고 있다는 것이다. 작전명령계통과 당의 지휘계통이 이원적으로 운영되는 것이다. 전자는 조선인민군 총참모장이, 후자는 조선인민군 총정치국장이 최고 지휘자다. 이원적으로 운영되고 있지만 북한은 조선노동당이 사회 전체를 운영하는 체제이기 때문에 당의 지휘를 받는 총정치국이 우위에 있었다. 김정은 체제에서도 인민군 총정치국장이 북한의 권력 서열 2위를 유지하고 있다.

이처럼 당이 군을 지휘하는 체제는 1949년 5월에 실시된 문화 부중대장제도를 계기로 강화된다. 내각결정 제60호로 실시된 이 제도는 각 중대에 문화 부중대장을 두어 그로 하여금 '중대의 당 정치 사업'을 하도록 한 것이다. 문화 부중대장제도를 실시하기 전에도 당의 통제는 있었다. 1946년 보안간부훈련대대부가 창설될 때부터 존재했다. 대대 단위까지는 문화부를 두고, 책임자를 문화 부대대장으로 임명해 당의 정책을 전달하는 역할을 했다. 강연회와 보고회, 토론회 등을 통해 사상 교육을 실시하고 김일성의 교시敎示를 학습시키는 역할도 했다.

문화 부중대장제도는 당의 직접 통제를 중대까지 대폭 확대하는 것이었다. 문화 부중대장의 역할은 당의 군사정책이 중대까지 곧바로 전달되고 평소 사상 교육을 통해 군을 공산당의 군대로 유지·발전시킬 수 있도록 하는 것이었다. 군내에서 상하 관계, 민간과의 관계 등에 대한 교육도 문화 부중대장이 맡아서 했다. 중대장이 작전과 훈련 같은 군의 하드웨어를 책임지고 있다면, 문화 부중대장은 군의 정신 부분, 즉 소프트웨어를 책임지고 있었던 것이다.

문화 부중대장제도와 함께 부대 전반에 조선민주청년동맹이 조직되었다. 일부 상급부대에만 있던 조선민주청년동맹 조직을 하급부대에도 만들도록 한 것이다. 조선민주청년동맹 활동을 통해 군인들의 정신 무장을 더욱 강화하려고 한 것이다. 당시까지만 해도 군사학교를 제외하고 군내에 당 조직이 직접 꾸려지지는 않았다.

문화 부중대장제도는 1950년 10월에 이름이 바뀌어 정치 부중대장제도가 된다. 6·25 전쟁 당시 초반 공세에서 수세로 바뀐 뒤 심기일전을 위해 명칭을 변경했다. 조선인민군 문화훈련국은 총정치국으로 바뀌었다. 초대 총정치국장은 박헌영이 맡고, 부총국장은 갑산파인 박금철이 임명되었다. 각 부대에 당 단체도 설치되었다. 중대에는 당 세포, 대대에는 대대당위원회, 연대에는 연대당위원회 등 당 조직이 체계적으로 갖춰지게 되었다. 군에 대한 당의 통제가 한층 강화된 것이다. 어쨌든 1949년 5월의 문화 부중대장제도는 당의 통제가 강화되는 큰 계기가 되었다.

1949년 군 장교에 대한 처우를 보면, 소대장은 1,400원의 월급을 받았고, 부중대장은 1,500원, 중대장은 1,700원, 부대대장은 1,900원, 대대장은 2,500원, 부연대장은 3,000원, 연대장은 3,500원, 부사단장은 3,700원, 사단장은 4,000원이었다. 비행사는 같은 계급이라도 조금씩 더 받았다. 당시 돼지고기 한 근이 100원 정도였다.[20] 물가 수준에 비하면 군 장교라고 해서 처우가 좋았던 것은 아니었다. 그렇다고 해서 낮은 것도 아니었다.

사회의 지원 체계 확립

북한은 징병제로 군을 직접 강화하는 정책을 추진하면서 동시에 사회의 군에 대한 지원 시스템을 마련하는 작업도 진행했다. 1949년 7월 15일 조국보위후원회를 결성한 것이다.[21] 군대를 돕기 위한 전국적인 조직이었다. 북한은 군대와 인민 사이에 '혈연적 연계'를 형성시키는 것이 이 조직의 기능이라고 설명했다. 전 사회가 나서서 군을 형제처럼 도울 때 군이 강화될 수 있다는 인식이었다.

조국보위후원회가 결성된 것이 7월 15일인데 8월 말 산하에 2만 5,000여 개의 하급단체가 조직되고, 269만 1,000여 명이 회원으로 가입했다. 한 달 반 만에 사회 전체를 동원하다시피 한 것이다. 1949년 북한이 군에 대한 지원 사업을 얼마나 중요한 과제로 추진했는지를 짐작할 수 있게 해주는 대목이다.

조국보위후원회는 군을 지원하는 단체라고 하지만, 그 밖에도 여러 가지 기능을 했다. 첫 번째 기능은 군을 지원하는 것이었다. 군인 가족을 돕고, 기금 모금을 통해 군에 경제적 지원도 했다. 두 번째 기능은 주민들을 상대로 정치군사훈련을 진행하는 것이었다. 직장과 마을 단위로 청년훈련대를 조직하고, 이를 중심으로 군사지식을 보급했다. 단기 야영훈련 등의 방법으로 군사훈련도 실시했다. 일반인들로 하여금 군을 이해할 수 있도록 하면서 주민들에 대한 동원 체제를 강화하는 의미도 있었다.

세 번째 기능은 주요 시설에 대한 경비와 방첩 활동이었다. 훈련과 함께 지역의 주요 시설을 보호하고 방첩 활동을 함으로써 군대가 하는 일을 지역 차원에서 돕는 역할을 했다. 네 번째 기능은 항일애국투사에 대한 후원 사업이다. 항일애국투사는 존경의 대상이고, 사회 전체가 본보기로 삼아야 한다는 의미에서 애국투사와 그 가족에 대한 지원 사업을 진행한 것이다.

특히 군에 대한 지원은 여러 가지 방법으로 진행되었는데, 노동자나 사무원으로 근무하다가 군에 들어간 경우 그 가족들에게 200~400원의 보조금을 주었다. 김익전이라는 노동자는 처와 노모, 어린아이 셋을 두고 입대했는데, 입대 후 가족이 매월 400원의 보조금을 받았다. 농사를 짓다가 입대한 경우에는 농업현물세를 15~30퍼센트를 줄여주었다. 가장이 입대한 경우 북조선민주여성동맹 회원들이 나서서 가족을 돌봐주고, 농촌에서는 군대 간 사람이 있는 집의 파종을 먼저 하도록 도와주었다. 주민들이 군인 가족에게 석탄과 부식물을 보내주기도 했다.

이러한 도움을 주고 군을 조기에 발전시키기 위해 기금 모금 운동을 전개했다. 흥남비료공장 노동자들이 235만 원, 철산광산 노동자들이 100만 원을 내는 등 기부가 확산되어 1949년 12월에는 2억 8,000여 만 원이 모금되었다. 조흥공사 대표 김락진이 비행기 10대를 헌납하는 등 군 현대화를 위한 현물 기부도 많았다. 농민들은 쌀 등 양곡을 냈다. 황해도 신천군의 한 농민이 벼 200가마니, 재령군의 한 농민이 벼 130가마니를 내는 등 수많은 농민이 기부에 참가해 1949년 12월에는 4만 8,000가마니의 양곡이 모였다.

조국보위후원회는 군대와 군인에게 실질적 도움을 주는 단체였을 뿐만 아니라 군에 대한 존대와 애국심을 고양하는 대중운동을 전개하는 조직이었다. 군이 사회의 전폭적인 지원 속에서 성장해야 한다는 인식을 확산시킨 것이다. 북한 사회는 점차 군을 우대하고, 군에 자원을 우선적으로 배분하는 체제로 변화하는데, 조국보위후원회의 출범과 이 조직의 활동은 이러한 변화의 초기 단계를 보여주는 것이었다.

조선인 부대의 입북

무정의 지휘를 받던 조선의용군은 해방 후 무장한 채 입북을 시도했지만 실패하고, 선양瀋陽에서 1945년 11월 7일에 조선의용군 군인대회를 열었다. 여기서 무정을 비롯한 연안파 주요 인사들은 개인 자격으로 입북하기로 결정되었다. 조선의용군은 중국에 남아 중국공산당의 국민당군과의 전투를 돕기로 했다. 이때부터 조선의용군은 동북조선의용군으로 개칭되고, 3개 지대로 나뉘었다. 이후 중국 동북 지역에 사는 한인 지원자들이 증가하면서 동북조선의용군은 세력이 크게 증대했다. 제1지대는 1948년 11월 동북인민해방군 보병 제166사가 되었다. 제3지대는 1949년 3월 인민해방군 제4야전군 보병 제164사로 발전했다. 제5지대는 동북항일연군교도려(동북항일연군의 후신)와 합쳐져 1950년 2월 인민해방군 중남군구 독립 제15사로 개편되었다. 동북 지역의 조선인 부대는 6만 명 정도의 규모가 되었다.

일제가 물러간 이후 무주공산이 된 만주 지역을 차지하기 위해 국민당군도 우익 세력 강화에 애를 쓰고 있었다. 국민당군은 옌지延吉 지역에 '치안유지대'라는 한인 우익단체를 조직하는 등 한인들을 규합하기 위해 노력했다. 이에 맞서 중국공산당도 한인들에게 공산주의 교육을 강화했다. 1946년 초 안동安東(단둥丹東의 옛 이름)과 다롄大連 등에 한인 공산주의 학교를 세웠다. 무료교육이었기 때문에 지원자가 많았다. 이런 활동 덕분에 동북조선의용군은 크게 성장할 수 있었다.

그런 가운데 동북조선의용군의 일부는 북한으로 갔다. 1946년 봄부

조선의용군은 동북조선의용군으로 개칭되고, 중국 동북 지역에 사는 한인 지원자들이 증가하면서 그 세력이 크게 증대했다. 1945년 11월 7일 선양에 집결한 조선의용군.

터 가을까지 수백 명 규모로 입북하는 경우가 몇 차례 있었다. 이들은 북한에서 보안대와 철도보안대 등에 배치되었다. 훈춘 지역의 조선족으로 구성된 훈춘보안단 2,000여 명도 이 시기에 입북해 보안간부훈련대대부에 편입되었다. 이렇게 동북조선의용군이 입북하게 된 데에는 연안파와 김일성 세력 사이에 일정한 협의가 있었기 때문일 것이다. 무정을 비롯한 연안파는 군부 내에서 세력 강화를 위해, 김일성은 실전 경험자 확보를 통한 정규군 체제 준비를 위해 이들의 입북이 추진된 것으로 보인다. 1946년 가을 만주 지역에서 중국공산당군과 국민당군 사이의 전투가 격화되면서 동북조선의용군의 부대 단위 입북은 중단되었다.

그럼에도 동북 지역 한인들의 소규모 입북은 계속되었다. 1947년 6월 에는 만주 룽징의 팔로군 군정대학 졸업생 가운데 최태환, 김성광, 최봉록 등 20명이 입북해 각 도의 내무국과 보안간부훈련대대부에 배치되었다. 북조선노동당 간부과장이던 리상조가 주도해 중국공산당군에 있던 한인들을 데려온 것이다. 이렇게 작은 규모의 입북은 간간이 있었다.

동북조선의용군이 대규모로 입북한 것은 1949년이다. 1948년 11월 중국공산당군이 사실상 국민당군을 패퇴시킴에 따라 1949년부터 동북조선의용군의 입북이 본격 논의되기 시작했다. 1949년 1월 하얼빈회의에서 구체적 방안이 논의되었다. 북한 대표로 민족보위상 최용건, 포병부사령관 무정, 검찰위원장 방우용이, 동북조선의용군에서는 중국군 제166사단장 방호산, 목단강군구 독립 제3사단 수송 사단장 방덕경, 하얼빈보안여단 정치위원 주덕해가 참석했다.

중국 대표로는 중국공산당 동북정치위원회 리리싼李立三, 동북인민해방군 길림지구 사령관 저우바오중周保中 등이 나왔고, 소련군 대표단도 참석했다. 6월까지 준비를 마치고 7월부터 본격 이동이 시작되었다. 1949년 7~8월과 1950년 4월 대거 입북했다. 방호산이 지휘하는 중국군 제166사단은 1949년 7월 25일 입국해 조선인민군 제6사단으로 개편되어 신의주에 주둔했다. 1만 800명 규모였다. 김창덕이 사단장인 중국군 제164사단은 1949년 8월 23일 함북 회령을 거쳐 나남에 도착했다. 1만 명 규모로 조선인민군 제5사단이 되었다.

조선인민군 제6사단과 제5사단이 된 중국공산당 부대들은 제2차 세계대전 당시 연합군이 국민당에 공급했던 미군 무기를 노획해 무장하고 있었다. 이들은 그 무기들을 그대로 갖고 조선인민군이 되었다. 조선인민군의 주요 부대들이 미군 무기로 무장한 것이다. 이들이 6·25전쟁에 그대로 동원되었으니 조선인민군도, 연합군도 같은 미군 무기를 들고 싸우는 경우가 많았다.

1950년 5월에는 전우가 중국군 제20사단과 다른 지역의 조선의용군으로 1만 명 규모의 인민해방군 중남군구 독립 제15사를 조직하고, 이 부대가 원산으로 들어와 조선인민군 제12사단이 되었다. 이밖에도 1,000~2,000명 정도의 동북조선의용군이 산발적으로 입북해 조선인민군에 흡수되었다. 이렇게 총 5만 명 정도의 동북조선의용군이 들어와 조선인민군 전체의 3분의 1을 차지하게 되었다. 더욱이 이들은 중국에서 실전 경험을 풍부하게 가져 조선인민군 전력 강화에 크게 기여했다.

그렇다면 중국공산당은 이토록 큰 군대를 왜 보냈을까? 첫째, 북한에 들어가고자 하는 조선의용군이 많았다. 중국 혁명이 성공하는 단계에 이르자 이들의 요구가 본격화되었다. 둘째, 중국도 혁명이 성공하고 국가 건설 단계에 들어서자 군의 축소 필요성을 느끼게 되었다. 셋째, 만주전투에서 북한에서 받은 도움에 대한 보상 차원이기도 했다. 북한은 만주에서 수세에 몰려 있던 중국공산당군에 총과 대포, 탄약 등 무기류를 대량으로 공급해주고 중국공산당군이 중국 동북부로 진출할 수 있도록 우회로를 제공해주기도 했다. 이러한 도움에 대한 보답 차원에서 동북조선의용군의 입북을 적극 추진했다. 어쨌든 이는 북한이 새로운 정부를 수립한 이후 군사력을 강화하는 데 매우 중요한 역할을 했다.

조선중앙은행 직원 임건수는 1949년에 만 19세였다.[22] 황해도 수안군에 있던 수안고등학교 1학년에 다니다가 외삼촌 친구의 소개로 평양의 조선중앙은행에 취직했다. 외삼촌의 친구가 본점의 과장이었는데, 지점에 전화를 해서 바로 다음 날부터 출근할 수 있도록 했다. 조선중앙은행은 당시 북한의 중앙은행으로 1946년에 설립되어 발권과 현금 유통, 국가 자금의 공급, 국가 수입금의 수납, 국가 보험·대부 등의 업무를 하고 있었다. 1949년에는 평양에 내성 지점, 외성 지점, 선교리 지점 등 5개 지점이 있었다.

임건수는 외성 지점에 근무했다. 복장과 호칭은 지점장이 정했다. 당시 외성 지점장은 비즈니스맨 스타일이었다. 은행은 장사하는 곳이라면서 복장은 와이셔츠에 넥타이를 매도록 했다. 넥타이 하나도 꽤 비싸 임건수는 출근 전날 밤새도록 천으로 넥타이 비슷한 것을 만들어야 했다. 호칭은 '○○ 동무'를 못 쓰게 하고 '○○ 씨'라고 불렀는데, 당시만 해도 은행은 그런 것이 어색하지 않았다.

첫날 돈 세는 연습을 시작으로 은행원 생활이 시작되었다. 이것저것 적응 훈련을 한 다음에는 사회보험료 수납 업무를 맡았다. 여러 공장과 사업소가 내는 사회보험료를 국가를 대신해 받아주는 것이었다. 서류를 확인하고 보험료 액수를 맞춰본 다음 맞으면 접수를 받으면 되는 것이니 그렇게 복잡한 일은 아니었다. 그런데 회사로서는 납부일이 넘어가면 10퍼센트의 연체료를 내야 했기 때문에 신경 쓰이는 일이었다. 은행원들은 이런저런 시비를 걸어 뇌물을 챙기기도 하고 접대도 받았다.

더 힘이 센 자리는 대부 담당이었다. 회사들은 대출을 많이 받고 싶어 하니 당연히 잘 보이려고 했다. 뇌물도 많았고, 접대도 많았다. 임건수도 대부 담당 직원을 따라 가서 접대를 받기도 했다. 당시까지도 평양에 기생집이 있었다. 그런 곳에서 술대접을 받은 것이다. 평양에 있던 회사 가운데 '조선맥주회사'가 제법 컸는데, 조선중앙은행 직원들이 릉라도로 야유회를 갈 때면 맥주를 엄청 갖다주기도 했다.

당시 조선중앙은행의 간부 중에는 함경도 사람이 많았다. 평양의 주요 기관에 함경도 사람이 많았는데, 중앙은행도 예외는 아니었다. 함경도 지역에서 노조를 중심으로 공산주의 활동을 하던 사람들이 해방 직후 평양으로 많이 진출했는데, 그 때문에 평양에서 활동하는 함경도 사람이 많았던 것이다. 국내 공산 세력의 지지 기반이 그만큼 탄탄했다는 이야기인데, 이런 환경에서도 김일성은 국내파를 넘어서서 당과 행정기관의 권력을 장악하고 있었다.

어쨌든 함경도 출신 중앙은행 간부들 중에는 러시아어를 유창하게 하는 식자층이 없는 것은 아니었지만 무식한 사람도 많았다. 임건수의 바로 위 계장도 함경도 출신으로 배운 것이 없는 사람이었다. 하지만 아는 사람이 많아 은행원이 되었고, 그것으로 그럭저럭 버티고 있었다.

조선중앙은행 본점에는 구내식당이 있었는데, 지점 직원들도 이용할 수 있었다. 5원을 받았다. 같은 돈을 내는데 계장 이상은 달걀을 하나씩 주었다. 구내식당이 아니면 조선중앙은행에서 지정해놓은 평양 시내 식당 8군데 중 한 곳에서 점심을 먹었다. 점심이 10원, 맥주 한 잔은 12원이었다. 돼지고기 한 근에 100원 정도 할 때였다. 초봉은 650원이었으니 물가에 비해 낮은 편이었다. 당시 정부가 들어선 지 얼마 안 되어 가짜 돈도 많았다. 임건수는 은행에 있다 보니 가짜 돈도 많이 보고, 판별하는 법도 익히게 되었다. 종류도 여러 가지여서 쉽게 구별되는 것도 있었지만, 은행원도 판별하기 힘든 정교한 것도 있었다.

임건수는 4월에 김일성이 소련을 갔다가 귀국하는 날 공항에 환영객으로 동원되었다. 은행원들이 맨 앞줄에 섰다. 김일성을 환영해 열심히 박수를 쳤다. 당시 특이하게 은행원들을 맨 앞줄에 세워 은행원들 사이에서는 '김일성이 소련 가서 새로 돈을 찍어 직접 싣고 온 것 아니냐'는 이야기가 돌기도 했다.

8월 15일에는 화폐개혁이 있었다. 15전, 20전, 50전 등 보조화폐를 일제강점기 것에서 새로운 것으로 바꾸는 화폐개혁이었다. 1947년 12월에 있었던 화폐개혁의 보조개혁 성격이었다. 임건수도 동원되어 본점으로 갔다. 군인들이 총을 들고 경계를 서고 있는 회의실에 들어섰다. 인쇄된 돈이 있었다. 이것을 규격에 맞게 잘라 100장씩 묶었다. 이 작업을 며칠 동안 계속했다. 8월 14일 12시에 모든 작업이 완료되었다. 15일 7시부로 구화폐는 못쓰게 되고 새 화폐로 바꿔야 했다.

임건수를 통해 본 1949년 조선중앙은행의 모습은 모든 게 정리가 덜 된 상태였다. 입행 절차도 없이 본점 과장 전화 한 통으로 직원이 채용되고, 글도 제대로 못 읽는 사람이 계장으로 앉아 있었다. 대출을 해주고 돈 받고 접대도 받았다. 호칭은 '동무' 대신 '씨'를 사용하고 있었다. 아직은 흐트러진 모습이면서 사회주의적 경직성도 아직 남아 있던 기관이었다.

제1장 해방과 김일성

1 사회과학원, 『조선전사 23』(과학백과사전출판사, 1981), 15쪽.

2 조선중앙통신, 『조선중앙연감』(조선중앙통신사, 1950), 193쪽.

3 김광운, 『북한 정치사 연구 I: 건당 · 건국 · 건군의 역사』(선인, 2003), 71쪽.

4 박병엽 구술, 정창현 · 유영구 엮음, 『조선민주주의인민공화국의 탄생』(선인, 2010), 27쪽.

5 김광운, 앞의 책, 72쪽.

6 김광운, 앞의 책, 72쪽.

7 Dae-Sook Suh, 『KIM IL SUNG The North Korean Leader』(Columbia University Press, 1988), pp.34, 37.

8 유성철, 「나의 증언 5」, 『한국일보』, 1990년 11월 6일, 10면.

9 유성철, 앞의 글.

10 유성철, 앞의 글.

11 한국일보 편, 『증언, 김일성을 말한다: 유성철 · 이상조가 밝힌 북한 정권의 실태』(한국일보사, 1991), 61~62쪽.

12 서동만, 『북조선사회주의 체제성립사 1945~1961』(선인, 2005), 169쪽. 조선인민군 작전국장을 지낸 유성철은 리동화가 조직부장을 맡았다고 기록하고 있다. 한국일보 편, 앞의 책, 62쪽.

13 중앙일보 현대사연구팀, 『발굴자료로 쓴 한국 현대사』(중앙일보사, 1996), 273~274쪽.

14 이 글은 박병엽의 증언을 중심으로 한 것이다. 박병엽 구술, 유영구 · 정창현 엮음, 앞의 책, 15~24쪽.

15 김광운, 앞의 책, 150쪽.

16 김광운, 앞의 책, 144쪽.

17 중앙일보 특별취재반, 『비록: 조선민주주의인민공화국』(중앙일보사, 1992), 117쪽.

18 이 대회의 명칭과 관련해서는 '소련군 환영 군중대회'라는 주장도 있다. 이 대회와 관련된 내용은 중앙일보특별취재반, 앞의 책, 84~90쪽을 참조했다.

19 사회과학원, 『조선전사 24』(과학백과사전출판사, 1981), 461쪽.

20 김종순, 『비록 북한 45년사 10: 북한의 문화예술』(금강서원, 1990), 316쪽.

21 중앙일보 특별취재반, 앞의 책, 169~170쪽.

22 한재덕, 『김일성 장군 개선기』(민주조선사출판부, 1948); 국사편찬위원회, 『북한관계사료집 12』(국사편찬위원회, 1991), 336쪽.

23 김일성, 「새 조선 건설과 민족통일전선에 대하여: 각 도당 책임일꾼들 앞에서 한 연설(1945. 10. 13.)」, 『김일성 저작집 1』(조선로동당출판사, 1979), 332쪽.

24 「북조선노동당 제2차 전당대회 회의록(1948. 3. 29.)」, 국사편찬위원회, 『북한관계사료집 1』(국사편찬위원회, 1982), 382쪽. 이러한 내용은 1948년 3월 29일 북조선노동당 제2차 당대회에서 함남도당 위원장 김열의 오기섭 비판 내용 중에 나오는 것이다.

25 중앙일보 특별취재반, 앞의 책, 120~121쪽.

26 중앙일보 특별취재반, 앞의 책, 291~292쪽.

27 박병엽 구술, 유영구·정창현 엮음, 앞의 책, 54쪽.

28 여정, 『붉게 물든 대동강: 전 인민군 사단 정치위원의 수기』(동아일보사, 1991), 118쪽.

29 이종석, 『새로 쓴 현대 북한의 이해』(역사비평사, 2000), 405쪽.

30 중앙일보 특별취재반, 앞의 책, 122~123쪽.

31 김창순, 「김일성의 제1호 정적 오기섭의 최후와 그 해학」, 『북한』, 제197호(1988), 125쪽.

32 김창순, 『역사의 증인』(한국아세아반공연맹, 1956), 155쪽.

33 「G-2 Weekly Summary」, HQ, USAFIK, 6 August 1948–13 August 1948, p.33.

34 「북조선노동당 제2차 당대회 회의록」, 『북한관계사료집 1』(국사편찬위원회, 1982), 359~360쪽.

35 국방부 전사편찬위원회, 『한국전쟁사 제1권』(국방부, 1977), 109쪽.

36 Roy E. Appleman, 『United States Army in the Korean War: South to the Naktong, North to the Yalu』(Department of the Army, Washington, D.C.: GPO, 1961), pp.605~606.

37 중앙일보 특별취재반, 앞의 책, 92쪽.

38 중앙일보 특별취재반, 앞의 책, 92쪽.

39 중앙일보 특별취재반, 앞의 책, 97쪽.

40 서중석, 『한국현대민족운동연구』(역사비평사, 1991), 266쪽, 318쪽.

41 중앙일보 특별취재반, 앞의 책, 102쪽.

42 서대숙, 현대사연구회 옮김, 『한국 공산주의 운동사 연구』(이론과실천, 1985), 288쪽.

43 김광운, 앞의 책, 144쪽.

44 박병엽 구술, 정창현·유영구 엮음, 앞의 책, 97쪽.

45 중앙일보 특별취재반, 앞의 책, 129~135쪽.

46 김창순, 앞의 글, 116쪽.

47 「Report on North Korea」, XXIV Corps Liaison Section, Pyongyang, Korea, 14 November 1946, Record Group 554, United States Army Forces in Korea, XXIV Corps, G-2, Historical Section, Records Regarding USAMGIK, U.S.–U.S.S.R. Relations in Korea and Korean Political Affairs, 1945~48, Box 76.

48 김현식, 『나는 21세기 이념의 유목민』(김영사, 2007), 43쪽.

49 김현식, 앞의 책, 44쪽.

50 주강현, 『북한의 민족생활풍습: 북한 생활풍습 50년사』(민속원, 1999), 179쪽.

제2장 모든 것을 바꿔라

1   김일성과 오기섭의 민청 · 공청 논쟁 관련 부분은 다음을 참조했다. 중앙일보 특별취재반, 『비록: 조선민주주의 인민공화국』(중앙일보사, 1992), 308~313쪽.
2   「북조선노동당 제2차 전당대회 회의록(1948. 3. 29.)」, 국사편찬위원회, 『북한관계사료집 I』(국사편찬위원회, 1982), 417쪽.
3   와다 하루키, 「소련의 대북 정책, 1945~1946」, 브루스 커밍스 외, 『분단전후의 현대사』(일월서각, 1983), 302쪽.
4   박명림, 『한국전쟁의 발발과 기원 II: 기원과 원인』(나남, 1996), 363쪽.
5   당시 북한 농민의 상황과 토지개혁에 대한 내용은 김광운, 『북한 정치사 연구 I: 건당 · 건국 · 건군의 역사』(선인, 2003), 280~293쪽을 참조했다.
6   김현식, 『나는 21세기 이념의 유목민』(김영사, 2007), 44쪽.
7   김일성, 「'토지개혁' 사업의 총결과 금후의 과업」, 『김일성 장군 중요 논문집』(북조선로동당출판사, 1948).
8   김광운, 앞의 책, 311쪽.
9   「면 · 군 · 시 · 도 인민위원회에 대한 북조선임시인민위원회 제2차 확대위원회의 결정서」, 『북한관계사료집 5』(국사편찬위원회, 1987), 25~27쪽.
10 사회과학원, 『조선전사 24』(과학백과사전출판사, 1981), 311쪽.
11 중앙일보 특별취재반, 앞의 책, 145쪽.
12 염인호, 「조선의용군 연구: 민족운동을 중심으로」, 국민대학교 대학원 박사학위논문, 1992년, 127쪽.
13 정병일, 『북조선 체제 성립과 연안파 역할』(선인, 2012), 279쪽.
14 김창순, 「연안파의 입국과 공 · 신합당의 내막」, 『북한』, 제194호(1988), 120쪽.
15 김일성과 박헌영의 모스크바행과 관련된 증언은 중앙일보 특별취재반, 앞의 책, 237~238쪽을 참조했다.
16 중앙일보 특별취재반, 앞의 책, 255쪽.
17 중앙일보 특별취재반, 앞의 책, 245쪽.
18 중앙일보 특별취재반, 앞의 책, 245쪽, 262쪽.
19 최태환 · 박혜강, 『젊은 혁명가의 초상: 인민군 장교 최태환 중좌의 한국전쟁 참전기』(공동체, 1989), 46쪽.
20 사회과학원, 『조선전사 23』(과학백과사전출판사, 1981), 283쪽.
21 사회과학원, 『조선전사 23』(과학백과사전출판사, 1981), 283쪽.
22 김진계 구술 · 기록, 김응교 보고문학, 『조국: 어느 북조선 인민의 수기 하』(현장문학사, 1990), 48쪽.

제3장 멀어지는 통일의 길

1   최태환과 관련한 내용은 최태환 · 박혜강, 『젊은 혁명가의 초상: 인민군 장교 최태환 중좌의 한국전쟁 참전기』(공동체, 1989), 45~53쪽을 참조했다.
2   임헌일, 「나는 북괴군 총좌였다」, 『세대』, 1970년 9월호, 230~231쪽.
3   서중석, 『한국현대민족운동연구』(역사비평사, 1997), 266쪽, 318쪽.
4   박병엽 구술, 유영구 · 정창현 엮음, 『조선민주주의인민공화국의 탄생』(선인, 2010), 199쪽.

5 정용욱, 『존 하지와 미군 점령통치 3년』(중심, 2003), 65쪽.

6 사회과학원, 『조선전사 24』(과학백과사전출판사, 1981), 410쪽.

7 김영철, 「발굴 한국현대사인물 15: 신불출」, 『한겨레』, 1990년 2월 23일.

8 김종순, 『비록 북한 45년사 10: 북한의 문화예술』(금강서원, 1990), 252~253쪽.

9 이 글을 번역한 것이 안나 루이스 스트롱, 이종석 옮김, 「기행: 북한, 1947년 여름」, 『해방전후사의 인식 5』(한길사, 1989), 497~538쪽이다. 이 번역본을 인용했다.

제4장 조선민주주의인민공화국 수립

1 「조선 인민의 성벽인 인민군대의 창설」, 『북한관계사료집 27』(국사편찬위원회, 1997), 416쪽.

2 하기와라 료, 최태순 옮김, 『한국전쟁: 김일성과 스탈린의 음모』(한국논단, 1995), 239쪽.

3 『조선인민군』(조선인민출판사, 1948), 16~18쪽.

4 「Joint Weekly Analyses」, 『Department of the Army, Staff Message Center, Incoming Classified Message』, 14 February 1948, p.8.

5 사회과학원, 『조선전사 24』(과학백과사전출판사, 1981), 277쪽.

6 김창순, 『북한 15년사: 1945년 8월~1961년 1월』(지문각, 1961), 106쪽.

7 「북조선노동당 제2차 전당대회 회의록(1948. 3. 28.)」 국사편찬위원회, 『북한관계사료집 1』(국사편찬위원회, 1982), 353쪽.

8 「북조선노동당 제2차 전당대회 회의록(1948. 3. 28.)」 국사편찬위원회, 앞의 책, 398쪽.

9 박병엽 구술, 유영구 · 정창현 엮음, 『조선민주주의인민공화국의 탄생』(선인, 2010), 301쪽.

10 『레베제프 비망록』(1948. 4. 26.), 국사편찬위원회 소장자료.

11 박병엽 구술, 유영구 · 정창현 엮음, 앞의 책, 306쪽.

12 최태환 · 박혜강, 『젊은 혁명가의 초상: 인민군 장교 최태환 중좌의 한국전쟁 참전기』(공동체, 1989), 90쪽.

13 도진순, 『한국민족주의와 남북관계: 이승만 · 김구 시대의 정치사』(서울대학교출판부, 1997), 277~278쪽.

14 『레베제프 비망록』(1948. 5. 3.), 국사편찬위원회 소장자료.

15 도진순, 앞의 책, 278~279쪽.

16 김종순, 『비록 북한 45년사 10: 북한의 문화예술』(금강서원, 1990), 90쪽.

17 조규하 · 이경문 · 강성재, 『남북의 대화』(고려원, 1987), 284~285쪽.

18 「남로당 지령 격문 경찰에서 입수」, 『조선일보』, 1948년 8월 25일.

19 사회과학원, 『조선전사 24』(과학백과사전출판사, 1981), 170쪽.

20 박병엽 구술, 유영구 · 정창현 엮음, 앞의 책, 374쪽.

21 사회과학원, 『현대조선역사』(일송정, 1988, 복각판), 237~238쪽.

22 이 에피소드와 관련해서는 최태환 · 박혜강, 앞의 책, 53~56쪽을 참조했다.

23 이 내용은 김기재, 「산간 벽촌에 찾아오시여」, 『인민들 속에서 2』(조선로동당출판사, 2003), 92~106쪽에 자세히 나온다.

제5장 전쟁으로 가는 길

1 『레베데프 비망록』(1948. 1. 21~22, 2. 2.), 국사편찬위원회 소장자료.

2 사회과학원, 『조선전사 24』(과학백과사전출판사, 1981), 452쪽.

3 「러시아 '한국전쟁 관련 외교문서'(1)–6 · 25 발발 배경」, 『한겨레』, 1994년 7월 2일.

4 「북한 김일성 주석의 49년 소련 방문 기록영화 입수」, 『MBC』, 1992년 6월 25일.

5 박명림, 「소련 외교 문서 3」, 『한국전쟁의 발발과 기원 I: 결정과 발발』(나남, 1996), 98쪽 재인용.

6 이 내용에 대해서는 와다 하루키, 서동만 · 남기정 옮김, 『북조선: 유격대 국가에서 정규군 국가로』(돌베개, 2002), 94~95쪽; 박명림, 『한국전쟁의 발발과 기원 I: 결정과 발발』(나남, 1996), 249쪽을 참조했다.

7 와다 하루키, 서동만 · 남기정 옮김, 앞의 책, 96쪽.

8 동아일보 편, 『비화 제1공화국 1권』(홍우출판사, 1975), 260쪽.

9 장흥, 「백범 암살은 신성모의 지령이었다」, 『월간조선』, 1984년 8월호, 139~140쪽.

10 서중석, 『이승만과 제1공화국: 해방에서 4월혁명까지』(역사비평사, 2007), 77쪽.

11 남북 간의 무력 충돌과 빨치산투쟁 등에 대한 부분은 박명림, 『한국전쟁의 발발과 기원 II: 기원과 원인』(나남, 1996), 619~642쪽을 참조했다.

12 김일성, 「인민 군대는 현대적 정규무력으로 강화 발전되어야 한다: 조선인민군 제655군부대 군관회의에서 한 연설(1949. 7. 29)」, 『김일성 저작집 5』(조선로동당출판사, 1980), 206쪽.

13 김창순, 『북한 15년사: 1945년 8월~1961년 1월』(지문각, 1961), 117~118쪽.

14 박명림, 『한국전쟁의 발발과 기원 II: 기원과 원인』(나남, 1996), 418쪽.

15 이강걸, 「막후 '49 미군 철수(중)」, 『경향신문』, 1977년 4월 2일.

16 이웅희, 「49년 주한미군 철수 북괴 위협 알면서도 강행」, 『동아일보』, 1977년 4월 18일.

17 이강걸, 앞의 기사.

18 『소련 외교 문서 2』, 20~21쪽; KA 45/1/346/7, Dmitri Volkogonov, 『스탈린』, p.370; 박명림, 『한국전쟁의 발발과 기원 I: 결정과 발발』(나남, 1996), 136쪽 재인용.

19 U.S. Dept. of State, North Korea: A Case Study, p.69; 박명림, 『한국전쟁의 발발과 기원 II: 기원과 원인』(나남, 1996), 755쪽 재인용.

20 박명림, 『한국전쟁의 발발과 기원 II: 기원과 원인』(나남, 1996), 756~757쪽.

21 조국보위후원회의 결성과 기능, 활동 내용 등에 관해서는 사회과학원, 『조선전사 24』(과학백과사전출판사, 1981), 280~286쪽을 참조했다.

22 조선중앙은행 직원 임건수와 관련된 부분은 이보근, 『연암면 사람들의 기억』(예당문화인쇄, 2007), 54~56쪽에 자세히 나온다.

연표

3월	5일	토지개혁 실시
4월	19일	조선공산당 북조선분국을 북조선공산당으로 명칭 변경
6월	24일	북조선 노동자 및 사무원에 대한 노동법령 공포(8시간 노동)
7월	8일	북조선보안간부학교 개교
7월	30일	북조선남녀평등권에 대한 법령 공포
8월	10일	산업 · 교통 · 운수 · 체신 · 은행 등의 국유화에 대한 법령 발표
8월 28~30일		북조선노동당 창당(북조선공산당 · 조선신민당 합당, 제1차 당대회)
10월	1일	김일성종합대학 개교
11월	3일	도 · 시 · 군 인민위원회 위원 선거
11월	23일	남조선노동당 창당
11월	25일	김일성, 건국사상총동원운동 제의(12월 3일 시작)

1947년

2월	7일	조선예술영화촬영소 창설
2월	20일	북조선인민위원회 출범(위원장-김일성)
2월	25일	리(동) 인민위원회 선거
3월	5일	면 인민위원회 선거
7월	19일	여운형 암살
12월	6일	화폐개혁 실시(북조선중앙은행권 발행)

1948년

2월	8일	조선인민군 창건
3월	27일	북조선노동당 제2차 당대회
4월 19~23일		남 · 북조선 정당 사회단체 대표자 연석회의(김구, 김규식 참석)
8월	15일	대한민국 정부 수립(대통령-이승만)
8월 21~26일		남조선인민대표자대회(해주대회)
8월	25일	초대 최고인민회의 대의원 선거
9월	9일	조선민주주의인민공화국 정부 수립(수상-김일성)

10월	12일	북한-소련 수교
11월	25일	2개년 인민경제계획 발표
12월	26일	북한 주둔 소련군 철수 완료

1949년

2월	22일~	김일성 소련 방문(스탈린 남침 반대)
	4월 7일	
3월	1일	한자 전면 폐지
3월	17일	북한-소련 경제 및 문화적 협조에 관한 협정 체결
6월	26일	김구 암살
6월	30일	조선노동당 출범(북조선노동당·남조선노동당 합당), 남한 주둔 미군 철수 완료
7월	15일	조국보위후원회 설립
7월	25일	중국군의 조선인 부대 입북 시작
10월	1일	중화인민공화국 정부 수립
10월	6일	북한-중국 수교

찾아보기

북한 현대사 산책 1

ⓒ 안문석, 2016

초판 1쇄 2016년 12월 26일 찍음
초판 1쇄 2016년 12월 30일 펴냄

지은이 | 안문석
펴낸이 | 강준우
기획·편집 | 박상문, 박효주, 김예진, 김환표
디자인 | 최진영, 최원영
마케팅 | 이태준, 박상철
인쇄·제본 | 대정인쇄공사

펴낸곳 | 인물과사상사
출판등록 | 제17-204호 1998년 3월 11일

주소 | (121-839) 서울시 마포구 서교동 392-4 삼양E&R빌딩 2층
전화 | 02-325-6364
팩스 | 02-474-1413
www.inmul.co.kr | insa@inmul.co.kr

ISBN 978-89-5906-423-6 04900
       978-89-5906-422-9 (세트)
값 15,000원

이 저작물의 내용을 쓰고자 할 때는 저작자와 인물과사상사의 허락을 받아야 합니다.
파손된 책은 바꾸어 드립니다.

이 도서의 국립중앙도서관 출판시도서목록(CIP)은 서지정보유통지원시스템 홈페이지(http://seoji.nl.go.kr)와
국가자료공동목록시스템(http://www.nl.go.kr/kolisnet)에서 이용하실 수 있습니다.
(CIP제어번호 : CIP2016031733)